Elogios para *Los nuevos Peregrinos*:

"Accediendo al ultimo 'giro' en el pensamiento sobre la iglesia y las misiones, es decir, la (in)migración, este libro es una señal de aviso para todos aquellos interesados en el futuro de la iglesia en los Estados Unidos. Recopilando de la historia y estudios sociales, de sondeos y estadísticas, de entrevistas y experiencias personales, al igual que de la sabiduría bíblica y pastoral, el Dr. Castleberry proporciona un relato inspirador y atractivo de la influencia de la inmigración en la fe y la comunidad cristiana. Verdaderamente, *Los nuevos Peregrinos* nos muestra con claridad *Cómo los inmigrantes están renovando la fe de los Estados Unidos*. Lectura obligada para todos los pastores, misioneros y líderes cristianos."

Veli-Matti Kärkkäinen

Profesor de Teología Sistemática, Fuller Theological Seminary y Docente de Ecumenismo, Facultad de Teología, Universidad de Helsinki

"Sin ninguna exageración, *Los nuevos Peregrinos* es el mejor libro que he leído y que contextualiza la experiencia inmigrante dentro del marco de la agenda de Dios. Ciertamente brillante. Es mi oración que este libro caiga en manos de cada pastor, educador y líder en nuestra nación y finalmente en todo el mundo. Este libro, si nuestros líderes políticos cristianos lo leen, puede cambiar el juego."

Samuel Rodríguez

Presidente de Conferencia Nacional de Líderes Hispanos Cristianos y CONELA (Confraternidad Evangélica Latina)

"Sin importar qué postura sostenga el lector sobre el asunto de la inmigración, el libro del Dr. Castleberry merece una detallada lectura. Su teología bíblica de la migración y su concienzuda descripción del modo en que los inmigrantes están contribuyendo a la renovación de la fe estadounidense, influenciando positivamente iglesias, familias, escuelas, la política y la economía, demanda que el lector haga la inevitable pregunta: ¿Está Dios enviando inmigrantes a los Estados Unidos como respuesta a nuestras oraciones por avivamiento?."

George O. Wood

Superintendente General de las Asambleas de Dios (EUA)

"A medida que muchos cristianos estadounidenses se inquietan por informes de la influencia en declive de la fe cristiana en los Estados Unidos, Joseph Castleberry apunta a señales de un futuro esperanzador, tanto para la iglesia como para el país, alimentado por la fe, ingenuidad y valentía de nuevos inmigrantes. En *Los nuevos Peregrinos,* Castleberry teje ingeniosamente historias personales con las perspectivas de la historia, misiología, sociología y economía, presentando un persuasivo caso que la iglesia debería aceptar, en lugar de temer: las llegadas de inmigrantes."

Matthew Soerens
Director de campo, Evangelical Immigration Table
y coautor de *Welcoming the Stranger*

"Joseph Castleberry no solo nos ha provisto aquí de un libro sobre un tema oportuno, sino facilita una discusión con profunda importancia espiritual. Con demasiada frecuencia los creyentes hablamos en abstracto sobre la 'inmigración'. Castleberry ofrece aquí un caso convincente, y bíblicamente fundado, para el hecho de que no solo tenemos obligaciones especiales hacia esos inmigrantes que son nuestras hermanas y hermanos en Cristo, sino que los necesitamos por los importantes dones que aportan, como 'peregrinos' actuales, para enriquecer la vida del cuerpo de Cristo en Norteamérica."

Richard Mouw
Presidente Emérito, Seminario Teológico Fuller

"*Los nuevos Peregrinos* proporciona un brillante análisis del impacto religioso y espiritual de los inmigrantes en la sociedad en los Estados Unidos. Creo que este libro ampliará nuestro entendimiento del verdadero significado del cristianismo, fortalecerá nuestra fe en Dios, y respetará la diversidad religiosa reforzada por los inmigrantes. Felicito a Joe Castleberry por esta maravillosa obra de literatura."

Andrew Young
Líder de los derechos civiles, exembajador de E.U.
en las Naciones Unidas, y alcalde de Atlanta

"*Los nuevos Peregrinos* es una obra bien documentada, analítica y visionaria que sacude la conciencia de las personas de fe, al igual que de quienes no siguen un camino religioso, sobre la necesidad de un cambio de mentalidad hacia el fenómeno de la inmigración, invitando así al lector a volver a visitar los valores y principios que dieron lugar y han dado forma al camino de los Estados Unidos."

Jorge Madrazo
Ex procurador general, República de México

"Lo que se necesita ahora más que nunca en esta difícil conversación sobre raza e inmigración es contexto; y *Los nuevos Peregrinos* ciertamente proporciona contexto. El Dr. Joseph Castleberry aborda este urgente tema de modo muy eficaz con perspectiva histórica y sociológica, y da una visión de nuestro país orientada por el evangelio. Como filipino y estadounidense de primera generación yo mismo, espero ser uno de los muchos que orgullosamente se pongan el manto de "nuevo Peregrino." Este libro es lectura obligada para todos los que quieran tener una perspectiva informada sobre el lugar de los inmigrantes en nuestra nueva sociedad."

El Venerable Canónigo Dr. Jon I. Lumanog
Canónigo del arzobispado y Chief Operating Officer,
Iglesia Anglicana en Norteamérica

"Si ha decidido su postura sobre la inmigración, prepárese para ser sacudido para verlo de modo distinto. El Dr. Castleberry ha escrito un libro esperanzador que podría cambiar el diálogo. Entretejiendo historia, teología y experiencia personal, establece una potente argumentación para un nuevo camino, o más bien un camino muy antiguo: el camino del Cordero."

Hattie Kauffman
Periodista, autora de ***Falling Into Place:** A Memoir of Overcoming* y miembro de la nación Nez Perce

"Deje a un lado todos esos libros y artículos que se quejan del declive spiritual de los Estados Unidos y escoja *Los nuevos Peregrinos*, y sepa lo que Dios está haciendo mediante inmigrantes comprometidos con Cristo y con la iglesia. Algunos leerán el libro de Joseph Castleberry como patriotas y darán la bienvenida a la promesa de un mejor futuro para los Estados Unidos. Como cristianos, lo leemos como creyentes que se regocijan por el despertar espiritual que ya ha comenzado."

Leith Anderson
Presidente, Asociación Nacional de Evangélicos

"El Dr. Joseph Castleberry le hará pensar. *Los nuevos Peregrinos* es una lectura estupenda si quiere claridad entre tanta confusión sobre el tema de la inmigración en los Estados Unidos. Esté preparado para ser formado e informado. Esté preparado para ser desafiado. Esté preparado para ver la inmigración desde una perspectiva totalmente diferente: una perspectiva espiritual. He visto muchos libros sobre temas interculturales e inmigración, y desde mi perspectiva personal y pastoral, ¡este es sin duda alguna el mejor!."

Dr. Andrés G. Panasiuk
Fundador, Instituto para la Cultura Financiera & CompassLatino

"Castleberry infunde esperanza en los oscuros tiempos de los Estados Unidos, edificando de manera maestra sobre el fundamento de su experiencia de vida y su erudición al utilizar el poder del testimonio. Las notables historias de inmigrantes que no solo llevaron al límite a la iglesia estadounidense, sino que también siguen despertándola a un futuro renovado sirven como potente motivación para los creyentes estadounidenses de nacimiento para regresar a los principios bíblicos de bondad, hospitalidad, justicia y misericordia hacia los 'nuevos Peregrinos'. Este libro no es meramente una charla animada para apoyar a una iglesia floja, sino más bien un llamado a discernir profundamente el movimiento transformador del Espíritu en nuestra época."

Lois E. Olena
Profesora asociada de estudios judíos y teología práctica en el Seminario Teológico de las Asambleas de Dios, y directora ejecutiva de Society for Pentecostal Studies

"Solamente un presidente muy valiente de una universidad situada dentro de la corriente principal de la tradición pentecostal-evangélica estaría dispuesto a hablar sobre inmigración en esta controvertida época en la historia de los Estados Unidos. Sin embargo, *Los nuevos Peregrinos* no es solo valiente, sino que también proclama la verdad a los que ostentan el poder, *Peregrinos* no es solo valiente, sino que también proclama verdad al poder, por encima del rojo y el azul, precisamente porque está bíblicamente arraigado, eclesialmente situado, misionalmente apasionado, históricamente informado, sociológicamente alerta, y teológicamente guiado. Que pueda señalar nuevas posibilidades para el sueño americano incluso mientras llama a la iglesia norteamericana, incluso a la iglesia católica, a vivir en el ministerio de gracia, reconciliación y Shalom que anticipa el futuro reinado de Dios."

Amos Yong

Profesor de teología y misión en el Seminario Teológico Fuller, y autor de *The Future of Evangelical Theology: Soundings from the Asian American Diaspora*

"*Los nuevos Peregrinos* es una dosis llena de esperanza de realidad bien estudiada para aquellos en la iglesia que ven el final de la fe de los Estados Unidos como una conclusión anunciada. Castleberry relata convincentemente la historia de cómo Dios está utilizando a los 'exiliados y extranjeros' de la actualidad para reedificar su Iglesia y para hacer participar, alentar y equipar a nuevas generaciones de creyentes."

Harold B. Smith

Presidente y director general, Christianity Today

"Ninguna persona de fe debería votar en otras elecciones o participar de otro modo en el tema de la inmigración antes de leer el revelador libro del Dr. Castleberry. Demuestra que un sistema de justicia es atesorado por el estadounidense y el inmigrante por igual, pero que la ley actual no refleja las realidades que causan la crisis de la inmigración y no está funcionando. La salud de nuestras iglesias y nuestras comunidades depende a la vez de reformar la ley y de recibir al inmigrante."

Jim Rice

Juez, Tribunal Supremo de Montana

"Joseph Castleberry ha escrito un libro importante, penetrante, e impactante que dejará a los lectores motivados y a la vez inspirados. Increiblemente bien investigado y desarrollado, Los nuevos Peregrinos plantea de modo brillante el caso de cómo los inmigrantes en los Estados Unidos, pasados y presentes, siguen sirviendo como agentes de cambio positivo en toda nuestra sociedad. Disipando la retórica política y social que rutinariamente nubla este importante tema, este tratado valiente y proactivo establece de modo convincente cómo la inmigración no es algo a evitar, sino, por el contrario, una oportunidad espiritual a aceptar."

John E. Michel
Brigadier General, USAF (Ret); autor de
The Art of Positive Leadership y *(No More) Mediocre Me.*

Otros libros por Joseph Castleberry

Your Deepest Dream: Discovering God's True Vision for Your Life

The Kingdom Net: Learning to Network Like Jesus

LOS NUEVOS PEREGRINOS

Cómo los inmigrantes están renovando
la fe de los Estados Unidos

Joseph Castleberry, Ed.D.

WORTHY®
Latino

Los nuevos Peregrinos *está dedicado a todos mis amigos y seguidores en las redes sociales.*

Sígame en Facebook en
www.facebook.com/joseph.castleberry
y en Twitter
@DrCastleberry

ÍNDICE

RECONOCIMIENTOS

Como escribió el historiador romano Tácito en el año 98 AD: *"Prospera omnes sibi vindicant, adversa uni imputantur."* Traducido, significa: "Todos los hombres reclaman el mérito de un éxito; de un fracaso se culpa solamente a uno." En esa misma tónica, Michael Clifford merece unas inmensas palabras de gratitud por desafiarme originalmente a escribir este libro y por actuar como su primer lector. Ted Squires leyó el manuscrito y lo recomendó a Byron Williamson en Worthy Publishing, quien creyó en él y lo publicó. Gracias a ellos, al igual que a Sam Rodríguez de Worthy Latino.

Samuel Rodríguez, de la Conferencia Nacional de Liderazgo Hispano (NHCLC) hizo mucho para inspirar el libro, incluidos primeros comentarios sobre el borrador original. Como siempre, Ted Terry me dio valiosos consejos en puntos cruciales a lo largo del rocoso camino hasta su publicación. Mi esposa, Kathleen Castleberry, una dura crítica literaria, hizo muchas sugerencias sólidas para su mejora. El Dr. Joshua Ziefle, mi lector de historia de la iglesia estadounidense, corrigió algunas de mis ideas erróneas acerca de la historia de los Grandes Despertares y otros hechos. Larry Barnett, un talentoso investigador social y demográfico, leyó uno de los primeros borradores y tuvo una influencia importante sobre el libro, aportando mucho beneficio. Chuck Munson también proporcionó una útil lectura, al igual que Gabriel Salguero. El Dr. Wave Nunnally dio valiosos consejos sobre el hebreo bíblico.

Larry Garza, Edgardo Montano, Fred Choy, el Dr. Varun Laohaprasit, el Dr. Isaac Canales, Andre y France Dutra, Saturnino González, Jessica Domínguez, Andrés Panasiuk, y Jesús de Paz me dieron importantes relatos émicos de la experiencia de *Los nuevos Peregrinos.* Todos ellos han contribuido en gran manera al libro. También estoy agradecido a mis profesores en Teachers College, Columbia University, quienes me enseñaron las herramientas de la investigación social que afianza todo el proyecto. Jim Edwards me enseñó a escribir y Eliezer Oyola me dio mi primera lección formal en español, habilidades que han contribuido enormemente a este proyecto. El recuerdo de la voz de coaching de Steve Halliday resuena en mi cabeza todo el tiempo mientras escribo. Los miembros de la iglesia Bethel Spanish Chuch en Othello, Washington, y Centro de Vida en Tacoma también inspiraron gran parte de mi comprensión de la experiencia inmigrante.

Marian Belmonte hizo un trabajo admirable como traductora de esta versión en castellano, a pesar de muchas sugerencias de mi parte. Además, Edgardo Montano leyó la versión final e hizo valiosas contribuciones.

Si usted, el lector, decide que el libro ha tenido éxito, estas personas merecen una gran parte del mérito. Si lo considera un fracaso, solamente yo debería soportar la culpa.

INTRODUCCIÓN

Los Estados Unidos, como G. K. Chesterton famosamente dijo son de broma, es "una nación con alma de iglesia."[1] Al hacer tal afirmación, Chesterton no tenía intención de decir que Estados Unidos adoptó un enfoque religioso hacia la religión. Más bien se refería a que Estados Unidos adoptó un enfoque religioso hacia la democracia y la justicia. Los Estados Unidos de América, escribió, "es la única nación en el mundo que está fundada sobre un credo."[2] Ese credo no provino de una iglesia establecida, un consejo de obispos, o ni siquiera directamente de una santa escritura en particular, sino más bien de la Declaración de Independencia: "el único documento de política práctica que es también política teórica y también estupenda literatura. Enuncia que todos… son iguales en su derecho a la justicia, que los gobiernos existen para darles justicia, y que su autoridad es en consecuencia a esa razón", es decir, "el Creador como la autoridad suprema de quien se derivan todos estos derechos."[3] El credo de América, dijo Chesterton, no trataba tanto cosas divinas sino más bien cosas humanas.

Chesterton pasó a exaltar el credo de Estados Unidos en términos de su "visión de moldear a muchas personas a la imagen visible del ciudadano", y al lograrlo, "hacer un hogar de vagabundos y una nación de exiliados."[4] Tal búsqueda nacional, reconoció, equivalía a una admirable "aventura espiritual."[5] Si Estados Unidos tenía alma de iglesia, el credo de esa iglesia declaraba a todas las personas iguales, e incluso más que iguales. Todos eran bienvenidos.

Aunque el credo americano no descansa exclusivamente sobre las afirmaciones particulares de una religión, no obstante supone una creencia en Dios arraigada en las enseñanzas de religiones particulares. Desde los comienzos de la nación, el cristianismo ha desempeñado el papel dominante en la religión americana, pero otras religiones siempre han encontrado un hogar aquí y un papel respecto a apoyar el credo de Estados Unidos. Sin embargo, el actual sentimiento en el aire supone que *la fe en Estados Unidos*, en ambos sentidos de la frase término, ha declinado.

Por un lado, muchos han perdido fe en Estados Unidos en años recientes, y cuestionan con fuerza el sentimiento tradicional de la misión estadounidense de ser una luz directora para la democracia, la libertad y la igualdad de los seres humanos en el mundo. Hemos pagado un elevado costo en vidas y en tesoro en nuestras recientes guerras en Oriente Medio. Desgraciadamente, hemos sufrido dolorosos reveses de nuestras consecuciones en la reconstrucción de Irak y Afganistán como naciones unidas y libres. Esta falta de beneficio por el sacrificio ha provocado que muchos estadounidenses se pregunten si deberíamos quedarnos en casa y dejar que el mundo se ocupe de sí mismo.

> Desde los comienzos de la nación, el cristianismo ha desempeñado el papel dominante en la religión estadounidense.

Por otro lado, el estado debilitado de la religión organizada en Estados Unidos causa que muchos crean que la fe misma ha declinado. Se ha acumulado considerable evidencia a lo largo de los últimos cincuenta años de que la fe ciertamente ha declinado en Estados Unidos. Cristianos conservadores lamentan la decadencia moral que ha resultado de la revolución sexual de la década de 1960 y 1970. Temen la persecución a medida que pierden un caso tras otro de libertad religiosa en tribunales federales y estatales. Sufren escozore escuecen ante el ascenso de un nuevo ateísmo militante que ha surgido para burlarse de la Biblia. Retroceden ante del constante ridículo de los medios populares y las élites liberales en las artes, la política, la educación y otros sectores. Se duelen por el declive y el colapso de las iglesias protestantes históricas de Estados Unidos, ya sean episcopales, metodistas, congregacionalistas, presbiterianas, luteranas o bautistas. Sienten dolor duelen a medida que observan el cierre de edificios eclesiales históricos elaboradamente decorados, a medida que sus miembros se trasladan a iglesias advenedizas en galeras de metal o locales comerciales. Leen informes que dicen que el 70 por ciento de la juventud cristiana abandona la fe cristiana durante los últimos años de la adolescencia o los primeros de juventud.[6]

Por debajo de estas percepciones está el hecho innegable: el porcentaje de cristianos en Estados Unidos disminuyó en un 7 por ciento entre los años 2007 y 2014, incluso mientras el porcentaje de estadounidenses religiosos ha aumentado en un 6 por ciento.[7] Un palpable sentimiento de declive pende sobre muchos sectores de la cristiandad estadounidense como si fueran nubes de invierno, vacías de truenos y rayos y prometiendo solamente agua fría para extinguir cualquier fuego que permanezca en las iglesias.

Las noticias parecen malas, pero tal evidencia no representa todos los hechos. En medio del declive, inmigrantes han estado llegando a oleadas a Estados Unidos, llevando con ellos potentes testimonios de fe. Los capítulos siguientes mostrarán cómo los inmigrantes a Estados Unidos de la actualidad defienden los valores de los Peregrinos que llegaron a Plymouth Rock en 1620. Ellos tienen una visión de oportunidad personal y excepcionalismo espiritual que se une en grandeza para la noble nación a la que han llegado para ayudar a edificar. A medida que se establecen en sus nuevas vidas, crían a sus hijos y se unen a nuestra nación, renuevan y restauran la fe de Estados Unidos, igual que han estado haciendo desde que llegaron los Peregrinos en 1620.

Algunos argumentarán de inmediato que Estados Unidos no tiene una fe, sino más bien muchas creencias. Algunos leerán esta singular referencia a la fe como una afirmación de que Estados Unidos tiene una sola fe legítima; es decir, el cristianismo. Otros argumentarían que el cristianismo en sí no constituye una fe única. Catolicismo, ortodoxia oriental, ecumenismo o protestantismo liberal, y evangelicalismoel movimiento evangélico, entre otros, a veces ofrecen visiones muy diferentes de Dios y de la conducta humana. Cualquiera que sea la verdad sobre la unidad del cristianismo como una religión, Estados Unidos no tiene una religión única, ofreciendo un hogar agradable a judaísmo, hinduismo, budismo, islam y otras religiones. Al mismo tiempo, la historia y la cultura estadounidense tienen una innegable deuda profunda y eterna con el cristianismo, un hecho que deberíamos recordar cuando las libertades religiosas se sitúan bajo un ataque cada vez mayor de parte de progresistas secularistas.

Desde el comienzo de la historia estadounidense, los cristianos han compartido el continente norteamericano con múltiples creencias, de una manera excepcional y desconocida anteriormente para otras naciones del mundo. Los cristianos, sin duda, han dominado la demografía y la cultura estadounidenses, pero nunca de modo exclusivo. Judíos, algunos musulmanes, ateos, librepensadores, masones y otros han vivido y prosperado en Estados Unidos desde los primeros tiempos de la colonización europea. Bajo tal diversidad, los estadounidenses han considerado tradicionalmente la libertad religiosa como la reina de todas las libertades, y la libertad implica de modo inherente la presencia, protección y proliferación de una variedad casi ilimitada de creencias en Estados Unidos.

A la vez que reconocemos la naturaleza plural de la fe religiosa en Estados Unidos, este libro se enfocará en la fe de la abrumadora mayoría de los inmigrantes actuales, es decir, el cristianismo. En 2012, el 61 por ciento de inmigrantes legales se identificaron a sí mismos como cristianos, comparado con el del 83 por ciento de inmigrantes no autorizados y el 75 por ciento de nuevos residentes permanentes.[8] El porcentage de inmigrantes cristianos ha bajado un poco en los últimos tres años, y al presente, un 70 per ciento de tanto inmigrantes como estadounidenses nativos profesan el cristianismo.[9] Pero una mirada más cercana a la fe de los inmigrantes hoy día revela una increíble intensidad y sinceridad que aumentará su efecto sobre la fe de Estados Unidos.

Aunque el 70 por ciento de estadounidenses profesan el cristianismo en la actualidad, apenas un 75 por ciento de inmigrantes lo hacen actualmente.[9] Los inmigrantes confiesan el cristianismo en cifras sólo ligeramente más elevadas que los estadounidenses nativos, pero una mirada más cercana a la fe de los inmigrantes hoy día revela una increíble intensidad y sinceridad que agravarán su efecto sobre la fe de Estados Unidos.

La conversión de inmigrantes a la fe cristiana (siempre un rasgo histórico de la religión estadounidense) y los elevados índices de natalidad tanto de cristianos como de inmigrantes mantendrán una mayoría estable y abrumadoramente cristiana en el futuro. Este hecho no se aplica a Europa o Canadá, donde la mayoría de inmigrantes no profesan la fe cristiana. Los inmigrantes cristianos ofrecen una gran ventaja a Estados Unidos que otras naciones no disfrutan, e incluso si el porcentaje de cristianos en Estados Unidos no aumenta en el futuro, el contenido de la fe estadounidense sin duda mostrará la influencia de estos nuevos creyentes estadounidenses de "alto octanaje."

Aunque este libro hará referencia ocasional a judíos, musulmanes, hindúes y budistas, los lectores no deberían buscar aquí un análisis detallado de las fortunas de religiones no cristianas en Estados Unidos.[10] Su historia merece atención, y varios autores se ha enfocado en ellos.[11]

> Nuestros fundadores reconocieron que la nueva nación americana no basaba su ciudadanía sobre la etnicidad sino más bien sobre la aceptación de nuestro credo.

Sin duda harán una importante contribución a la fe en Estados Unidos a medida que se vaya desarrollando el futuro. Pero este libro se enfoca en el evento principal: los inmigrantes cristianos.

Pese al hecho de que la mayoría de estadounidenses han identificado por mucho tiempo con el cristianismo de una manera u otra, el cristianismo *per se* no ha permanecido en la escena central en la vida pública de Estados Unidos durante los dos últimos siglos. En su lugar ha permanecido la "religión civil estadounidense", la fe ilustrada (y quizá incluso creada) por los discursos públicos de Washington. Jefferson, Lincoln y muchos otros líderes públicos que nunca nombraron públicamente a Jesucristo como su Dios y Salvador personal.[12] Existiendo al lado, pero no independientemente, del cristianismo, el judaísmo y otras religiones, la religión civil estadounidense cree en un Dios Creador benevolente que intervienen en los asuntos de la humanidad en favor de quienes hacen el bien en lugar del mal. (La canción "God Bless America" y otros himnos patrióticos testifican de esto).

Generalmente esta fe nacional ofrece salvación (e incluso el cielo) a quienes hacen el bien, y advierte de castigo a quienes hacen el mal. Sostiene los principios fundamentales de la cultura gubernamental estadounidense, en especial la libertad, como divinamente inspirados. Por lo general asevera el destino divino de Estados Unidos para destacar como un faro de libertad, democracia y comercio para todo el mundo. Como observó Chesterton, su escritura es la Declaración de Independencia, la cual nunca menciona el nombre de Jesucristo pero sí confía en "Dios de la naturaleza" que ha dado a la humanidad "ciertos derechos inalienables, entre ellos vida, libertad y la búsqueda de la felicidad."

Chesterton también reconocía el papel de los inmigrantes en la religión civil de Estados Unidos. En el lema latino *e pluribus unum*, (de muchos, uno) nuestros fundadores reconocían que la nueva nación estadounidense no basaba su ciudadanía sobre la etnicidad sino más bien sobre la aceptación de nuestro credo. Central a ese credo era el concepto de Estados Unidos como el hogar natural de todos aquellos que buscaban libertad. La gran poetisa Emma Lazarus, en "El nuevo Coloso", escribió un soneto que adornaría la base de la Estatua de la Libertad, el mayor símbolo de la religión civil de Estados Unidos:

No como el gigante plateado de fama griega,
Con extremidades conquistadoras extendiéndose de tierra a
tierra;
Aquí, en nuestras puertas en el atardecer bañadas por el mar,
estará de pie
Una poderosa mujer con una antorcha, cuya llama es
La luz de los prisioneros y su nombre es
La madre de los exiliados. Su mano como faro
Brilla en bienvenida al mundo entero. Sus ojos dóciles
comandan
La bahía ventosa enmarcada por las ciudades gemelas.

"Tierras de antaño quédense con su historias pomposas!", exclama ella
Con labios silenciosos. "Denme sus cansados, sus pobres,
Sus masas amontonadas gimiendo por respirar libres,
Los despreciados de sus congestionadas costas.
Envíenme a estos, los desposeídos, basura de la tempestad.
Levanto mi lámpara al lado de la puerta dorada!."[13]

Tales palabras siguen siendo tan queridas para el alma estadounidense que el corazón de cada patriota sigue latiendo al ritmo de su cadencia.

¿CRISTIANISMO DILUIDO?

Algunos podrían considerar la religión civil estadounidense como una forma de cristianismo diluido, pero en verdad, carece de la especificidad para calificarse como cualquier forma de cristianismo. Al largo de la historia estadounidense, políticos y otros líderes civiles han apelado a Dios de manera genérica, pero raras veces a Jesucristo. Con frecuencia han citado la Biblia para apoyar sus argumentos, aunque por lo general prestando escasa atención a su significado contextual. Los Diez Mandamientos destacan como símbolos de gobierno sancionado religiosamente, aunque esquilados de su particularismo religioso y despojados de cualquier autoridad legal. De los Diez Mandamientos, solamente tres (matar, robar y dar falso testimonio en un tribunal) siguen estando en vigencia en nuestros actuales códigos de derecho.

El núcleo esencial de la religión civil estadounidense aporta elementos del judaísmo y el cristianismo (y valores compartidos por otras religiones) a una fe nacional generalizada que hasta hace poco tiempo ha permitido a los líderes nacionales reconocer a Dios públicamente sin ofender a los seguidores de cualquier religión particular. Sin embargo, a pesar de la naturaleza independiente de la religión civil, depende de creencias religiosas *concretas* para darle credibilidad duradera entre la población. Pese al reciente ascenso de las denominadas iglesias ateas y el largo historial del unitarianismo no obstante, prácticamente nadie asiste a una iglesia, templo o mezquita semanalmente para celebrar la religión civil.[14] La fe requiere especificidad religiosa o particularismo a fin de desarrollarse.

Al hablar de inmigrantes que renuevan la fe de Estados Unidos, reconozco que (1) los inmigrantes ya han rellenado la base demográfica del cristianismo en Estados Unidos; (2) otras religiones han crecido en Estados Unidos debido a la inmigración, a veces convirtiendo a estadounidenses a su fe a la vez que algunos de sus miembros se convierten al cristianismo; (3) los inmigrantes mejoran la viabilidad popular de la religión civil americana; y (4) los inmigrantes ofrecen promesa de avivamiento religioso en la sociedad estadounidense en general, especialmente en términos de cristianismo.

Que nadie suponga que he adoptado una posición desapasionada o incluso neutral. Mi identidad como ministro cristiano y evangelista sin duda influencia mi perspectiva de los hechos presentados aquí. Mi entusiasmo por la renovación del cristianismo prometida por los inmigrantes actuales impregna esta obra. Aunque los argumentos ofrecidos aquí emplean el análisis histórico y sociológico, no ofrezco este libro como una obra de ciencia social sino como una mezcla de periodismo, ciencias sociales, historia, interpretación bíblica, futurismo, ética, ciencia política y, desde luego, perspectiva teológica. El libro ofrece una visión incansablemente pro-estadounidense y pro-religiosa, declara una demostrable renovación de la religión estadounidense, especialmente el cristianismo, y está dirigida por los inmigrantes. Describirá el modo en que los inmigrantes están transformando la fe estadounidense en el presente y como pueden que tengran incluso una influencia mayor en el futuro cercano. *Para cualquier estadounidense religioso, el futuro promete ser más brillante de lo que hemos imaginado.*

1

LOS NUEVOS PEREGRINOS

Encontrar un ancestro entre los Peregrinos que llegaron a Plymouth Rock en 1620 es como el Santo Grial para los estadounidenses que estudian su árbol genealógico. Pero muchos otros episodios icónicos han ocurrido en la historia estadounidense, como

- la firma de la Declaración de Independencia,
- el cruce del río Delaware de Washington,
- la trágica defensa de El Álamo,
- la Proclamación de Emancipación de Lincoln,
- la entrada de inmigrantes por Ellis Island,
- la colocación de la bandera en Iwo Jima en la Segunda Guerra Mundial,
- la Marcha sobre Washington y el discurso del reverendo Dr. Martin Luther King, Jr., "Tengo un sueño",
- el festival Woodstock, y
- el rescate de las víctimas de los ataques terroristas del 11 de septiembre.

Personas que participaron o tuvieron relación con esos eventos, al igual que otros, hablaron (o siguen hablando) de ello durante el resto de sus vidas. Pero quizá ninguno de esos eventos tenga la misma fuerza perdurable e icónica que la llegada a Plymouth Rock.

¿Qué carácter especial tenían los Peregrinos que les hizo ser tal fuente de orgullo para sus descendientes cuatrocientos años después? No llegaron como los primeros colonos británicos permanentes en las Américas. Ese honor corresponde a los fundadores de Jamestown en Virginia. Aunque los descendientes de los Peregrinos del Mayflower desempeñarían un importante papel en la Revolución Americana y la formación de la democracia estadounidense y el gobiernos de los Estados Unidos, el papel de virginianos como Washington, Jefferson y Madison sobresale por encima de ellos en la memoria pública. Sin embargo, los Peregrinos de Plymouth ocupan un lugar especial en el corazón estadounidense.

> Los Peregrinos se distinguen de otros colonos en los primeros tiempos de Estados Unidos precisamente porque establecieron el tono de lo que se convertiría en una nación fundada sobre valores bíblicos.

Aunque personalmente cuento en mi árbol genealógico con fundadores de Jamestown de 1608 y colonos antiguos de Virginia, al igual que muchas otras de las primeras familias estadounidenses, confieso que nunca he encontrado a un ancestro que se encontrara entre los Peregrinos. Recientemente, mi amigo Mitch Soule me forzó a rendirme en el juego del póker genealógico sobrepasando mi Edward Gurganus de Jamestown con su George Soule, uno de los firmantes del Mayflower Compact.[1] Los Peregrinos del Mayflower se destacan como los ancestros estadounidenses más codiciados.

Los Peregrinos se distinguen de otros colonos en los primeros tiempos de Estados Unidos precisamente porque establecieron el tono de lo que se convertiría en una nación fundada sobre valores bíblicos. Su rigurosa versión reformada de la doctrina cristiana no duró mucho tiempo en la Massachusetts colonial, y probablemente nunca contó con la lealtad de más del 20 por ciento de sus ciudadanos.[2] Pero estableció un paradigma de riguroso compromiso a una fe cristiana que afianza todos los aspectos de la vida: normas personales, motivaciones y ambiciones; la familia; la vida comunitaria; el gobierno; el arte y la arquitectura; y otras esferas de actividad y del ser. Los Peregrinos habían llegado a América, primero y sobre todo, en busca de libertad religiosa. Su compromiso a una vida de fe totalmente integrada estableció el estándar ideal para la vida religiosa de la nación emergente, lo cual con el tiempo proporcionaría santuario, en ambos sentidos de la palabra, para que muchas creencias se desarrollaran, no solo en adoración sino también en testimonio a pleno pulmón.

No todos los ciudadanos, por lo general ni siquiera una mayoría de ellos, practicaban la religión tan vigorosamente como otros, pero la devoción religiosa disfrutaba generalmente de la aprobación pública, o al menos de tolerancia, en América. Muchos otros inmigrantes religiosos seguirían a los Peregrinos a la América Colonial en grandes números, incluidos franceses, irlandeses y católicos ingleses disidentes, menonitas alemanes, bautistas y cuáqueros ingleses, presbiterianos escoceses, metodistas ingleses, reformados holandeses y otros, incluidos judíos y musulmanes; todos ellos adoptando un estatus de peregrino similar al de los inmigrantes del Mayflower. Su presencia en los Estados Unidos incluía un compromiso a una fe personal profundamente sostenida que informaba sus vidas por completo. Como resultado, emergió gradualmente un nuevo tipo de nación religiosa, que el mundo no había visto nunca antes: una nación diversa y pluralista donde la fe particular de cada uno se unía para sostener una misión nacional basada en la fe.

A lo largo de gran parte de la historia de la cristiandad, definida como la comunidad de naciones que tenían el cristianismo como la religión establecida legalmente por el estado, solamente una religión disfrutaba de patrocinio y tolerancia en las naciones de Europa del Este. Comenzando con la declaración del emperador Constantino del cristianismo como religión estatal de Roma y siguiendo con el Santo Imperio Romano de Carlomagno y otros estados, el cristianismo en Occidente significaba "catolicismo romano." Cuando tuvo lugar la Reforma en el siglo XVI, diversas formas de protestantismo surgieron y se convirtieron en religiones estatales de un puñado de principalidades continentales y de Inglaterra. Surgieron guerras religiosas, y el conflicto se coció durante más de cien años. Muchos inmigrantes a las Américas en el siglo XVII, tanto protestantes como católicos, se enfrentaban a la persecución en su tierra natal por sus perspectivas disidentes de la fe. Los Peregrinos de Massachusetts se convirtieron, para los Estados Unidos, en un potente y cautivador símbolo de todos esos inmigrantes que han abandonado alguna vez su tierra natal para buscar libertad de culto en los Estados Unidos; no solo inmigrantes cristianos sino también judíos, musulmanes y seguidores de otras religiones, viejas y nuevas.

A medida que Estados Unidos reunió una colección sin precedente de diversas expresiones de cristianismo, experimentó con nuevas maneras de practicar una identidad religiosa nacional. Al principio, algunas colonias individuales tenían diferentes iglesias establecidas (congregacionalismo en Massachusetts, anglicanismo en Virginia), mientras que otras adoptaron una libertad religiosa relativamente plena desde un principio, como Pennsylvania y Rhode Island. Cuando la nueva nación adoptó la Constitución de los Estados Unidos en 1789, su primera enmienda aseguraba la prohibición de una religión nacional establecida al igual que protección para el libre ejercicio de la religión. Fueron necesarias varias décadas para que finalizara el establecimiento estatal de iglesias particulares, pero cuando la Primera Enmienda echó raíces, inexorablemente condujo al final de las iglesias establecidas en los Estados Unidos.

Así surgió un maravilloso y nuevo fenómeno en el arte de gobernar: la primera nación de mayoría cristiana sin una iglesia establecida. La nueva nación tenía un carácter decididamente judeo-cristiano, e incluso los agnósticos y ateos librepensadores, que disfrutaban de tolerancia y libertad protegidas constitucionalmente para no practicar la religión, reconocieron la base bíblica de la cultura de la nación. La prohibición de la religión establecida significaba que ninguna iglesia concreta podía tener un monopolio sobre el alma de los Estados Unidos, y también significaba que judaísmo, islam, hinduismo, budismo, religión nativa americana, ateísmo, y cualquier otra religión tendrían un mercado de libertad religiosa en el cual declarar su fe y buscar o recibir nuevos adeptos. Ciertamente, la mayoría de estadounidenses llegó a ver tal libertad como la manera más auténticamente cristiana de gobernar una nación. La libertad para no profesar la fe cristiana disfrutaba de tolerancia (imperfecta), al igual que el cristianismo histórico, nuevas maneras de expresar la fe cristiana, y otras religiones.[3]

Por consiguiente, Estados Unidos siempre ha permitido oraciones al principio de reuniones públicas. Nuestros tribunales llevan a cabo su trabajo bajo la invocación de la bendición de Dios. Nuestro dinero declara "IN GOD WE TRUST" (en Dios confiamos). Desde los tiempos de George Washington en Valley Forge, nuestro ejército ha proporcionado fondos para capellanes a lo largo de todo el paisaje religioso, incluidos notablemente capellanes musulmanes que recientemente han ministrado a militares estadounidenses de fe musulmana en las guerras posteriores al 11 de septiembre en el Oriente Medio. Ministros religiosos de todas las creencias han disfrutado por mucho tiempo de una exoneración de impuestos federales para sus subsidios de vivienda. Hasta que la Corte Suprema dictaminó en Engel contra Vitale en 1962, la oración y la lectura de la Biblia comenzaban el día en la mayoría de escuelas públicas en los Estados Unidos. Todos estos apoyos de la religión patrocinados por el estado contribuyeron a la credibilidad de nuestra fe nacional en un Dios Creador que nos otorgó iguales derechos y dignidad.

EL DECLIVE DE LA FE EN LOS ESTADOS UNIDOS

Pese al robusto compromiso a la libertad religiosa que históricamente ha dado como resultado una vibrante religión personal, la aceptación nacional de principios judeo-cristianos parece haberse erosionado gravemente en los últimos cincuenta años. Quizá una de las únicas cosas que los ateos más convencidos comparten con los cristianos más conservadores sea la negación del estatus de los Estados Unidos como nación cristiana; los primeros debido a que nunca creyeron en tal identidad y los segundos porque creen que la hemos perdido por completo. No es posible que observador alguno podría posiblemente argumentar que las élites culturales de los Estados Unidos y los medios de comunicación que ellos controlan (la prensa, la televisión, el cine) promueven la causa de la religión en América, y la afiliación religiosa de más rápido crecimiento en los Estados Unidos actualmente es la de quienes declaran "Ninguna." Como informa el Pew Research Center:

> La aceptación nacional de principios judeo-cristianos parece haberse erosionado gravemente en los últimos cincuenta años.

"Una quinta parte del público estadounidense, y una tercera parte de adultos por debajo de los 30 años de edad, no tienen afiliación religiosa actualmente."[4]

El aumento de personas no religiosas en los Estados Unidos puede que refleje el mero hecho de que las personas sienten más libertad para declarar su ateísmo o agnosticismo con sinceridad y claridad. Los cristianos devotos con frecuencia consideran que los cristianos "tibios" o nominales disfrutan de poca ventaja espiritual verdadera sobre los ateos. La mayoría de cristianos estadounidenses no resienten la libertad de otras personas que rechacen la fe cristiana, aunque ellos no se pueden identificar con la creencia del ateo en un universo sin un Creador. Los cristianos hace tiempo que han entendido el claro hecho de que la mayoría de estadounidenses no asisten a la iglesia regularmente y que muchos no asisten nunca. Pero el rechazo generalizado de los valores morales tradicionales en la sociedad estadounidense contribuye poderosamente al sentimiento de que la fe ha sufrido un importante declive.

Una alegada tendencia causa la mayor inquietud a los cristianos comprometidos de los Estados Unidos y la mayor amenaza al futuro declive de la fe en América: diversos estudios sugieren que el 70 por ciento de los jóvenes protestantes abandonan la iglesia a los veintitantos años.[5] Ya sea que esos informes describen de modo adecuado a todos los segmentos de la diversa comunidad cristiana o no, han recibido un recibimiento generalizado y han contribuido poderosamente a un sentimiento de declive. Según Robert Wuthnow, un destacado sociólogo evangélico que enseña en la Universidad de Princeton: "A menos que los líderes religiosos se tomen más en serio a los adultos jóvenes, el futuro de la religión estadounidense está en duda."[6]

RESPUESTA CRISTIANA

Quienes valoran la historia estadounidense como una nación de mayoría cristiana desean naturalmente que experimente un nuevo avivamiento en las iglesias y un despertar a Dios entre esos estadounidenses que no profesan o practican la fe cristiana. Los cristianos que creen en la autoridad de enseñanza de la Biblia ven a Dios como "no dispuesto a que nadie perezca, sino que todos vengan al arrepentimiento."[7] Como ministro cristiano por más de treinta años, he visitado al menos quinientas iglesias evangélicas distintas a lo largo de mi carrera. En todas ellas, personas claman en oración por la salvación de los Estados Unidos. Durante los últimos cincuenta años, se ha acumulado mucha evidencia entre nuestra población tradicional para sugerir que nuestras oraciones puede que no hayan tenido un éxito completo. Parecería que los cristianos estadounidenses nativos han abandonado la fe en cifras importantes, y la población cristiana en los Estados Unidos ha disminuido en un 5 por ciento a lo largo de los últimos cinco años.[8]

> Tal como están las cosas ahora, los inmigrantes y sus hijos han mantenido la afiliación cristiana en un elevado nivel.

ENTRAN LOS NUEVOS PEREGRINOS

Este relato de ayes recientes casi con seguridad habría supuesto un drástico declive en el cristianismo estadounidense si no hubiera sido por la entrada masiva de inmigrantes cristianos a nuestra población nacional durante el último medio siglo. Tal como están las cosas ahora, los inmigrantes y sus hijos han mantenido la afiliación cristiana en un elevado nivel; pero a medida que se desarrolla el futuro, su efecto en la población cristiana estadounidense llegará a ser incluso más dramático.

A fin de que una población se sustituya a sí misma y mantenga sus números en un nivel constante, tiene que reproducirse. Debido a la mortalidad infantil y a otros factores, el Índice Total de Fertilidad, es decir, el número promedio de bebés nacidos por cada dos personas durante el curso de sus vidas, debe estar al menos en el 2,1 en países desarrollados como los Estados Unidos.[9] En la actualidad, los únicos grupos demográficos en los Estados Unidos que tienen un índice de natalidad por encima del nivel de sustitución del 2,1 son los inmigrantes y otros conservadores sociales: los inmigrantes en un 2,9, los evangélicos de raza blanca en un 3,0, los mormones cerca de un 3,0, los Amish del viejo orden cerca de un 7,0, y varios grupos judíos ortodoxos entre un 3,3 y un 7,9.[10] Como contraste, la baja tasa de fertilidad de los liberales amenaza con disminuir sus cifras sustancialmente en la siguiente generación.[11] Juntos, la elevada entrada y tasa de natalidad de los inmigrantes ofrecen esperanza para un aumento real de la población cristiana de los Estados Unidos al igual que un aumento en población para muchas otras creencias como el budismo, el hinduismo y el islam. Un futuro secular para los Estados Unidos parece ser cada vez menos probable, al mismo tiempo que un futuro más pluralista religiosamente parece seguro.

INMIGRACIÓN Y MOVIMIENTO EVENGÉLICO

El papel de los inmigrantes en el aumento del movimiento evangélico estadounidense brilla en la historia de las Asambleas de Dios (AD), una importante denominación protestante evangélica. Las AD, que completaron cien años de existencia en 2014, tienen un notable registro de crecimiento anual a lo largo de todo el periodo de su trabajo, mostrando crecimiento positivo cada año desde 1978 excepto diminutos declives en 1988 y 1989, años marcados por los escándalos que implicaron a los televangelistas de las AD Jim Bakker y Jimmy

Swaggart.[12] Desde 2001 hasta el presente, todo el crecimiento neto registrado por la denominación ha provenido de minorías étnicas mediante la inmigración, una tendencia que probablemente comenzó aproximadamente en 1989.

Antes de 2001, las AD, como casi todas las otras denominaciones, no rastreaban la identidad étnica de sus miembros, pero el número de miembros de grupos étnicos minoritarios comenzó claramente a crecer en la década de 1980. En 2001, la raza blanca constituía el 70,6 por ciento de la denominación.[13] Según el censo del año 2000, los blancos constituían el 75,1 por ciento de la población estadounidense en ese momento.[14] En 2012, el número de miembros de raza blanca en las AD había disminuido en unos 20.000, y el porcentaje había caído hasta el 59,2 por ciento. Los hispanos, liderados por los inmigrantes, aumentaron del 16,3 por ciento al 21,7 por ciento.[15] La población minoritaria total, alimentada de modo abrumador por la inmigración, había aumentado hasta casi el 41 por ciento de la membresía total.

Según Scott Temple, director de relaciones étnicas del Consejo General de las Asambleas de Dios (USA), si continúan los actuales patrones de crecimiento, las AD se convertirán en una denominación de minoría-mayoría para el 2020, queriendo decir que ningún grupo étnico o racial constituirá una mayoría de la población.[16] Este fenómeno sitúa a las AD por delante de la tendencia nacional, pues la Oficina del Censo espera que la nación en general alcance estatus de minoría-mayoría en el año 2043.[17] Con mucha diferencia, el mejor bocado de este crecimiento entre minorías étnicas ha provenido de los inmigrantes. Aunque prácticamente todas las iglesias evangélicas e históricas han añadido inmigrantes a sus filas, las Asambleas de Dios han visto un crecimiento verdaderamente notable de la inmigración y de la conversión de inmigrantes. ¿Cómo han logrado las AD tal éxito en atraer a inmigrantes?

Uno de los factores clave en el crecimiento de las AD ha sido su fuerte énfasis y éxito en las misiones extranjeras. Mientras que las AD estadounidenses incluyen actualmente a más de 3,1 millones de adherentes, su constitución total en todo el mundo estaba por encima de los 67,5 millones en 2013,[18] de los cuales unos 30 millones viven en Latinoamérica, una importante fuente de inmigración a los Estados Unidos.[19] Las AD también tienen inmensos grupos en Corea del Sur, las Filipinas, Nigeria, y otros importantes países que son fuente de inmigrantes a los Estados Unidos.

Un segundo factor clave en el éxito de las AD ha sido su fuerte énfasis en el trabajo misionero dentro de los Estados Unidos. Desde sus primeros tiempos, las AD han entendido la importancia de permitir que grupos de lenguaje formen sus propias identidades eclesiales. Después de la fundación de la denominación en 1914, Henry C. Ball fundó una convención para pastores de habla española en 1918, seguido por la fundación de una rama alemana por inmigrantes europeos en 1922.[20] A medida que surgieron nuevos grupos de inmigrantes, "comunidades de lenguaje" emergieron para filipinos (1943), ucranianos (1943), húngaros (1944), polacos (1944) y yugoslavos (1945). En 1973, las Asambleas estableció el más exitoso de esos grupos como distritos con autogobierno y representación en el consejo gobernante nacional: el Presbiterio General.[21] Reconociendo en 1983 que la inmigración había estado aumentando desde su punto bajo en 1970, las AD lanzó una nueva iniciativa: "Misión América", para alcanzar a los recién llegados.

"¿Cómo deberían los cristianos responder a la inmensa oleada de la inmigración, la entrada de culturas y religiones anticristianas?", preguntó James Kessler retóricamente en Evangelio Pentecostal, la revista semanal de las AD. "Es imperativo que echemos una larga y nueva mirada al mandato de Cristo y desarrollemos una actitud responsable hacia las misiones domésticas. Estados Unidos se ha convertido en un campo misionero en el sentido más verdadero."[22] El ministerio a nuevos inmigrantes aumentó, e incluso a medida que grupos de más edad fueron asimilados en iglesias de habla inglesa y algunas de las primeras congregaciones y distritos se disolvieron, nuevos grupos de inmigrantes elevaron el número total de comunidades de lenguaje a veinte en 2014.[23]

Desde el principio, los primeros misioneros de las AD adoptaron los famosos principios triautónomos de autopropagación, autofinanciación y autogobierno que el misionero anglicano Roland Allen había elaborado a principios del siglo XX en el contexto de las misiones en China.[24] Líderes de iglesias estadounidenses aplicaron los mismos principios de autonomía a diversos grupos étnicos dentro de los Estados Unidos. En lugar de originarse en el prejuicio cultural, tales jurisdicciones eclesiales organizadas étnicamente surgieron de una comprensión de que las diferencias en el idioma crean barreras que refrenan el ministerio a inmigrantes.[25] La motivación para la separación de grupos de idiomas extranjeros en sus propios distritos siempre surgió de la iniciativa de esos grupos en lugar de hacerlo desde prejuicios raciales o étnicos por parte de la denominación. La estrategia misionera surgió de un interés genuino en la denominación por alcanzar a quienes no han oído el evangelio.

Los distritos por idioma dieron a los nuevos inmigrantes la oportunidad no solo de plantar iglesias, sino también de supervisarlas y gobernarlas ellos mismos. Esta característica permitió el desarrollo de liderazgo étnico en los más altos niveles sin competición o interferencia de estadounidenses nativos. Como un resultado de una política tolerante y un enfoque en la estrategia evangelística eficaz, inmigrantes de las AD han plantado iglesias en sus grupos de idioma o culturales y han aumentado las cifras de la denominación. A medida que sus hijos se han casado con la población nativa y han adoptado el inglés como su primer idioma, han tendido históricamente a filtrarse en las iglesias tradicionales de las AD.

UNA NUEVA GENERACIÓN DE LÍDERES INMIGRANTES DE IGLESIAS

Históricamente, muchos miembros de segunda generación de iglesias de habla española en las AD estadounidenses se han incorporado a las iglesias de habla inglesa, pero en años recientes se ha vuelto más común una práctica excepcional. Más miembros latinos se han quedado en los distritos de idioma español pese a una preferencia por el inglés como su primer idioma, o al menos su idioma más fuerte. A medida que han proliferado los distritos hispanos, una corriente regular de nuevos inmigrantes de Latinoamérica ha mantenido fuerte el uso del español. Pero muchos ministros jóvenes que crecieron en los distritos hispanos operan principalmente en inglés. Cada vez más, las iglesias de habla española se están volviendo bilingües o incluso iglesias solamente de habla inglesa.

El Distrito Multicultural de Florida ofrece un ejemplo interesante. El Dr. Saturnino González, que sirve como superintendente de distrito y pastor de Iglesia El Calvario en Orlando, una iglesia de cinco mil miembros, relata la historia de cómo su distrito adoptó un nuevo nombre. El distrito, anteriormente llamado Distrito Sudeste Español, decidió cambiar de nombre cuando sus iglesias de Georgia, Carolina del Sur, y Alabama tuvieron números suficientes para comenzar un nuevo distrito, el cual se convirtió en el Distrito Latino Sureño. González recordaba cuando formalmente dejaron libres a las otras iglesias para comenzar un nuevo distrito:

El nuevo distrito nació, y en esa misma reunión salió una resolución para cambiar nuestro nombre. Pensamos en varios nombres; pero entonces, una nueva estirpe de ministros tomó la pista… una nueva generación de ministros nos agarró por sorpresa. Ellos pasaron al micrófono cuando hablábamos del nombre nuevo, y dijeron: "Pastores, ya no somos Sudeste, pero queremos considerar el hecho de que ya no somos tampoco Español." Y entonces la discusión fue: "Si decimos que somos hispanos, ¿significa eso que si no hablo español, no puedo ser parte del distrito?." A lo cual dijimos: "No, podrían ser parte de nosotros." Aquellos eran ministros hispanos, hombres jóvenes, que tenían credenciales con nosotros pero no hablaban español."[26]

González reconoció que algo histórico había comenzado a surgir en la reunión: un cambio generacional que efectuaría un profundo cambio en el futuro.

En esencia, ellos estaban sugiriendo: "Si vamos a buscar un nombre, ¿podemos buscar un nombre que no diga 'español'?." Fue un llamado generacional en el que nosotros ni siquiera estábamos pensando. Buscábamos algo como Florida Latino o Florida Español. Esos nombres se propusieron, pero fueron debatidos. Se podía sentir que, mientras estábamos hablando del nombre, había algo espiritual en ese salón, cuando comenzamos diciendo: "Bien, es Florida", pero ahora tenemos a una generación diciendo: "Por favor, busquemos un nombre que pudiera ser más amplio, que pudiera reflejar la misión de la iglesia misma."[27]

A medida que la reunión continuó, la creatividad condujo al debate, el cual llevó al desacuerdo, y después a la frustración. Durante más de una hora, el consejo deliberaba y no podía decidir un nombre que pareciera encajar para todos. Finalmente, cuando todas las propuestas para un nuevo nombre habían sido rechazadas, Mabel Rojas, la esposa de uno de los pastores, se puso de pie y dijo: "¿Qué les parece este? Distrito Multicultural de Florida de las Asambleas de Dios." Como González recordaba: "Se podía sentir que todo el mundo decía: '¿Cómo?'. Como si dijeran: '¡Sí!'."[28]

La membresía del distrito con nombre nuevo ahora se ha ampliado para encajar en su nombre. Yendo más allá de su composición original de inmigrantes de Latinoamérica, ahora tiene no solo una diversidad más amplia de miembros, sino también brasileños, afroamericanos y haitianos en el camino para llegar a ser ministros.

Aunque el distrito ahora opera en modo bilingüe, siempre con el español incluido, se puede ver que llegará un futuro más diverso. "Tenemos una misión clara de alcanzar a todo el mundo en nuestro distrito", dijo González. Explicaba: "Ahora somos multiculturales. Necesitamos pasar a ser interculturales, y después transculturales. Ese será el camino por donde vayamos. Este es el principio. Ya somos multiculturales, porque estamos reconociendo la cultura de todos."[29]

Las raíces de la perspectiva multicultural de la iglesia comenzaron con la diversidad de nacionalidades latinoamericanas a las que las iglesias habían comenzado a alcanzar cuando operaban exclusivamente en español. "Incluso entre hispanos", dijo González, "hay una diversidad de cultura, en términos tanto de ideas como de lenguaje." Pero esa diversidad aumenta cada vez más ahora. Ya, diez de las iglesias realizan servicios exclusivamente en inglés.

A medida que la diversidad de las iglesias inmigrantes crece, la denominación de las Asambleas de Dios en los Estados Unidos experimenta una renovación más amplia y profunda. De modo similar a lo que han visto las Asambleas de Dios, iglesias independientes (no denominacionales) también han proliferado entre los inmigrantes. Tales iglesias lógicamente tienden a seguir una estrategia de autosuficiencia, al no tener patrones predeterminados que interfieran en su trabajo ofreciendo ayuda deseable y su compañero usual: una autoridad exterior no deseada.

CATÓLICOS ROMANOS Y LA INMIGRACIÓN

Para que nadie tenga la idea de que los inmigrantes solamente escogen iglesias evangélicas, echemos un vistazo a la iglesia católica romana. Con 78 millones de miembros fieles, la iglesia católica romana se mantiene firme como la organización religiosa más grande de los Estados Unidos, formando casi una cuarta parte de la población nacional. ¡La inmigración siempre ha proporcionado un gran porcentaje de membresía a la iglesia católica romana en los Estados Unidos! Siglos antes de la Guerra Mexicana-americana, misioneros españoles se habían establecido en el sudoeste.[30] Mucho antes de la Adquisición de Louisiana, inmigrantes acadianos franceses se habían establecido en el delta del Mississippi. La fundación original de la católica Maryland, la anexión del sudoeste mexicano, y la entrada de inmigrantes irlandeses en la década de 1830, de italianos en 1880 y de polacos a finales del siglo XIX, construyeron y sostuvieron una fuerte base de católicos por toda América.

Al igual que las denominaciones protestantes tradicionales comenzaron a disminuir a mitad de la década de 1960, los católicos comenzaron a abandonar la iglesia. El sondeo Pew Religious Landscape informa:

Mientras que los estadounidenses que no están afiliados a ninguna religión particular han visto el mayor crecimiento en números como un resultado de cambios en la afiliación, el catolicismo ha experimentado las mayores pérdidas netas como resultado de los cambios de afiliación. Mientras que casi uno de cada tres estadounidenses (31 por ciento) fueron criados en la fe católica, hoy día menos de uno de cada cuatro (24 por ciento) se describe como católico.[31]

Las estadísticas pueden presentar verdad y también distorsionarla, y pese a una multiplicación por dos de la población de los Estados Unidos desde 1960, los católicos romanos se las han arreglado para mantener un porcentaje estable de esa población alrededor del 23 al 24 por ciento. ¿Cómo manejaron lograr una hazaña como esa? La inmigración.

> Ya, los inmigrantes actuales de Latinoamérica, las Filipinas y África mantienen las parroquias abiertas e incluso prosperando.

Según la secretaría de la Conferencia de Obispos Católicos de los Estados Unidos, ¡el 71 por ciento de todo el crecimiento en la población estadounidense católica desde 1960 ha sido debido a los hispanos solamente![32] Esta parte hispana del crecimiento católico no tiene en consideración la masiva inmigración católica desde otras partes del mundo, como las islas Filipinas y varios países africanos. El estudio Pew decía que aunque los protestantes sobrepasan en número a los católicos en más de dos a uno en los Estados Unidos, casi lo contrario sucede entre los inmigrantes: "Entre la población adulta nacida en otros países, los católicos superan en número a los protestantes en un margen de casi un dos a uno (46 por ciento de católicos contra 24 por ciento de protestantes)."[33] Los inmigrantes actualmente constituyen cerca del 30% del catolicismo estadounidense, con 22,2 millones de católicos nacidos fuera de los Estados Unidos.[34]

Ahora pensemos en el futuro. Los índices de natalidad en los Estados Unidos han disminuido de modo dramático en los últimos cincuenta años y "han llegado en 2011 al más bajo jamás registrado."[35] El índice de natalidad de los inmigrantes fue mucho más elevado que el de la población estadounidense nativa. Según Pew, "el índice de natalidad en 2010 para mujeres nacidas en países extranjeros (87,8 [por 1.000 mujeres]) era casi un 50 por ciento más elevado que el índice para las mujeres estadounidenses (58,9)."[36] Basándonos en esos índices de natalidad, y en la práctica certeza de que los inmigrantes seguirán llegando a los Estados Unidos en años futuros de naciones de mayoría católica, ¡la fe católica tiene un futuro brillante en América!

Ya, los inmigrantes actuales de Latinoamérica, las Filipinas y África mantienen las parroquias abiertas e incluso prosperando. En 2014 los hispanos constituían casi la mitad de todos los católicos de menos de cuarenta años de edad, con un 54 por ciento de católicos jóvenes que no son de raza blanca. Y en una historia de portada de un artículo en 2013 titulado "La Reforma latina", la revista Time ha informado recientemente que un 30 por ciento de inmigrantes católicos a los Estados Unidos se convierten al pentecostalismo, un movimiento protestante evangélico, después de llegar. Este fenómeno promete a las iglesias protestantes una parte en la bonanza de inmigración católica a los Estados Unidos en el futuro.[37]

LA INMIGRACIÓN Y EL FUTURO DE LA FE ESTADOUNIDENSE

En la política contemporánea estadounidense, especialmente entre los conservadores, una creciente xenofobia ha cegado a muchos cristianos al efecto espiritual de la inmigración en los Estados Unidos. Sin duda, el material ya presentado aquí puede que haya creado incomodidad y disonancia cognitiva para algunos lectores. Algunos podrían preguntar: "¿Qué beneficio podría llegar posiblemente de millones de 'extranjeros ilegales' que inundan las fronteras de nuestro país?." Esa pregunta merece una respuesta, y este libro la ofrecerá. En pocas palabras, la llegada de millones de nuevos inmigrantes a América en nuestro tiempo ¡prácticamente garantiza un futuro fuerte para el cristianismo y otras religiones en el futuro de América!

La fe en los Estados Unidos continuará en el futuro, a medida que los inmigrantes restauren y aumenten la mayoría histórica compuesta por diversas formas de cristianismo. Incluso las moribundas iglesias protestantes tradicionales cosecharán nuevos miembros mientras el robusto mercado libre de la nación para la religión ofrece su amplia variedad de bienes y servicios religiosos para satisfacer demandas emergentes. La diversidad de naciones fuente para inmigrantes a los Estados Unidos garantizará que América seguirá proporcionando un santuario de libertad religiosa para otras creencias también. Los inmigrantes ya han comenzado a restaurar la fe de los Estados Unidos en todas las categorías; sin embargo, la historia principal en inmigración a los Estados Unidos se centra en los cristianos.

Los eminentes sociólogos de religión Roger Finke y Rodney Stark notaron que "desde 1965 hasta 2000, más de 23 millones de inmigrantes llegaron a los Estados Unidos y… la inmensa mayoría de los

> La llegada de millones de nuevos inmigrantes a América en nuestro tiempo ¡prácticamente garantiza un futuro fuerte para el cristianismo y otras religiones en el futuro de América!

nuevos inmigrantes participantes en la religión están formando congregaciones protestantes y católicas."[38] Esta oleada de inmigrantes cristianos no solo conllevaba personas que eran cristianas antes de llegar a América, sino también muchos convertidos que acudieron a la fe cristiana después de haber inmigrado. Fink y Stark afirmaban: "Un estudio a coreanos de Chicago descubrió que el 52 por ciento estaban afiliados a iglesias cristianas antes de la emigración, y la mitad de los restantes se unieron a iglesias cristianas después de llegar a los Estados Unidos."[39] La evidencia de participación anecdótica y participante de congregaciones evangélicas latinas sugiere que entre el 50 y el 80 por ciento de todos los miembros se han convertido desde que llegaron a los Estados Unidos, y el mismo patrón de inmigración cristiana y establecimiento de iglesias, resultando en la conversión de otros inmigrantes, es cierto en nacionalidades chinas, filipinas, varias africanas y caribeñas, y también en otros grupos étnicos.

La mentalidad positiva y ganadora de los inmigrantes cristianos en la América actual no surge tan solo del éxito evangelístico que ven en sus iglesias, sino también del floreciente avivamiento global del cristianismo.[40] Consideremos el estado del cristianismo en todo el mundo en la actualidad. Según Pew Research, el cristianismo está en primer lugar como la religión más grande del mundo. Sus cifras se sitúan alrededor de más de dos mil millones de adherentes, habiéndose cuadruplicado casi en tamaño a lo largo de los últimos cien años, de unos 600 millones en 1910 hasta casi dos mil doscientos millones en 2010.[41] El islam tiene unos mil seiscientos millones de adherentes,[42] y el hinduismo, poco menos de mil millones,[43] de modo que el cristianismo es un 35 por ciento mayor que la segunda mayor religión, y casi tan grande como la segunda y tercera religión mayores juntas.

En todo el mundo, el cristianismo ha explotado en su crecimiento en el pasado reciente. Como el reconocido erudito de la religión,

Philip Jenkins, ha descrito en The Next Christendom, los cristianos en el Sur Global sobrepasan en número de cristianos en Occidente. Según fuentes no oficiales, el gobierno chino calcula una población cristiana de 130 millones en China, ¡desde 1 millón en 1970![44] Según el eminente sociólogo Peter Berger: "La fuente más confiable para la demografía religiosa" calcula que los cristianos chinos alcanzan los 120 millones.[45] Contar cristianos en China presenta un desafío, ya que la gran mayoría de ellos se reúnen en iglesias ilegales en casas. Si el actual crecimiento continúa, el número de cristianos en China puede que llegue a los 220 millones en el año 2050.[46] El crecimiento de la iglesia china representa el mayor avivamiento/despertar en la historia del cristianismo.

El avivamiento mundial ha encendido iglesias en Corea del Sur también, donde los cristianos sobrepasan ahora en número a los budistas y el 29,3 por ciento de la población se ha afiliado a iglesias.[47] En Vietnam, el Departamento de Estado estadounidense informó de cálculos en 2006 que "el crecimiento de creyentes protestantes ha sido tanto como un 600 por ciento en la pasada década, pese a las restricciones del gobierno a actividades de proselitismo", con iglesias que informan de 1,6 millones de protestantes en ese país.[48]

Aunque el Norte de África permanece como una fortaleza musulmana, el África Subsahariana se ha unido al avivamiento cristiano mundial de manera dramática. Según Christianity Today: "En el siglo XX la población cristiana en África pasó de un cálculo de ocho o nueve millones en 1900 (8 al 9 por ciento) a unos 335 millones en 2000 (45 por ciento)."[49] El Vaticano informa: "En África, entre 1978 y 2007, el número de católicos aumentó desde 55 millones a 146 millones", y un reciente estudio por el Foro Pew sobre religión y vida pública calcula la población católica del continente en más de 175 millones.[50] Según la base de datos World Christian Database, "los pentecostales representan actualmente el 12 por ciento, o unos 107 millones, de la población de África" y el número total de cristianos "aumentó hasta un cálculo de 400 millones, constituyendo el 46 por ciento de la población."[51] ¡Las cifras se amplían con demasiada rapidez para contarlas!

Aunque el catolicismo crece de manera dramática en África, ha descendido hasta cierto grado en Latinoamérica, donde el pentecostalismo sigue avanzando rápidamente. Citando cifras de 2005 de World Christian Database, Pew Research informa:

> Los pentecostales representan el 13 por ciento, o unos 75 millones, de la población de Latinoamérica de casi 560 millones. Los miembros carismáticos de denominaciones no pentecostales, que en Latinoamérica son abrumadoramente católicos, alcanza 80 millones adicionales, o un 15 por ciento de la población. Tan recientemente como en 1970, pentecostales y carismáticos combinados representaban no más del 4 por ciento de la población de la región.[52]

Pese a las declaraciones de muchos en el período post-Ilustración que afirmaban que el cristianismo se disiparía en el mundo moderno, la fe sigue prosperando de una manera que pone en ridículo los pronósticos seculares de su fallecimiento. En lugar de optar por una fe moderna, cerebral y desnaturalizada como la prescrita por teólogos liberales y adoptada por muchas iglesias protestantes tradicionales de rápida desaparición, los cristianos posmodernos escogen iglesias evangélicas y católicas carismáticas. A medida que inmigrantes de países como Brasil, donde pentecostales y carismáticos forman el 34 por ciento de la población, Guatemala (40 por ciento) y las Filipinas (40 por ciento) llegan a América, traen con ellos su fe de alto octanaje con una expectativa positiva de éxito misional.[53]

Un informe reciente de Pew Research afirma que "siete de cada diez líderes evangélicos que viven en el Sur Global (71 por ciento) esperan que en cinco años desde ahora el estado del movimiento evangélico en sus países será mejor de lo que es en el presente." Como contraste, la mayoría de líderes evangélicos en el Norte Global tienen la expectativa de que las cosas o bien se queden igual (21 por ciento) o empeoren (33 por ciento).[54]

Las élites europeístas seculares que dominan los medios de comunicación tradicionales tienen una fuerte motivación para dar a los cristianos la impresión de que la fe ha comenzado un largo descenso hacia el olvido en todo el mundo. Una mirada con anteojeras a la Europa post-cristiana confirma su narrativa. Pero los nuevos Peregrinos llegan a los Estados Unidos desde el contexto de un creciente avance cristiano en sus países de origen, y creen que el futuro religioso de los Estados Unidos es brillante. Samuel Rodríguez, un líder ampliamente reconocido del movimiento cristiano hispano en los Estados Unidos, dijo recientemente:

> No nos estamos creyendo que el cristianismo esté en declive, que es la última hora de la narrativa cristiana global… No nos lo estamos tragando. De hecho, tenemos un sentimiento de optimismo muy fuerte… sí creemos que lo mejor está por llegar.[55]

Los inmigrantes cristianos y sus pastores han traído a los Estados Unidos esa misma expectativa de crecimiento y expansión, y junto con los nuevos convertidos alcanzados mediante las nuevas iglesias que han establecido, tienen intención de cambiar América.

Contrariamente a quienes quieren cambiar América para hacer que se parezca a la Europa post-cristiana, los inmigrantes cristianos quieren hacer regresar a los Estados Unidos a su identidad histórica, hacer de los Estados Unidos una brillante ciudad sobre un monte para el mundo, de modo que el mundo pueda ver la gloria de Dios. Ellos son los nuevos Peregrinos, y algún día sus descendientes declararán con orgullo: "Yo soy descendiente de los nuevos Peregrinos que llegaron a los Estados Unidos a principios del siglo XXI y restauraron la fe de América."

2

¿POR QUÉ PEREGRINOS?

El vínculo esencial entre cristianismo y migración

Muchos puede que se pregunten: "Claro, muchos inmigrantes cristianos llegan a los Estados Unidos, pero ¿justifica eso que se les llame "los nuevos Peregrinos?" ¿Cómo pueden compararse con el legendario William Bradford, y Miles Standish, y los otros Peregrinos que firmaron el Mayflower Compact (Pacto del Mayflower) cuando llegaron a Estados Unidos con tan elevados ideales de libertad, gobierno propio y ejemplo cristiano?." De hecho, los líderes más destacados entre los nuevos Peregrinos se comparan de manera bastante impresionante con aquellos líderes del Mayflower, como las historias en los capítulos siguientes ilustrarán. Pero antes de ver historias individuales, consideremos las siguientes buenas razones para ver a los inmigrantes cristianos actuales en los Estados Unidos como peregrinos.

En primer lugar, consideremos la definición de la palabra *peregrino*. Según *Dictionary.com*, un peregrino "viaja, especialmente una larga distancia, hasta algún lugar sagrado como un acto de devoción religiosa." También se refiere a "un viajero o errante, especialmente en un lugar extranjero" o incluso "un recién llegado a una región o lugar, especialmente al oeste de los EE.UU."[1] Los inmigrantes cristianos ciertamente encajan en la segunda y tercera definiciones, pero ¿ven los inmigrantes cristianos su paradero en los Estados Unidos como "un lugar sagrado?" ¿Viajan como un acto de devoción religiosa?

Hace años asistí a una reunión eclesial nacional en El Salvador. Un grupo de hombres anunció a los líderes que saldrían al día siguiente para cruzar el río Bravo (sin autorización) hacia los Estados Unidos, y toda la multitud de miles de personas se situaron alrededor de ellos y los comisionaron como *misioneros mojados*. Todo el grupo consideraba sagrado su viaje, y otros muchos miles siguen recibiendo una comisión formal de sus iglesias para su viaje con frecuencia arduo y peligroso a los Estados Unidos cada año. Al final del viaje, con frecuencia relatan historias sorprendentes de providencia y cuidado divinos a lo largo del camino, señalando toda la experiencia en términos de peregrinaje.

> Cristianos en todo el mundo sienten un celo santo por devolver algo a los Estados Unidos, y esos peregrinos llegan diariamente en una misión de parte de Dios.

¿Por qué iban a considerar inmigrantes cristianos de todo el mundo a los Estados Unidos como un lugar sagrado hacia el cual comenzarían un peregrinaje? Surge del hecho de que la gente en todo el mundo ve a los Estados Unidos como la nación cristiana paradigmática. A lo largo del último siglo, la gran mayoría de misioneros enviados a todo el mundo provenían de los Estados Unidos. Con el idealizado celo que solamente un expatriado puede reunir, los misioneros estadounidenses con frecuencia presentaban su tierra natal como ejemplo supremo para todas las costumbres, culturas y prácticas. Ante los ojos de muchos cristianos en todo el mundo, la poderosa iglesia estadounidense podía emplear a su mejor gente como misioneros para alcanzar las naciones; también poseía recursos financieros y estratégicos aparentemente inagotables para el desarrollo de instituciones cristianas en el extranjero; disfrutaba de libertad religiosa y de una próspera economía debido a los principios bíblicos sobre los cuales estaba fundada la nación.[2] Además, el reporte ha recorrido el circuito durante años diciendo que la cristiandad en los Estados Unidos ha comenzado a declinar y necesita misioneros.

En el Nuevo Testamento, el apóstol Pablo viajó por todo el mundo romano antiguo levantando una ofrenda para los santos en Jerusalén. Basó su llamado a los creyentes en el concepto de que tenían una obligación sagrada hacia la iglesia en Jerusalén que había enviado misioneros para proclamarles el evangelio a ellos. De manera parecida, cristianos en todo el mundo sienten un celo santo por devolver algo a los Estados Unidos, y esos peregrinos llegan diariamente a nuestras costas, aeropuertos, arenas del desierto y riberas de los ríos para llevar a cabo la tarea. En sus corazones, llegan con una misión de parte de Dios.

MISIONEROS INMIGRANTES

El sentimiento de misión que poseen muchos inmigrantes encuentra su ilustración en la historia de Edgardo Montano. Al criarse en la pobreza cuando era niño en El Salvador, sus padres carecían de los recursos para enviarlo a la escuela hasta que su pastor, un misionero estadounidense llamado Juan Bueno, consiguió un patrocinador estadounidense para pagar su matrícula escolar en la escuela cristiana privada dirigida por su iglesia. Después de graduarse de la secundaria, asistió a la universidad nacional de El Salvador durante tres años, donde estudió ingeniería química y comenzó a simpatizar con el movimiento guerrillero marxista que había surgido para luchar contra la injusticia social en su país.

Cuanto más bebía Montano de los pozos de la guerrilla, más resentido estaba contra los Estados Unidos, considerándolo el responsable de la pobreza y la opresión que sufría su pueblo. La disonancia cognitiva entre el discurso de sus compañeros por un lado y la generosidad estadounidense que había recibido para financiar sus estudios colisionó cuando el nombre de su pastor y benefactor, Juan Bueno, apareció en una lista principal de "enemigos del pueblo salvadoreño." Estados Unidos podría ser la fuente de la desigualdad económica en América Latina, pero Montano sabía que Juan Bueno había actuado heroicamente durante veinte años para financiar la educación de miles de niños salvadoreños. En lugar de cooperar con un movimiento determinado a asesinar a su pastor, salió de la universidad y entró en un instituto bíblico para estudiar para el ministerio.

Como alumno del seminario, Montano estuvo bajo la enseñanza de misioneros estadounidenses y percibió su propio llamado a seguir sus pasos. Después de una exitosa experiencia como misionero en Panamá, regresó a su país, donde estableció una vibrante iglesia y trabajó con misioneros en proyectos nacionales. Muchos viajes a los Estados Unidos durante los años posteriores fueron edificando en él un amor por el país y los comienzos de un sentimiento de llamado a ministrar a la creciente población de latinos allí.

En 2010 tuvo la oportunidad de asistir a una conferencia eclesial en Anchorage, Alaska, donde supo que un pequeño puñado de iglesias de habla hispana batallaba para llegar a los 36.000 inmigrantes latinos con el evangelio. La dramática necesidad y un intenso llamado le condujeron a dejar una fuerte iglesia de clase media en San Salvador y un salario cómodo para aceptar un puesto misionero menos lucrativo en

Alaska, donde actualmente es pastor de una pequeña iglesia que está dando sus primeros pasos.

"Estoy afrontando el mayor desafío de mi vida como ministro", explicaba Montano. "Lo acepté porque en Alaska es posible hacer trabajo pionero, como dijo el apóstol Pablo, y no edificar sobre el fundamento de otro."[3] Su gratitud hacia los misioneros estadounidenses no le envió a Alaska, pero reconoce:

Si no hubiera sido por el trabajo misionero realizado en El Salvador por misioneros estadounidenses, mi familia puede que nunca hubiera conocido el evangelio. Pero gracias a un misionero que llegó a nosotros en 1956, mi familia ha retenido el evangelio durante cinco generaciones. Ahora los papeles han cambiado, porque cuando me enteré de la necesidad en los Estados Unidos, y al tener la preparación, la unción y el llamado para llevarlo allí, sentí un compromiso ineludible de devolver a los estadounidenses lo que yo recibí por sus misericordias.[4]

Él reconoce que toda su vida ha sido un peregrinaje con Cristo. "Al igual que los Peregrinos que llegaron a los Estados Unidos en el principio", dijo, "yo he venido para quedarme. Tengo planes de terminar el resto de mi vida ministerial aquí. No estoy planeando regresar a casa. Quiero establecer un legado para una nueva generación de ministros, dejando huellas para que ellos las sigan en su propio peregrinaje."[5]

LA VIDA CRISTIANA COMO UN PEREGRINAJE

No debería sorprender a los cristianos que sus hermanos y hermanas inmigrantes se vean a sí mismos como peregrinos, ya que los cristianos han considerado sus vidas como un peregrinaje desde los principios mismos de la fe. Durante siglos, el libro cristiano de mayor venta además de la Biblia fue *El progreso del Peregrino*, una alegoría de la vida cristiana que retrata los retos y las tentaciones que afrontan los cristianos en el mundo de camino hacia el cielo. Antes de *El progreso del Peregrino*, *La divina comedia* de Dante cautivó a los lectores cristianos con su historia del viaje del alma hacia Dios después de la muerte, describiendo también los muchos tipos de trampas y cebos que las personas negocian a lo largo del peregrinaje de sus vidas. Los cristianos han entendido desde hace mucho tiempo su caminar de fe como un peregrinaje y a cada cristiano como un peregrino.

El Nuevo Testamento mismo establece la base para una cosmovisión cristiana de la vida como un peregrinaje, especialmente en los capítulos 11 y 12 del libro de Hebreos. Hebreos 12:1-2 afirma:

…y corramos con perseverancia la carrera que tenemos por delante. Fijemos la mirada en Jesús, el iniciador y perfeccionador de nuestra fe, quien por el gozo que le esperaba, soportó la cruz, menospreciando la vergüenza que ella significaba, y ahora está sentado a la derecha del trono de Dios.

El autor anónimo de Hebreos ve la fe cristiana como una "carrera que tenemos por delante." Describe el papel de Jesús como "el iniciador y perfeccionador de nuestra fe."

La palabra traducida como "iniciador" en este versículo (la Reina-Valera 1960 traduce la palabra como "autor") ofrece una perspectiva reveladora. La palabra griega original, *arquegos*, no se traduce de forma eficaz como una sola palabra en español. Tiene la connotación de un pionero, autor, líder, explorador o príncipe, pero también tiene un uso técnico especial referido al líder de un grupo de peregrinos y pioneros que abandonaban Grecia para establecer una nueva colonia.[6] El *arquegos* ya había visitado el destino previamente y conocía el camino para llegar. El *arquegos* tenía la responsabilidad de guiar a los peregrinos a su nuevo hogar, protegiéndolos de cualquier enemigo natural o sobrenatural que se encontrara a lo largo del camino, y ayudándolos a establecer su cultura griega y la adoración de sus dioses en su nuevo lugar. En términos de la vida cristiana, la palabra se refiere a Jesús como el líder de un grupo de peregrinos que han decidido salir de su anterior hogar y seguirle para colonizar una tierra nueva y celestial donde establecerán por la eternidad la adoración de su Dios.

El capítulo 11 de Hebreos establece el contexto de la declaración sumativa en Hebreos 12:2. En la lista de héroes de la fe del Antiguo Testamento, el autor destaca a Abraham como un peregrino llamado por Dios a salir de su anterior hogar e ir al lugar que Dios le mostraría.

Por la fe Abraham, cuando fue llamado para ir a un lugar que más tarde recibiría como herencia, obedeció y salió sin saber a dónde iba. Por la fe se radicó como extranjero en la tierra prometida, y habitó en tiendas de campaña con Isaac y Jacob, herederos también de la misma promesa, porque esperaba la ciudad de cimientos sólidos, de la cual Dios es arquitecto y constructor.[7]

La historia de Abraham y sus herederos sigue para describirlos como extranjeros en la tierra:

Todos ellos vivieron por la fe, y murieron sin haber recibido las cosas prometidas; más bien, las reconocieron a lo lejos, y *confesaron que eran extranjeros y peregrinos en la tierra*. Al expresarse así, claramente dieron a entender que andaban en busca de una patria. Si hubieran estado pensando en aquella patria de donde habían emigrado, habrían tenido oportunidad de regresar a ella. Antes bien, anhelaban una patria mejor, es decir, la celestial. Por lo tanto, Dios no se avergonzó de ser llamado su Dios, y les preparó una ciudad.[8]

El resto del capítulo describe a los peregrinos de Dios del Antiguo Testamento, quienes sufrieron increíbles pruebas en su peregrinaje hacia la ciudad de Dios. El versículo 38 declara: "¡El mundo no merecía gente así!." El texto explica: "Aunque todos obtuvieron un testimonio favorable mediante la fe, ninguno de ellos vio el cumplimiento de la promesa. Esto sucedió para que ellos no llegaran a la meta sin nosotros, pues Dios nos había preparado algo mejor."[9] En los versículos que siguen, Jesús aparece como el líder, el pionero, el explorador, el *arquegos*, que ha ido delante de nosotros, que ha derrotado a sus enemigos, y que establecerá a su pueblo en la adoración eterna de Dios. Cada cristiano, cada creyente del Antiguo Testamento, cada seguidor de la revelación de Dios en la historia del mundo tiene una parte en ese grupo de colonizadores, inmigrantes y peregrinos que Cristo dirigirá a la victoria.

El concepto cristiano de los creyentes como peregrinos y extranjeros en el mundo encuentra una potente expresión en el viejo espiritual estadounidense, "The Wayfaring Stranger":

Soy pobre, extraño viajero
Viajando a través de este mundo desolado
Y no hay enfermedad, o peligro
En esa tierra brillante a donde voy.

Y voy ahí a ver a mi padre
Y estoy yendo ahí para no vagar mas

Y solo voy sobre Jordán
Y solo estoy yendo a casa.[10]

Iglesias estadounidenses pocas veces han cantado esa letra durante los últimos cuarenta años. Ya no se identifican con la mayoría de cristianos que disfrutan el privilegio de la ciudanía nativa estadounidense. Es cierto que libros sobre experiencias cercanas a la muerte acerca del cielo o el infierno venden millones de ejemplares entre quienes han perdido a seres queridos debido a la muerte y han comenzado a pensar en el asunto de la eternidad.[11] Sin embargo, la vida en el mundo ha tratado bien a los cristianos estadounidenses actuales, y aunque prefieren ir al cielo que ir al infierno, con frecuencia no prestan mucha atención al concepto de la vida después de la muerte hasta que están cerca de experimentarla, ya sea por la muerte de amigos y familiares o mediante amenazas a su salud personal.

Los esclavos en la época anterior a la Guerra Civil Americana ciertamente entendían la canción. Obreros inmigrantes, mineros del carbón, y mano de obra en los molinos de la era Dust Bowl y la Gran Depresión se identificaban totalmente con el concepto de los cristianos como peregrinos y extranjeros en este mundo. Los inmigrantes que cruzan nuestras fronteras sin autorización legal también lo entienden. Y creen que no entran en el país como meros "inmigrantes", sino más bien como peregrinos de Dios.

EL PAPEL DE LA INMIGRACIÓN EN LA MISIÓN DE DIOS

Una cuidadosa lectura de la Biblia entera revela que el peregrinaje humano y la inmigración desempeñan un papel crucial no solo conceptualmente en la vida cristiana, sino también en el cumplimiento de la misión de Dios en el mundo. Desde Génesis hasta Apocalipsis, la Biblia relata las historias del pueblo de Dios en movimiento. Cuando los cristianos descubren el papel de la inmigración en el plan de salvación de Dios, miran a los inmigrantes actuales bajo una luz totalmente nueva.

La voluntad de Dios para la humanidad comienza con las primeras palabras pronunciadas por Dios a los seres humanos, que se registran en Génesis 1:28. En la historia de la creación, Dios crea los cielos y la tierra por el poder de la palabra de Dios. Luz y oscuridad, tierra seca y océanos, plantas verdes y todo tipo de animales siguen después; todos ellos llamados a tener vida por el poder de la palabra de Dios. Finalmente, Dios dice: "Hagamos al ser humano a nuestra imagen y semejanza."[12]

A ese punto en la narrativa de Génesis 1 se produce un importante cambio. Hasta entonces, el texto hebreo ha discurrido en una sobria prosa, pero cuando Dios decreta la creación de la humanidad, la historia estalla en poesía, como lo hace en el teatro musical clásico estadounidense. Cuando el drama llega a un punto culminante, alguien estalla en canto. La grandeza del momento, cuando Dios creó a las personas a imagen divina para gobernar y servir como los regentes de Dios en la creación, hace que el narrador estalle en canto:

> Y Dios creó al ser humano a su imagen;
> lo creó a imagen de Dios.
> Hombre y mujer los creó.[13]

La acción pausa brevemente para estos versículos melódicos de celebración, pero después la historia continúa. Lleno de deleite con las

> Cuando los cristianos descubren el papel de la inmigración en el plan de salvación de Dios, ven a los inmigrantes actuales bajo una luz totalmente nueva.

nuevas criaturas humanas, Dios pronuncia las primeras palabras de bendición sobre ellos.

Un reciente estudio dirigido por la organización Gallup sobre el tema del bienestar humano ha revelado que las personas necesitan un sentimiento de propósito más que ningún otro factor a fin de desarrollarse.[14] En consonancia, la Biblia presenta las primeras palabras de Dios para los seres humanos como una bendición que incluye un mandato, dando a la humanidad una misión que cumplir:

> Y los bendijo con estas palabras: «Sean fructíferos y multiplíquense; llenen la tierra y sométanla; dominen a los peces del mar y a las aves del cielo, y a todos los reptiles que se arrastran por el suelo.»[15]

En esta declaración de misión para la humanidad, Génesis bosqueja un triple mandato basado en tres características fundamentales de la naturaleza humana que las personas anhelan cumplir naturalmente: reproducción, migración y dominio.

Este triple mandato de Dios aseguraría que los seres humanos llenasen la tierra, aumentasen mucho en número (con más de siete mil millones de personas habitando la tierra en la actualidad), se esparcieran a cada rincón del planeta (impulsados por su espíritu viajero innato para explorar todo el mundo e incluso la luna y el espacio exterior), y establecieran un hábitat en la tierra (tomando control de su medio ambiente y estableciendo un modo de vida seguro). Por la misma Palabra inexorable mediante la cual Dios llamó a existencia los cielos y la tierra, la luz y la oscuridad, mares y tierra seca, plantas y animales, Génesis presenta un esquema de la naturaleza y los instintos humanos para garantizar el éxito de la misión de Dios en la tierra.

El libro de Apocalipsis visualiza el juego final de la descripción bíblica de la misión de Dios. En la visión de Juan del Revelador de los últimos tiempos, él describe una gran multitud celestial "tomada de todas las naciones, tribus, pueblos y lenguas; era tan grande que nadie podía contarla. Estaban de pie delante del trono y del Cordero… Gritaban a gran voz: «¡La salvación viene de nuestro Dios,que está sentado en el trono, y del Cordero!»."[16]

Ese escenario revela el éxito de la misión de la humanidad. La reproducción ha traído a la vida a incontables hijos e hijas para recibir el amor y la salvación de Dios. La migración ha producido el pleno desarrollo de la diversidad humana, creando una resplandeciente belleza mediante la diversidad en raza, lenguaje, cultura y nacionalidad. Todo dominio ha sido rendido de nuevo a Cristo, quien se sienta sobre el trono del universo como el garante de la salvación para la raza humana. La misión de Dios está completada, para beneficio de la humanidad redimida.

> Abraham se convierte en el inmigrante y nómada de Dios, moviéndose de país en país para encontrar la tierra prometida de Dios.

La Biblia no solo declara el comienzo y el escenario final de la misión divina, sino que también hace una crónica del modo en que Dios utilizó la emigración para hacer avanzar el plan de salvación. La historia comienza con Adán y Eva, cuyo pecado da como resultado su exilio del jardín del Edén.[17] Caín se convierte en el primer fugitivo después de matar a su hermano.[18] A medida que los pueblos de la tierra vagan y se dispersan, y cuando el mal corre sin freno en la tierra, la casa de Noé se convierte en la primera familia de refugiados, que huyen de un desastre natural. Tras su rescate, Dios repite la declaración de misión humana, ordenándoles: "Sean fecundos, multiplíquense y llenen la tierra."[19]

Génesis seguirá describiendo prácticamente cada categoría de emigración humana.[20] Tras la descripción de Génesis 10 de la dispersión de los pueblos de la tierra, el pueblo de Babel en el capítulo 11 desobedece la misión al construir una gran ciudad y una torre alta, "de ese modo nos haremos famosos y evitaremos ser dispersados por toda la tierra."[21] Como respuesta, Dios reitera el mandato de la migración al aumentar su diversidad por medio de confundir su lenguaje y obligarlos a dispersarse.

La historia entonces pasa a Abraham, la figura principal en el Antiguo Testamento y el patriarca de tres de las mayores religiones del mundo: judaísmo, cristianismo e islam. Aunque el padre de Abraham ya había emigrado hacia el oeste desde Ur de los caldeos a la tierra de Harán, Dios llama a Abraham a avanzar más hasta Canaán:

> Deja tu tierra, tus parientes y la casa de tu padre, y vete a la tierra que te mostraré. Haré de ti una nación grande, y te bendeciré; haré famoso tu nombre, y serás una bendición. Bendeciré a los que te bendigan y maldeciré a los que te maldigan; ¡por medio de ti serán bendecidas todas las familias de la tierra![22]

En los capítulos posteriores, Abraham se convierte en el inmigrante y nómada de Dios, moviéndose de país en país para encontrar la tierra prometida de Dios (como describe el libro de Hebreos más adelante en el Nuevo Testamento).

A lo largo del camino, el líder con defectos participa como víctima y como perpetrador en muchas de las mismas batallas y dilemas éticos que actualmente afrontan los inmigrantes: ser deportado de

Egipto por mentir acerca de su estado civil,[23] servir en el ejército de un país extranjero,[24] aprovecharse de manera muy fea de Agar, una víctima egipcia del tráfico de seres humanos, como esclava sexual en su casa,[25] ser deportado de Gerar por la misma mentira que contó en Egipto,[26] y enviar a Harán para conseguir una esposa para su hijo Isaac (una práctica parecida a los matrimonios concertados tan comunes entre los inmigrantes del este de India en la actualidad).[27]

Las historias de migración continúan con Isaac, el hijo de Abraham, y su nieto Jacob, que viven como nómadas moviéndose de país en país y experimentando una serie de desventuras migratorias entre las que se incluían matrimonio mezclado, deportación, estatus de refugiado, prácticas laborales engañosas, e incluso éxito empresarial como inversores extranjeros.[28] El libro de Génesis termina con la historia de José, una víctima del tráfico de seres humanos, que sirve como esclavo en Egipto hasta que la sabiduría que Dios le da salva al mundo conocido de la hambruna y da como resultado la emigración de los descendientes de Jacob a Egipto.

Tras la muerte de José, los egipcios reducen a los inmigrantes hebreos a la esclavitud, y sufren cientos de años bajo la opresión egipcia; una historia que resulta familiar a los inmigrantes a lo largo de la historia del mundo, quienes trabajan en ignominia como esclavos y semiesclavos realizando un trabajo duro y mal pagado para garantizar precios de alimentos baratos a poblaciones nativas. En siglos más recientes, esclavos africanos y sus descendientes afroamericanos bajo la opresión de las leyes de Jim Crow encontraron consuelo e inspiración en la historia de estos hebreos y su triunfante éxodo, al igual que colonizadores europeos en todo el planeta durante la Era del Descubrimiento obtuvieron motivación de las historias de la conquista de Josué de la Tierra Santa después de la generación de Israel que vagó por el desierto.[29]

La historia de los primeros tiempos de Israel en Tierra Santa traza los esfuerzos de los hebreos para establecerse como nación independiente en Canaán, y alcanza su marca más elevada en el éxito de Rut, una inmigrante moabita a Israel, cuyo nieto David se convierte en el mayor rey de Israel. Pero la Edad de Oro de Israel duró incluso menos tiempo que su cautividad en Egipto, terminando con la dispersión (y virtual fin) de las tribus del norte y la cautividad en Babilonia de los judíos supervivientes del reino del sur. Muchos de los grandes profetas del Antiguo Testamento vivieron como inmigrantes y cautivos extranjeros, notablemente Jeremías, Ezequiel, Daniel, Ester, Esdras, Nehemías, y otros. El retorno de los exiliados a Israel continuó la saga de emigración del Antiguo Testamento en servicio al llamado de Abraham, y solo tuvo éxito en parte, dando como resultado una emigración masiva de Israel hacia Egipto y hacia todo el mundo griego en la famosa Diáspora judía.

Como describe Hebreos 11, toda esta emigración del pueblo de Dios representaba servicio (ya fuera voluntariamente o por obligación) al llamado de Israel a ser una luz para las naciones.[30] Dondequiera que emigraba el pueblo de Dios, la historia del Dios y Salvador de Israel viajaba con ellos. Historias como la visita de la reina de Sabá, la sanidad del capitán sirio Naamán, la evangelización de Nabucodonosor de Babilonia y otras historias nos dan una crónica del éxito de los inmigrantes de Dios para preparar el camino para la misión del Nuevo Testamento por todo el mundo conocido después de la venida de Jesús.

Cuando amanece la era del Nuevo Testamento, la familia de Abraham (el errante arameo, como los judíos confesaban diariamente) da nacimiento a Jesús.[31] La historia de Jesús continúa con la llegada de los Sabios que llegan desde Persia, el lugar de la anterior cautividad de Israel, como evidencia del eficaz testimonio de Israel de las glorias de Dios. Después de que ellos llegan para adorar al rey de los judíos recién nacido, la narrativa cambia hacia la huida de la familia de Jesús a Egipto como refugiados políticos, escapando de la trama de Herodes para matar al nuevo Rey después de saber de su nacimiento mediante el informe de los Sabios. El estatus del propio Jesús como niño refugiado en un país extranjero con frecuencia ha proporcionado inspiración a los cristianos para demostrar un cuidado especial hacia los refugiados y los inmigrantes.

> Con ese mandato, Jesús hizo de cada cristiano del mundo un potencial inmigrante y un peregrino espiritual.

La vida, muerte y resurrección de Jesús, desde luego, cimenta el mensaje para el futuro de la misión de Dios como el Nuevo Testamento la declara. La humanidad no tenía modo alguno de rescatarse a sí misma del alejamiento de Dios por sus propios esfuerzos, y la muerte de Cristo en la cruz por los pecados de la humanidad proporcionó el camino hacia la reconciliación con Dios. Jesús dijo en Marcos 16:16: "El que crea y sea bautizado, será salvo." Justamente antes de pasar a la diestra de Dios y al trono, Jesús dio a sus discípulos un mandato final, conocido como la Gran Comisión, que llama a todos los cristianos:

Por tanto, vayan y hagan discípulos de todas las naciones, bautizándolos en el nombre del Padre y del Hijo y del Espíritu Santo, enseñándoles a obedecer todo lo que les he mandado a ustedes. Y les aseguro que estaré con ustedes siempre, hasta el fin del mundo.[32]

Con ese mandato, Jesús hizo a todo cristiano en el mundo un potencial inmigrante y un peregrino espiritual.

El resto del Nuevo Testamento, especialmente el libro de Hechos, relata la historia del modo en que los cristianos, tanto inmigrantes misionales como misioneros especialmente nombrados, llamados apóstoles, llevaron las buenas nuevas desde Jerusalén hasta los rincones más lejanos de su mundo. Muchos de los libros del Nuevo Testamento constituyen cartas a inmigrantes de Dios y sus convertidos en lugares por todo el mundo romano. Echemos un vistazo a cualquiera de las epístolas y encontraremos inmigrantes. Veamos en Romanos 16 la impresionante lista de inmigrantes a quienes Pablo saluda. La Biblia es un libro a inmigrantes, para inmigrantes, acerca de inmigrantes en servicio a cada nación en el mundo.

INMIGRANTES MISIONALES

Un ejemplo de un inmigrante misional es Jesús De Paz. La frase *de alto octanaje* describe perfectamente a este pastor de *Comunidad Cristiana Latina Río de Vida* en Wenatchee, Washington. Conocida como "la capital del mundo de la manzana", la región de Wenatchee produce el 60 por ciento de las manzanas que se venden en los Estados Unidos, más de 100 millones de cajas de 18 kilos de manzanas,[33] en "más de 700 kilómetros cuadrados de huertos de manzanas… situada en las colinas orientales de las pintoresca Cordillera de las Cascadas."[34] Latinoamericanos han inmigrado al este de Washington durante muchas décadas para trabajar en las pujantes industrias agrícolas que surgieron con la mejora de la irrigación en el siglo XX, y ahora constituyen una mayoría de la población en muchas de las ciudades y condados en torno a esa zona.

Jesús De Paz llegó a Washington desde El Salvador cuando tenía quince años en 1972, fue llevado a los Estados Unidos con un visado legal de trabajo por un familiar que trabajaba como ingeniero. Pero la relación no fue bien, y Jesús pronto abandonó la custodia de su familiar, perdiendo su estado legal pero obteniendo independencia para llevar la vida a su manera. Fue a trabajar a los huertos de manzanos, perales y cerezales para sostenerse, y sus talentos rápidamente aseguraron su ascenso. Dos años después se había convertido en el administrador de un gran huerto, con responsabilidades sobre todos los trabajadores y la operación técnica de los huertos.

En 1975 todo cambió. Conoció al otro Jesús, y rindió su vida a Cristo. "Encontré al Señor", decía él, "y comencé a compartir lo que Dios había hecho en mi corazón, enseguida, un mes después de haber sido salvo."[35] Lleno de celo y bendecido con un talento natural para el liderazgo, pronto condujo a muchas otras personas al cristianismo. En 1976 se sintió guiado a regresar a El Salvador para predicar a sus amigos y familiares, y cuando se enteró de que no podía regresar a los Estados Unidos sin tener sus documentos en orden, su patrón le ayudó a obtener estatus legal y convertirse en ciudadano de los Estados Unidos. Desde aquel tiempo, ha llevado a toda su familia a los Estados Unidos: sus padres, cinco hermanos, tres hermanas, y también otros familiares.

A medida que De Paz ha guiado cada vez a más inmigrantes a Cristo, su incipiente iglesia hizo llegar a varios pastores desde América Central y otros lugares para ocuparse de ella. Pero ninguno de los pastores se quedaba por mucho tiempo. "Siempre me quedaba yo para hacer el trabajo, el trabajo del Señor."[36] Así que De Paz, que se había convertido en un eficaz predicador, asumió el pastorado en 1982, y la iglesia prosperó aún más. Después de veinte años en los huertos, dejó su puesto secular bien pagado para ser pastor de la iglesia a tiempo completo. Los resultados de su ministerio reflejan la alta energía de su trabajo:

La obra comenzó a crecer. Comenzamos el Instituto bíblico, comenzamos a tener hombres y mujeres preparados para salir y pastorear, y los enviamos. Y hemos estado plantando iglesias desde ese día hasta ahora. Hemos establecido más de mil iglesias en México, América Central (Nicaragua, Guatemala, El Salvador, la mayoría en Honduras) y unas cuantas aquí en los Estados Unidos. Y eso ha sido una bendición, en lo que nos hemos ocupado."[37]

Solamente en los Estados Unidos, los obreros levantados por De Paz mediante su congregación y el Instituto bíblico han plantado cincuenta y dos iglesias.

Aunque la iglesia ha proporcionado cierto apoyo financiero temporal para sus iglesias hijas en los Estados Unidos, los obreros enviados a otros países por lo general han levantado su propio apoyo financiero, siguiendo el modelo que De Paz mismo estableció como pastor bivocacional, trabajando duro tanto en los campos agrícolas como en los campos misioneros. Ilimitado en su energía y poderoso en su pasión, el Pastor Jesús ha predicado en países en todo el mundo, incluidas iglesias en cinco continentes diferentes. Su enfoque de combinar la labor física con la obra espiritual encuentra expresión en que la iglesia es dueña de varios huertos y campos, los cuales no solo proporcionan trabajo para personas, sino también beneficios y alimentos para la vigorosa campaña social de la iglesia.

Aunque la asistencia sufrió cuando la iglesia recientemente se mudó a una nueva ubicación, unas 500 personas asisten ahora a la iglesia madre, la cual ofrece múltiples servicios en español y en inglés para inmigrantes que representan de doce a quince naciones en cualquier momento dado. Unos cuarenta estadounidenses blancos asisten a la iglesia debido a la emoción generada por su adoración de alta energía. El Pastor Jesús explicaba: "La iglesia existe exclusivamente para predicar un mensaje de consuelo, esperanza y sanidad a la comunidad, y cada vez que plantamos una nueva iglesia, pedimos siempre a Dios que nos muestre la siguiente ubicación."[38]

"¡Mira lo que ha hecho Dios!," exclamaba De Paz. "Dios no solo nos trajo aquí y nos salvó, ¡sino que nos ha llevado a cinco continentes para predicar!"[39] No todo pastor inmigrante tiene su mismo nivel de talento para el liderazgo y el ministerio, pero la misma ética de trabajo, perspectiva positiva, entusiasmo piadoso, carisma personal y evangelismo fructífero han hecho su aparición por todos los Estados Unidos a medida que el movimiento cristiano inmigrante se ha extendido.

Ya sea que los inmigrantes cristianos prediquen el evangelio en su nuevo hogar o lo lleven hasta los confines de la tierra como misioneros, ellos "van." Esta misión sagrada convierte sus vidas en un peregrinaje: un viaje sagrado a un lugar santo. El "final de los tiempos" traerá consigo la plenitud del Reino de Dios, la herencia de la vida eterna para el pueblo de Dios, y la reunión de la gran multitud de Apocalipsis 7:9-10. Los cristianos que no son peregrinos no existen. Al igual que los cristianos estadounidenses pueden ver sus vidas apropiadamente como un peregrinaje hacia el cielo, en el cual desempeñan un llamado a extender el evangelio a todas las personas mientras van, los cristianos inmigrantes interpretan su viaje a los Estados Unidos como parte de ese peregrinaje santo, uno en el cual Dios ha mostrado poderosa liberación y poder para salvar.

3

HABLAN LOS
NUEVOS PEREGRINOS

Recientemente, los titulares del *Seattle Times* declararon una visión para el futuro de los Estados Unidos. El artículo principal celebraba: "Hierba al por menor en marcha el martes", explicando por qué se necesitaron varios meses para que la legalización de la mariguana resultara en ventas al por menor.[1] En la parte baja de la página frontal, otra historia tenía el titular: "Viene a los E.U. a buscar un bebé; y un vientre para llevarlo." El artículo explicaba cómo *el liberalismo estadounidense ha sobrepasado al de la Europa más conservadora* al legalizar el alquiler de cuerpos de mujeres para tener hijos, especialmente para parejas homosexuales como Joán y Paulo de Portugal. El artículo mencionaba indirectamente que los críticos de la práctica "a veces trazan una analogía con la prostitución, otro tema que plantea debate sobre si sacar dinero del cuerpo de una mujer representa capacitación o explotación."[2]

Por todo el país en el buque nodriza del periodismo liberal, *The New York Times*, la columnista Maureen Dowd preguntaba: "¿Quién nos creemos que somos?" y citaba al encuestador republicano Frank Luntz diciendo: "El Cuatro de Julio fue siempre una celebración del excepcionalismo estadounidense… Ahora es una conmiseración de la decepción estadounidense." Ella observaba: "Por primera vez quizá, la esperanza no es tanto una característica de los sentimientos estadounidenses."[3] Ni la derecha ni la izquierda puede celebrar en lo que se han convertido los Estados Unidos.

Las largas guerras culturales, presionadas agresivamente sobre la sociedad estadounidense desde la izquierda, han producido el fruto de confusión y división en lo que los fundadores concibieron como los Estados "Unidos" de América.[4] Cristianos fundamentalistas conocen mejor que nadie cuán renuentemente emprendieron la batalla tras años de aislamiento cultural, en un conflicto profundo respecto a la moralidad de involucrarse en política. Sin embargo, pese a las incuestionables victorias de la izquierda, Dowd, una guerrera cultural liberal de alto rango, parecía casi lamentar el éxito de la izquierda en dividir al país:

> Tristemente, nos vemos a nosotros mismos como un pueblo que nunca puede entenderse mutuamente. Hemos renunciado a la idea de que podemos adherirnos, aunque los fundadores forjaron los Estados Unidos de América al unir a personas que tenían profundas diferencias.[5]

Dowd reconoce inmediatamente que los inmigrantes pagan el precio actualmente de la división estadounidense:

> Una nación de inmigrantes vigilada por la Estatua de la Libertad, con un gobierno incapaz de aprobar la reforma de la inmigración pese al apoyo de la mayoría, ve a manifestantes tomar las calles para evitar que niños hispanos que intentan cruzar la frontera sean albergados en sus comunidades.[6]

Los Peregrinos fundadores de los Estados Unidos no aprobarían la trágica ironía de la situación. Parece que casi nadie en la América actual ve el país en los términos que nuestro antepasado puritano John Winthrop nos enseñó, como una brillante "ciudad sobre un monte."

Al igual que unas setenta y cinco o más generaciones de cristianos antes que ellos, los inmigrantes cristianos actuales claramente se califican como peregrinos. Pero también merecen que se les compare con los Peregrinos de Plymouth de 1620. ¿Pueden ayudarnos a producir la renovación de la unidad y el propósito estadounidenses? Si ellos no pueden, las guerras culturales pronto tendrán éxito respecto a destruir de manera irreparable la nación que nuestros Peregrinos antepasados nos legaron. Las buenas noticias traídas por los nuevos Peregrinos no solo ofrecen una renovación de la fe de los Estados Unidos, sino también esperanza para un fin de las guerras culturales que han paralizado su política.

> La distancia entre la derecha y la izquierda, los tercos asnos y los elefantes que nunca olvidan, ofrece suficiente reto, pero la introducción de inmigrantes como un tercer elemento en la distancia lo convierte en una confrontación mexicana.

La distancia entre la derecha y la izquierda, los tercos asnos y los elefantes que nunca olvidan, ofrece suficiente reto, pero la introducción de inmigrantes como un tercer elemento en la distancia lo convierte en una confrontación mexicana. Wikipedia explica:

> Una *confrontación mexicana* es más precisamente una confrontación entre tres oponentes armados con pistolas. Las tácticas para tal confrontación son sustancialmente diferentes a las de un duelo, donde el primero en disparar tiene la ventaja.

En una confrontación entre tres participantes mutuamente hostiles, el primero en disparar está en desventaja táctica. Si el oponente A dispara al oponente B, entonces mientras están así ocupados, el oponente C puede disparar al A, ganando así el conflicto. Ya que es el segundo oponente en disparar el que tiene la ventaja, nadie quiere disparar primero.[7]

La crisis de la cultura actual en los Estados Unidos nunca se resolverá por sí sola. La derecha y la izquierda nunca dejarán de molestarse el uno al otro. Necesitarán una tercera fuerza no política para ayudarles a romper el impasse. Los nuevos Peregrinos constituyen esa tercera fuerza. Nadie necesita disparar primero en la confrontación de la inmigración. Incluso mientras hablamos, la tercera fuerza ofrece una vía pacífica hacia delante.

Samuel Rodríguez, presidente de la Conferencia Nacional de Líderes Hispanos Cristianos (NHCLC, por sus siglas en inglés), llama a la tercera vía "la Agenda del Cordero."[8] Los Estados Unidos de América ganarán su futuro, dice él, no por la victoria del Burro demócrata o del Elefante republicano, sino más bien por seguir al Cordero. Pero antes de considerar la Agenda del Cordero, regresemos al Massachusetts del siglo XVII.

EL SUEÑO DE LOS PEREGRINOS

La mayoría de estadounidenses tiene un vago recuerdo de la identidad real de los Peregrinos que llegaron a Plymouth Rock. Algunas personas pueden nombrar a Miles Standish y William Bradford como los primeros líderes entre ellos, pero casi nadie puede citar nada que ellos dijeron o escribieron. Algunos saben que 41 pasajeros entre las 101 almas a bordo del Mayflower, todos ellos hombres adultos, firmaron un documento llamado el Mayflower Compact (Pacto del Mayflower), comprometiéndose modestamente a vivir bajo el Gobierno de la Ley. El texto del pacto, en lenguaje moderno, dice:

> Nosotros, cuyos nombres están escritos... Habiendo emprendido, para la gloria de Dios, y los avances de la fe cristiana y el honor a nuestro Rey y País, un viaje para plantar la primera colonia en las partes norteñas de Virginia, mediante el presente, de modo solemne y mutuo, en presencia de Dios, y unos de otros, hacemos pacto y nos combinamos juntos en un cuerpo civil político; para nuestro mejor ordenamiento, y preservación y avance de los fines antes mencionados; y en virtud del cual promulgamos, constituimos y enmarcamos, tales leyes igualitarias, ordenanzas, actas, constituciones y oficios, de vez en cuando, tal como se considere más necesario y conveniente para el bien general de la colonia; al cual prometemos la sumisión y obediencia debidas.[9]

El acuerdo permanece como un punto de referencia en la formación del gobierno estadounidense, pero su modestia sorprende a quienes tengan una perspectiva exaltada de la visión de los Peregrinos para una nación cristiana. Su modesto experimento se encontró con un éxito igualmente modesto, y William Bradford no solo serviría como autor del Compact y gobernador de la colonia, sino que también pasaría a escribir las primeras historias de la colonia, completas con su recuerdo de la misión de los Peregrinos y su celo y sus decepciones con los resultados de su trabajo.

La cita más regularmente reconocida por los estadounidenses como perteneciente a los Peregrinos realmente provino de una llegada posterior a Massachusetts que representaba a un grupo religioso ligeramente distinto: John Winthrop, el gobernador puritano que llegó a Massachusetts diez años después. Al igual que Bradford, Winthrop escribió un sermón a bordo del barco (el Arbella en 1630) en el cual famosamente imaginaba la misión puritana en América del Norte:

Ahora, el único modo de evitar este naufragio, y proveer para nuestra posteridad, es seguir el consejo de Miqueas: hacer justicia, amar la misericordia y caminar humildemente con nuestro Dios. Para este fin debemos estar muy unidos, en este trabajo, como un solo hombre. Debemos considerarnos los unos a los otros con afecto fraternal. Debemos estar dispuestos a reducirnos nuestras cosas superfluas para la provisión de las necesidades de otros. Debemos sostener un comercio familiar juntos... Debemos deleitarnos los unos en los otros; hacer nuestras las condiciones del otro;... siempre teniendo ante nuestros ojos nuestra comisión y comunidad en el trabajo, como miembros del mismo cuerpo... El Señor será nuestro Dios, y... veremos que el Dios de Israel está entre nosotros... porque debemos considerar que **seremos como una ciudad sobre un monte.** Los ojos de todas las personas están sobre nosotros. De modo que si tratamos falsamente con nuestro Dios en esta obra que hemos emprendido, y causamos así que Él retire su presente ayuda de nosotros, seremos convertidos en una historia que va de boca en boca por el mundo... Avergonzaremos los rostros de muchos de los dignos siervos de Dios, y causaremos que sus oraciones sean convertidas en maldiciones sobre nosotros hasta que seamos consumidos y echados de la buena tierra hacia la que vamos.[10]

Winthrop, como los Peregrinos que le precedieron, imaginó una nación donde la rectitud y la justicia habitaran juntas. No solo las personas disfrutarían de libertad, sino que lo harían en un estado de sumisión a Dios.

Notemos lo que le falta a la visión: no incluye nada del fuerte individualismo que caracterizaría visiones posteriores de los Estados Unidos. Tampoco incluye ninguna celebración de consumo de hierba o de prostitución. Las personas vivirían juntas en una sociedad de interés común, con amor unos por otros, con comercio conjunto, con preocupación por las necesidades de los demás, y compartiendo de sus bienes en tiempos de necesidad. "Debemos estar dispuestos a reducirnos nuestras cosas superfluas para la provisión de las necesidades de otros", escribió Winthrop. Los colonos norteamericanos no solo se servirían unos a otros en su visión, también servirían al Dios de Israel.

Winthrop incluye valores tanto republicanos como demócratas, sin las dimensiones extremas de ninguno. Winthrop habría aborrecido el actual estado de cosas en los Estados Unidos, en el cual un extremo argumenta en favor de la libertad personal radical para contaminar la justicia de la nación con drogas legalizadas y prostitución, mientras que el otro extremo combate la misericordia bloqueando el paso a autobuses del gobierno que intentan mover a niños recién llegados, inmigrando sin la supervisión y protección de ningún adulto, a lugares seguros donde puedan recibir nutrición decente, cuidado médico y descanso.[11]

La visión de Winthrop de América como una brillante ciudad sobre un monte, siguiendo la visión de Bradford y de los Peregrinos con elocuencia aún mayor, estableció el esquema para el patriotismo estadounidense durante doscientos años

La visión de Winthrop de América como una brillante ciudad sobre un monte, siguiendo la visión de Bradford y de los Peregrinos con elocuencia aún mayor, estableció el esquema para el patriotismo estadounidense durante doscientos años. Mientras que la colonia de Massachusetts se convertiría rápidamente en un grupo de pioneros no asistentes a la iglesia, rudos y agitados, la llamada a la rectitud y la justicia hecha por los primeros colonos de Massachusetts se ha mantenido como la expectativa de nuestro destino nacional. Todo estadounidense hasta hace poco sabía que el país destacaba como un ejemplo de bondad para el resto del mundo. La idea del excepcionalismo estadounidense emana de la visión de Winthrop. El destino de los Estados Unidos dependía de hacer brillar la luz de la justicia, de la libertad y la bondad. "América es grande", afirma un proverbio nacional celebrado por políticos desde Bill Clinton a Pat Buchanan, "porque es buena, y si América deja de ser buena, América dejará de ser grande."[12]

Casi cuatrocientos años después, el mundo nos sigue observando; y viene hacia nosotros. ¿Pueden los inmigrantes actuales renovar la visión de bondad que nos hizo grandes? ¿Tienen ellos la visión moral de restablecer la herencia dual de los Estados Unidos de rectitud y justicia? ¿Tienen líderes elocuentes y capaces de avivar los corazones de fututos conciudadanos con hermosos ideales y valores? ¿Pueden dejar tras ellos una herencia que un día dará como resultado personas que tracen orgullosamente su línea genealógica hasta los nuevos Peregrinos de principios del siglo XXI, quienes restauraron la fe de los Estados Unidos y la apartaron del impasse de las guerras culturales?

Yo propongo a Samuel Rodríguez como muestra A.

UN NUEVO JOHN WINTHROP

Nacido en una familia puertorriqueña en Newark, Nueva Jersey, y criado en la "pequeña ciudad de Bethlehem (Pennsylvania)", algunos podrían argumentar que Rodríguez no cuenta como inmigrante ya que disfruta de ciudadanía por nacimiento. Además, los puertorriqueños han tenido plena ciudadanía estadounidense desde 1917, de modo que los padres y abuelos de Rodríguez han tenido la misma ciudadanía estadounidense que él atesora. Cualquiera que escuche a Rodríguez por primera vez, notará su absoluto patriotismo estadounidense. Como parte de su compromiso con los Estados Unidos, Rodríguez está en total solidaridad con los inmigrantes. Yo le he visto dirigirse a un grupo de presidentes universitarios estadounidenses en inglés, donde observé que él era quien hablaba inglés con más elocuencia en la sala. Pero también le he visto predicar en español con igual desenvoltura y fuerza. Como los hijos de inmigrantes desde el comienzo de los Estados Unidos de América, él es una persona multicultural, capaz de trascender barreras culturales debido a su propio yo multicultural.

Los nuevos Peregrinos, como he descrito a los inmigrantes en este libro, incluyen más que solo la primera generación que pasa a territorio estadounidense. Incluyen los hijos y a veces los nietos e incluso descendientes posteriores de inmigrantes: todo aquel que esté lo bastante cercano a la generación inmigrante para seguir hablando su idioma, preservando sus costumbres y su cocina, o sintiendo su marginación. La asimilación plena en la cultura estadounidense dominante puede necesitar una o dos generaciones, e incluso más cuando pobreza, o racismo, o separatismo multicultural bien intencionado se confabulan para ralentizarlo. Rodríguez no tiene lealtades mezcladas. Defiende a Dios y a América poniéndose al lado de los inmigrantes. Y tiene una visión para el futuro. Vamos a escucharla:

Imagine.

Imagine una aldea, un pueblo, un suburbio o una ciudad en cualquier lugar en Norteamérica una despreocupada mañana de domingo en el mes de mayo. Imagine también las señales de las sencillas glorias de Dios en pleno desarrollo, cada flor abriéndose a los cielos, cada brizna de hierba apuntando a los cielos, la cara de cada niño hacia arriba con una sonrisa.

Imagine un campo de golf esa mañana de domingo, exuberante y bien cuidado pero sin nadie sobre él, un gran supermercado Wal-Mart lleno de abundancia pero sin nadie dentro, un próspero centro comercial sin nadie que lo recorra apresuradamente.

Imagine el luminoso y resplandeciente hospital nuevo, cuya plan positivo breontrario,ncente cte tema, este tratado endo como agentes de cambio positivo plantilla de urgencias trata la ocasional picadura de abeja, un tobillo roto o un desmayo, pero que no están en absoluto cansados debido a víctimas de disparos a primera hora del domingo o sobredosis, esas tristes aflicciones de hace ya muchos años y ahora tan obsoletas como el SPM, el VPH o el VIH.

Imagine la vieja cárcel del estado en las afueras de la ciudad, los alambres de espinos reciclados, las vallas derribadas, las celdas reestructuradas y convertidas en salones de clases para la nueva universidad comunitaria donde quienes antes fueron oficiales del correccional aprenden juntos diferentes profesiones; la policía local no necesitará nuevos oficiales en años.

Imagine Main Street, la calle principal tranquila ahora en la mañana de un domingo, a excepción de la vieja pastelería o tienda de ultramarinos, pero que pronto estará llena de familias; los negocios de tatuaje cerrados por falta de negocio, las casas de empeño cerradas, los clubes de striptease lejanos en la memoria, y la vieja clínica abortiva que ahora es un recuerdo en gran parte con el espíritu del Museo del Holocausto.

Ahora imagine la verdadera acción. Puede oírla, sentirla, sentir la vibración resonando en las paredes de una iglesia tras otra por toda la ciudad: en la sección que solía llamarse un gueto, en la parte antes conocida como el "barrio", en la comunidad anteriormente cercada.

Escuche el pulso de las iglesias evangélicas, sin duda, pero también de iglesias cristianas más establecidas y de las iglesias católicas. Escúchelo, también, en las viejas iglesias protestantes tradicionales que han sacudido las telarañas, han dejado de predicar sobre las noticias de ayer y han renovado sin disculpa alguna su relación con Jesús.

Imagine pasillo tras pasillo de todas esas iglesias lleno de niños, y cada niño bien vestido y bien portado, con un padre y una madre que les quieren. Imagine esas familias intactas, que oran y están centradas en Dios, compartiendo libremente su tiempo y sus recursos con los menos afortunados. Imagínelos, mediante su generosidad, relegando a esas burocracias de la asistencia social, sin rostros y que desmoronan familias, a los libros de historia.

Imagine las caras de las personas en esas iglesias tan vigorosas, tan llenas de alegría en el Señor, tan rebosantes de esperanza, y tan asombrosamente diversas que frases como "iglesia de negros" o "iglesia de latinos" o "iglesia de blancos" han perdido todo su significado cultural.

Imagine el espíritu de esta cultura del reino, estos cristianos creyentes en la Biblia mientras se acercan al Señor y se acercan a sus congéneres, a medida que cantan, oran y alaban a Dios sin vergüenza alguna, sin temor al ridículo, sin tener que prepararse para alguna nueva batalla en una guerra cultural que ellos no comenzaron.

Ahora, recuerde el día en que aquellos soldados cristianos armados con la verdad e inspirados por Cristo, mansos como el cordero y rugientes como el león, marchaban hacia adelante y ganaban esas batallas, no con venganza en sus mentes sino con reconciliación, no mediante la imposición de una religión sino mediante la proposición de una relación. Recuerde el modo en que el Espíritu Santo penetraba en algunos corazones muy endurecidos, hasta que finalmente incluso los escépticos más impenetrables tenían que conceder que la vida ahora, en el presente espiritual, era tangiblemente mejor que en nuestro pasado materialista, y emocionalmente mucho más abundante.

Ahora celebre la vida hecha real por el Tercer Gran Despertar, el primero en casi dos siglos, y el camino que Dios ha puesto delante de nosotros para salvar a esta gran nación. Si tenemos el carácter y la valentía de seguir por ese camino, lo que usted está usted imaginando, celebrando y agradeciendo a Dios es nuestro futuro mismo como iglesia y como nación a medida que seguimos la agenda del Cordero.[13]

Yo he visto la emoción y también he sentido la incredulidad cuando el *hermano Sami* profetiza este futuro en iglesias. Desde mi sillón de escritor ahora, imagino a los guerreros culturales extremos encogiéndose en la derecha y en la izquierda, algunos de ellos ofendidos por la desaparición de su iglesia segregada racialmente y otros ardiendo por la idea de necesitar a un hombre para ayudarles a criar a sus hijos. Algunos retroceden ante la idea de que "ilegales" pudieran enseñar justicia a la nación. Otros imaginan que Rodríguez impondría la armonía que él imagina por la fuerza de la violencia, enojándose por la mención de "soldados" cristianos, aunque él ha dejado claro que ve a Dios lográndolo mediante la conquista de corazones y mentes y su asimilación voluntaria a una vida piadosa.

Permanece un grupo que no se encoge. Desde la gran nube de testigos del cielo, antepasados Peregrinos alzan sus puños antes callosos y gritan: "¡Síiiiiii!."

¿PUEDEN SUCEDER ESTAS COSAS?

Los lectores cristianos más agradables preguntarán: "¿Pueden realmente ocurrir esas cosas maravillosas?." Seguro que la utopía que describe Rodríguez nunca podrá hacerse realidad. Sin duda que esta nación ya ha llegado demasiado lejos en el declive. La respuesta a su pregunta recuerda la irrealista visión de Winthrop de la ciudad sobre un monte: nunca vio un cumplimiento perfecto. ¿Nos atrevemos a poner nuestras esperanzas en sueños de algo que pensamos que nunca llegará a pasar?

Con frecuencia recuerdo una estrofa de mi canción patriótica favorita, "America, The Beautiful." Después de mencionar que el "sonido firme y ferviente" de pies peregrinos abrieron "un camino para la libertad… a través del desierto", continúa:

¡Oh hermosa por el sueño patriota
que ve más allá de los años
Tus ciudades de alabastro que brillan
Sin empañarse con lágrimas humanas![14]

Arraigada en la visión de Winthrop de una brillante ciudad sobre un monte, la escritora Katharine Lee Bates imaginó una América similar a la descripción del cielo en Apocalipsis 21:4, donde Dios "les enjugará toda lágrima de los ojos. Ya no habrá muerte, ni llanto, ni lamento ni dolor, porque las primeras cosas han dejado de existir."

Pero las lágrimas permanecen por todos los Estados Unidos, donde niños se van a la cama hambrientos del amor de un padre, donde adolescentes confusos arruinan su piel en autodesprecio, adictos anhelan una dosis que solamente el delito puede permitirles, convictos se pudren en cárceles, exalumnos universitarios batallan desesperadamente bajo montañas de deuda, esclavas sexuales caminan por calles viles, y niños inmigrantes se sientan en autobuses observando a personas gritarles y escupirles. Las lágrimas aún atenúan el brillo de nuestras ciudades.

Y así permanece la pregunta: ¿Han fallado los Estados Unidos de América? Si no hemos logrado una sociedad sin lágrimas, ¿desperdiciamos los esfuerzos de una decena de generaciones al buscar conseguirlo? Sólo el necio más bajo afirmaría que así ha sido. Al poner nuestra mirada en el cielo, al intentar lograr lo mejor, construimos ciudades de alabastro de costa a costa. Establecimos universidades y laboratorios de investigación; inventamos la medicina moderna; exportamos democracia por todo el mundo por la fuerza de nuestros ideales en lugar de hacerlo por nuestro ejército. Nuestro ejército ha derramado preciosa sangre estadounidense para liberar a otras naciones del azote del fascismo y de las cadenas del comunismo. Personal de la policía y los bomberos han servido y han protegido los sueños de sus vecinos. Nuestro comercio y cultura han tenido éxito en inspirar a personas en todo el planeta a querer algo mejor de lo que tienen.

> Nuestro comercio y cultura han tenido éxito en inspirar a personas en todo el planeta a querer algo mejor de lo que tienen.

El músico irlandés Bono ha dicho: "América es una idea… Es así como los vemos a ustedes en todo el mundo, como una de las más grandes ideas en la historia humana."[15]

Inspirados por sus mejores ideales, los Estados Unidos de América financiaron el desarrollo del mundo tras la Segunda Guerra Mundial y crearon un creciente estándar de vida en todo el planeta. Nunca en la historia humana la mortalidad infantil ha caído tan bajo, el analfabetismo ha descendido tanto, la esperanza de vida se ha ampliado tanto, y la enfermedad se ha encogido tanto.[16] Prácticamente en cada medida, el bienestar humano ha alcanzado su punto más alto jamás logrado durante nuestro tiempo de vida, y los Estados Unidos de América desempeñaron el papel principal para lograrlo. Si no hubiéramos comenzado una campaña nacional para construir brillantes ciudades de alabastro sin ser empañadas por las lágrimas humanas, nunca habríamos creado la realidad que disfrutamos en el presente.

Sin embargo, pese a los muchos beneficios que disfrutamos de nuestros estándares de vida sin precedente, algunos querrían fingir que lo hemos perdido todo, ya sea porque los conservadores no siguen el liberalismo radical, o porque los liberales se niegan a asistir a la iglesia. He visto a ambas partes citar el poema de Yeats sobre el apocalipsis mientras lamentan: "Todo se desmorona, no resiste el pilar, la anarquía se adueña del mundo entero."[17] Y mientras dos extremos se sientan en sus sillones lamentando el fin de todas las cosas, inmigrantes entran en la escena para unirse a hacedores nativos para construir un mundo nuevo y mejor.

El idealismo que brilla en la visión de Rodríguez para el futuro apenas sufre por su resplandeciente irrealidad. Obtiene precisamente lo contrario: su irrealidad nos inspira y nos llama a esforzarnos por hacerlo realidad. Y el viejo dicho afirma: "Un corazón pusilánime jamás se ganó una bella dama." Del mismo modo, visiones pusilánimes de mediocridad espiritual nunca impulsaron a Peregrinos perseguidos a través del océano en el siglo XVII para esculpir los Estados Unidos de América en el desierto. Nunca pusieron viento en las velas de predicadores itinerantes del Gran Despertar que cruzaron los océanos, ni monturas bajo los jinetes del Segundo Despertar que plantaron iglesias por las praderas.

Tampoco visiones pusilánimes financiaron las cruzadas en ciudades de Finney, y Moody, y Sunday, y Graham. Lamentos incoherentes que dicen "no se puede" habrían requerido el don de interpretación en la calle Azusa para los primeros pentecostales, en cuyos oídos resonaba la frase bíblica: "No será por la fuerza ni por ningún poder, sino por mi Espíritu—dice el Señor Todopoderoso"[18] y el lema "todo lo puedo en Cristo que me fortalece."[19] Un grupo de esos pioneros pentecostales prometió en 1914: "Nos entregamos nosotros mismos y al Movimiento a Él para el más grande evangelismo que el mundo haya visto jamás."[20] Como más de quinientos millones de almas tocadas por el movimiento pentecostal en todo el mundo pueden atestiguar actualmente, su "misión imposible" ha demostrado ser bastante posible, sin duda.

Tal visión como la que bosqueja Rodríguez podría realmente causar que un ateo ore de modo sarcástico contra ella, pero nunca puede obtener un "no se puede" de ningún campeón de la fe. El Espíritu de Dios sopla donde quiere, y Grandes Despertares pueden siempre suceder, especialmente donde el pecado parece más oscuro. La preeminencia de la fe en la nación de la década de 1950 habría parecido imposible en 1776, o en 1890, o en 1928, incluso como sucede en 2015. Pero quienes no creen que esa renovación espiritual pueda suceder, se relegan a la irrelevancia en producirla.

CUANDO LLEGA EL DESPERTAR

Quienes piensan que el dominio liberal de los medios de comunicación evitará la renovación en los Estados Unidos tienen una perspectiva caduca de los medios que se venció hace veinte años. Los días en que la televisión y la radio dominaban esa conversación nacional terminaron hace mucho tiempo. En la actualidad, las redes sociales gobiernan ese ámbito. La nación podría regresar a Dios mañana, ¡y podría posiblemente tomar años para que los medios de comunicación tradicionales lo reconocieran! Al mismo tiempo, la naturaleza de los medios, impulsada hacia las audiencias, significa que emitirían servicios de la iglesia (¡como solían hacer!) si el apetito del público lo reclamara. Cuando llegue el Despertar, los medios de comunicación lo cubrirán. Si deciden burlarse de él, se limitarán a sí mismos a los insignificantes nichos de mercado que aplaudirán de modo irrelevante su conducta mezquina.

La visión de un gran Despertar que Rodríguez predica tiene suficientes constituyentes para que se produzca con la ayuda de Dios. Los actuales inmigrantes cristianos creen en ello, y al igual que Dios honró a pasadas generaciones con avances espirituales, Dios los honrará a ellos.

EL DESPERTAR Y OTRAS RELIGIONES

¿Cómo afectaría tal resurgimiento cristiano en los Estados Unidos a otras religiones como islam, hinduismo, budismo y judaísmo? La historia y las actuales tendencias demuestran que muchos miembros de esas religiones y otras se convertirán al cristianismo en el contexto de un Despertar. Para evitar tales conversiones, otras religiones tendrán que mejorar su juego para cumplir con las demandas del mercado libre altamente competitivo de la religión en los Estados Unidos. Como instaba una vez un anuncio publicitario para el Ejército estadounidense, las religiosas tendrán que "ser todo lo que puedan ser." Como ilustran las tendencias que acompañan el potente avance del pentecostalismo en todo el mundo durante los últimos cincuenta años, otras religiones tomarán prestado de lo que funciona para los cristianos, contribuyendo a la similitud entre creencias en los Estados Unidos y haciendo que la fe de este país casi universalmente compartida (Religión Civil Americana) sea más popularmente viable que nunca antes.

MÁS ALLÁ DEL IMPASSE

¿Cómo dejarán atrás los Estados Unidos nuestra confrontación mexicana? Rodríguez explica que la agenda del Cordero refleja la cruz de Cristo, con un madero vertical y un madero horizontal. El madero vertical representa la relación entre un Dios santo y la humanidad pecaminosa, llamándonos a obedecer a Dios en cuestiones de justicia. Ninguna nación disfrutará nunca de la bendición de la libertad por mucho tiempo si pasa por alto los estándares de Dios de conducta moral correcta. El Derecho de Religión hace hincapié en esta dimensión en su lucha contra el aborto, la pornografía, el consumo de drogas, la prostitución, y otros asuntos morales, al igual que se mueve en una dimensión vertical en su defensa de la libertad religiosa y el derecho a ejercitar la fe libremente en la arena pública. Aunque estos asuntos tienen también dimensiones horizontales, el Derecho de Religión merece el crédito por ocuparse de que sean principalmente verticales: asuntos morales que comienzan como asuntos espirituales entre las personas y Dios.

> El plano horizontal de la cruz nos recuerda las dimensiones sociales de la voluntad de Dios para la humanidad, caracterizada por la justicia.

Por otro lado, destaca Rodríguez, el plano horizontal de la cruz nos recuerda las dimensiones sociales de la voluntad de Dios para la humanidad, caracterizada por la justicia. Cuando niños se enfrentan a la desigualdad de oportunidad y acceso a necesidades básicas a causa del accidente de su nacimiento o la mala conducta de sus padres, la justicia demanda que la sociedad haga algo para abordar su situación. Cuando hay personas que se enfrentan al maltrato debido a su raza, etnia, clase socioeconómica, discapacidades, estado civil, orientación sexual o convicciones religiosas, la sociedad tiene trabajo que hacer. De manera similar, cuando los derechos religiosos de las personas o de sus instituciones sufren asalto, la sociedad tiene la obligación de defender sus derechos de conciencia. En una tierra de abundancia, nadie debería tener hambre, sufrir ignorancia o encarar la exclusión. Las leyes deben promover la justicia, o cambiar para permitirla. En esta dimensión horizontal, los liberales con frecuencia han sobresalido.

Justicia y rectitud fluyen de Dios hacia la humanidad y deben también fluir horizontalmente entre las personas. La Agenda del Cordero insiste tanto en rectitud como en justicia, reuniendo, como Rodríguez siempre menciona, los valores de los mayores líderes religiosos del siglo XX: Billy Graham y Martin Luther King, Jr. Por si acaso, incluyamos al papa Juan Pablo II, quien también promovió la rectitud y la justicia. Incluyamos a la Madre Teresa, Mahatma Gandhi, el Dalai Lama, y otros líderes religiosos que han estado en la intersección entre justicia divina y justicia humana.

Rectitud y justicia enmarcan los valores esenciales de todas las grandes tradiciones de fe del mundo, y exaltar la rectitud y la justicia en la tierra proporciona un lugar de encuentro donde liberales y conservadores pueden bajar las armas y unirse por el bien común. Como los inmigrantes se convierten en votantes, ellos votarán por los candidatos que promuevan tanto la rectitud como la justicia. Y aunque Rodríguez no enfatiza el punto, la nueva generación de juventud estadounidense, ya sea religiosa o secular, tiene una pasión por la justicia que los partidos políticos pasarán por alto bajo su propia responsabilidad.

Para que nadie piense que los inmigrantes no tienen poder alguno en los Estados Unidos actualmente, y que no pueden negociar una paz entre el burro y el elefante, el currículum de Rodríguez ofrece evidencia. Él ha ofrecido oraciones en las Convenciones Nacionales tanto Demócratas como Republicanas y ha servido como consultor y miembro del equipo de trabajo para los presidentes Bush y Obama. Recibió nominaciones a las "100 personas más influyentes del mundo" de la revista *Time* en 2013[21] junto con Wilfredo de Jesús, un pastor de Chicago que trabaja con Rodríguez como vicepresidente de justicia social para la Conferencia Nacional de Líderes Hispanos Cristianos.[22] La CNN y el canal Fox News han llamado a Rodríguez "el líder del movimiento evangélico hispano." NBC/*Telemundo* lo reconoció como "el líder evangélico latino más influyente de los Estados Unidos." La red noticiera Black Christian News Network lo incluyó como uno de los "10 White & Brown MLKs of Our Time" reconociéndolo así como un líder actual que no es afroamericano pero sí modela el estilo y espíritu del reverendo Dr. Martin Luther King, Jr. El *San Francisco Chronicle* lo nombró como un miembro de "el nuevo liderazgo evangélico."[23] Una amplia variedad de medios de noticias en todo el país le han entrevistado y presentado. Y en caso de que alguien sospeche que "se ríe de cicatrices el que nunca recibió una herida",[24] Rodríguez ha experimentado el ácido de la crítica tanto de la extrema izquierda como de la extrema derecha.[25]

Y para que nadie piense que está solo como elocuente líder inmigrante, consideremos a Luis Cortes, presidente de Esperanza, o al evangelista internacionalmente famoso Luis Palau. Moviéndonos más allá de la comunidad latina, escuchemos a Francis Chan, Ravi Zacharias, Bobby Jindal, o a otros miles de predicadores emergentes, profesionales, políticos y estrellas de los medios en todo el país que creen y declaran el despertar de la espiritualidad de nuestra nación.

¿Y SI NO PUEDE CUMPLIRSE?

Como explicaré más adelante en el capítulo 6, una perspectiva de "Edad de Oro" en cuanto a los Grandes Despertares de los Estados Unidos en el pasado puede conducir a los cristianos a sobrestimar los potenciales frutos del avivamiento. Pero como observa el investigador político del ala izquierda, Frederick Clarkson, la visión de Rodríguez de un nuevo Gran Despertar estadounidense no tiene que tener éxito completamente a fin de tener un efecto eficaz y revelador:

> Las visiones grandiosas, desde luego, como cualquier otra cosa, no siempre resultan como se planearon. Sin embargo, si… NHCLC, y las muchas otras organizaciones compañeras encuentran aunque sea unos pocos millones de nuevos votantes orientados ideológicamente que puedan participar en el movimiento más amplio al que generalmente llamamos la Derecha cristiana, podría ser, como sugiere Rodríguez, un momento transformacional en la historia estadounidense.[26]

Clarkson se refería a la acción política por parte de latinos conservadores y no a una visión de un Gran Despertar. Pero al igual que la visión original de los patriotas que proyectaba resplandecientes ciudades de alabastro no requirió un cumplimiento pleno para cambiar el mundo, la visión de ciudades, pueblos y aldeas virtuosas y libres de pecado no tiene que cumplirse plenamente para renovar la fe de los Estados Unidos. Mediante su presencia misma, millones de nuevos inmigrantes cristianos y los estadounidenses a los que influencian producirán "un momento transformacional en la historia estadounidense", un momento y un movimiento dignos de la etiqueta "los nuevos Peregrinos."

4

¿POR QUÉ LLEGAN?

De manera abrumadora, el patrón migratorio de seres humanos en el mundo actual se mueve desde el Sur global hacia el Norte global. Los sureños se mueven hacia el norte actualmente porque los norteños fueron al sur a conquistar hace quinientos años. Con el descubrimiento de una ruta por mar cálido a las Américas por Colón en 1492 y las asombrosas revelaciones de riqueza indígena en el Sur global, los europeos salieron "como vencedores, para seguir venciendo."[1] España y Portugal, pero también Francia, Inglaterra y Holanda, se embarcaron en la migración masiva rápidamente a medida que viajó la noticia de que había riquezas disponibles. La pobreza de Europa en el siglo XVI mantenía a millones de personas en la servidumbre y la opresión feudales, y la oportunidad de salir de Europa hacia un nuevo mundo y una posibilidad de prosperar indujo a millones de europeos a arriesgarlo todo migrando hacia las Américas y África durante los trescientos años siguientes.

Armados con innovadores medios de transporte y armas y, más eficazmente, con antiguas enfermedades, conquistaron rápidamente a poblaciones nativas en las Américas, incluso cuando muchos de los colonizadores murieron en la lucha. Como demuestra de manera conclusiva Charles Mann en *1491: Una nueva historia de las Américas antes de Colón*, la victoria de los europeos en Norteamérica y Sudamérica tuvo poco que ver con la superioridad tecnológica o educativa.[2] Su triunfo cabalgaba sobre los lomos de su inmunidad a las enfermedades europeas, a las cuales inconscientemente (y a veces a propósito) sometían a los americanos indígenas.

La victoria europea sobre los pueblos sureños y la difusión de la fiebre colonialista por toda Europa indujeron a la mayoría de naciones de Europa occidental a enviar colonos al sur. Desde 1492 hasta 1962, medio milenio, los europeos conquistaron y gobernaron grandes partes del Sur global, destruyendo gobiernos, culturas y civilizaciones indígenas, predicando un mensaje de superioridad europea. Se puede mantener que algunos de los elementos de la cultura europea sí representaron avance tecnológico y otros tipos de avance por encima de los elementos de la cultura local, pero la causa del dominio colonial requiere que los conquistadores invaliden la cultura local por completo a favor del concepto de la superioridad occidental o, en términos más feos, la supremacía blanca. Incluso si uno escogiera argumentar que la occidentalización del mundo produjo un beneficio neto, no se puede subestimar el precio pagado por los pueblos indígenas.

Los europeos inundaron el Sur global en cifras que rivalizan con la inmigración actual del Sur al Norte. Desde 1800 hasta 1930 solamente, unos 85 millones de europeos emigraron a las Américas, África del Sur, Australia y Oceanía.[3] Aun así, se demostró que era imposible mantener las colonias, debido al emergente patriotismo entre los criollos al igual que la oposición de pueblos indígenas. América se rebeló contra Inglaterra y obtuvo la independencia. España y Portugal acabaron en el olvido en guerras europeas y perdieron el control prácticamente de todas sus colonias en el curso del siglo XIX, mientras que los criollos latinoamericanos siguieron el ejemplo estadounidense.

En el siglo XX después de la Segunda Guerra Mundial, las naciones de Europa llegaron a un estado desde el cual ya no podían gobernar el mundo directamente. Además de los problemas económicos, el movimiento de independencia de la India dirigido por Mahatma Gandhi produjo gran vergüenza y bochorno al Reino Unido. La nobleza de la no-violencia de Gandhi contra las autoridades coloniales represoras proporcionó una fuerte contradicción del concepto de superioridad moral occidental sobre los pueblos colonizados del mundo.

Movimientos de resistencia surgieron por todo el mundo, y en la década de 1960 los estadounidenses habían rendido el control de las Filipinas, los franceses habían cedido el control de sus colonias norteafricanas, y los británicos habían convertido sus colonias en una Mancomunidad global.

Los Estados Unidos mantenía ideales de libertad, enviando su ejército por todo el planeta durante la Segunda Guerra Mundial para liberar a otras naciones e invitar a toda la humanidad a compartir sus ideales.

Aunque los Estados Unidos ascendió hasta un gran poder durante los últimos cincuenta años de la Era Colonialista, no siguieron el modelo de los grandes imperios europeos en establecer su liderazgo económico global. Los Estados Unidos habían establecido un nuevo enfoque de la hegemonía global que los comunistas franceses a finales de la década de 1940 apodaron como "coca-colonización": influencia global mediante el comercio en lugar del dominio militar directo.[4] Aunque los Estados Unidos habían colonizado temporalmente las Islas Filipinas y algunas otras islas pequeñas como Puerto Rico, Guam y otras, no habían establecido un imperio masivo gobernado por sus ejércitos, como habían hecho potencias anteriores. Algunos argumentarían que la anexión por la fuerza de Hawái plantea una contradicción de esa afirmación, pero quizá una excepción tan singular simplemente confirma la regla. En general, los Estados Unidos mantenía ideales de libertad, enviando su ejército por todo el planeta durante la Segunda Guerra Mundial para liberar a otras naciones e invitar a toda la humanidad a compartir sus ideales de autogobierno democrático, mercados libres, avance tecnológico y libertad personal.

Durante el siglo XX, las naciones del norte de Europa y Norteamérica establecieron un estándar de vida que ninguna civilización en la historia humana había disfrutado jamás antes. El ascenso de la globalización después de la Segunda Guerra Mundial, alimentado por los avances tecnológicos como el transporte internacional por aire casi instantáneo, las telecomunicaciones globales verdaderamente instantáneas, productos de consumo masivamente populares, el uso generalizado de la refrigeración y el aire acondicionado, el glamour y el brillo de Hollywood y la televisión estadounidense, y finalmente la Internet, hicieron que el estilo de vida occidental fuera conocido para casi todo ser humano en el planeta. En los Estados Unidos, cualquiera podía obtener estilo, riqueza, educación y poder.

Se difundió la noticia por todo el mundo. Niños y adolescentes en todo el planeta idolatraban a los Estados Unidos. Personas crecían soñando con libertad personal y oportunidad económica. Si alguien pertenecía a una minoría religiosa perseguida, podía tener libertad de culto en los Estados Unidos. Si las ideas políticas le sujetaban a la amenaza de cárcel o incluso de muerte, podía encontrar libertad de expresión en los Estados Unidos. Si deseaba una educación de primera categoría, los Estados Unidos tenían casi todas las cien principales universidades del mundo. Si su país sufría una pobreza intratable y no tenía oportunidad ninguna de salir del hambre y la miseria, los Estados Unidos sobresalía como la "Tierra de oportunidad."

Como resultado, muchas de las personas más espirituales, más brillantes, más amantes de la libertad y más económicamente ambiciosas del mundo, partieron hacia los Estados Unidos. Los rigores del viaje mantuvieron a personas perezosas en el viejo país. De hecho, estudios de inmigración han descubierto que los inmigrantes se auto eligen para el éxito. Como lo ha expresado el economista Barry Chiswick de la Universidad George Washington:

> Una de las proposiciones estándar en la literatura de la migración es que los emigrantes tienden a ser favorablemente "autoelegidos" para el éxito en el mercado del trabajo. Es decir, los emigrantes por motivos económicos se describen con tendencia, como promedio, a ser más capaces, más ambiciosos, más agresivos, más emprendedores, o de otro modo más favorablemente elegidos que individuos similares que deciden quedarse en su lugar de origen.[5]

Más capaces, más ambiciosos, más agresivos, más emprendedores: estas características explican otra pregunta que muchos estadounidenses se hacen sobre los inmigrantes indocumentados: ¿por qué no se quedan en la fila y esperan como todos los demás?

Ellos no esperan porque no pueden esperar. Se sienten como si tuvieran hormigas en los pantalones, algo que no les permite sentarse tranquilos tolerando la opresión interminable.

EL SIGNIFICADO DE OPORTUNIDAD

Le pregunté a Hilario Garza, un líder religioso mexicano-estadounidense en el estado de Washington, por qué personas quebrantan la ley estadounidense para inmigrar a los Estados Unidos. Él respondió que quebrantan la ley porque lo que están dejando es mucho peor que cualquier problema que puedan encontrarse aquí en los Estados Unidos. Yo creo que las personas dejan la pobreza, dejan la opresión, dejan atrás la falta de esperanza en su país, porque no hay ninguna oportunidad, y no importa lo que puedan sufrir a lo largo del camino, incluso la muerte, pues la oportunidad que se les ofrece en los Estados Unidos es mayor que cualquier sufrimiento que pudieran encontrarse en el camino. Personas están respondiendo a su necesidad, a la necesidad de alimentar a sus familias. De modo que la necesidad moral de alimentar a sus familias es mayor que cualquier ley que pudieran estar quebrantando. Estados Unidos de América significa oportunidad, esperanza, un futuro mejor; no sólo para ellos mismos sino más aún para sus familias. Porque los inmigrantes en mi opinión no son, y cómo puedo decir esto con tacto, no son individualistas. Lo que hacemos, lo hacemos por la familia.[6]

La palabra es oportunidad.

INMIGRANTES POR MOTIVOS ECONÓMICOS Y BUSCADORES DE LIBERTAD

Algunas personas podrían ver a los que inmigran por motivos económicos bajo una categoría diferente a la de los inmigrantes que llegan a los Estados Unidos para obtener libertad de expresión o libertad de religión. Pero tal distinción carece de cualquier justificación en la historia estadounidense. En 1941 el presidente Franklin Delano Roosevelt, famoso por su política de buena vecindad hacia Latinoamérica, dio un discurso titulado "Las cuatro libertades." En mitad de la Segunda Guerra Mundial pero antes de la entrada de los Estados Unidos en ella, Roosevelt buscó definir los valores que los Estados Unidos debería defender en todo el mundo: libertad de expresión, libertad de culto, libertad de vivir sin penuria, y libertad de vivir sin temor. Las dos primeras libertades permiten a los individuos *definirse* a sí mismos; las otras, *defenderse* de amenazas.[7]

Muchos inmigrantes llegan a los Estados Unidos en busca de libertad de expresión, porque la tierra donde nacieron no ha garantizado esa libertad humana básica. Otros llegan porque anhelan adorar a Dios según sus propias convicciones. En muchos casos, cuando pueden demostrar que sufren la amenaza de persecución por su fe o por sus creencias políticas, reciben el apoyo de las autoridades estadounidenses. Pero cuando llegan a "la tierra de los libres y el hogar de los valientes" para escapar de la penuria y el temor, no reciben la misma hospitalidad y deferencia.

Inmigrar para tener oportunidad se relaciona directamente con la cuestión de la libertad. ¿Qué importa si una sociedad ofrece libertad de pensamiento y de expresión pero no ofrece la libertad para sobrevivir o para prosperar? En la famosa novela del novelista ganador del premio Nobel, Gabriel García Márquez, *El Coronel no tiene quien le escriba*, la esposa hambrienta del protagonista protesta: *"La ilusión no se come"*, a lo cual el Coronel responde sin convicción: *"No se come, pero alimenta."*[8] Sin duda, millones de potenciales inmigrantes malnutridos siguen soñando despiertos con una vida mejor, pero los inmigrantes tienen la valentía y el impulso de levantarse y sortear los riesgos para hacer realidad sus sueños, incluso si esos sueños parecen en cierto modo ordinarios para estadounidenses establecidos, e incluso si el sueño no llega más allá de tener tres comidas completas al día para su familia.

Cuando era niño, una vez le pregunté a mi tío LeRoy por qué nunca volvió a casa en Jasper, Alabama, después de mudarse a Denver, Colorado. Él se había ido de Alabama cuando era joven, huyendo de la polvorienta pobreza de la mina de carbón a la que había sobrevivido durante la Gran Depresión. (Mi abuelo no sobrevivió a ello y murió de la enfermedad del pulmón negro). Su respuesta marcó un gran impacto en mí. Me dijo: "Me acostumbré a dormir entre sábanas y a comer tres veces al día." Una generación de personas en todo el mundo ha observado a los estadounidenses vivir con relativo lujo en la televisión y en las películas, y millones de ellos sueñan con dormir entre sábanas y comer tres veces al día. Entienden que sin oportunidad, la libertad no significa nada.

La "tierra de los libres" siempre servirá como el "hogar de los valientes." Nadie más realmente merece vivir allí. Libertad sin valentía pierde toda legitimidad. En la mayoría de países del mundo, conseguir un visado para entrar en los Estados Unidos significa que saquen el nombre de la persona entre miles de entradas en una lotería de visados en el Consulado estadounidense. No hay que ponerse en una fila, solamente es una lotería. ¿Realmente prefiere los Estados Unidos a inmigrantes que se quedan sentados, contentándose o lo contrario, y esperando a que sus nombres aparezcan en la lotería de manera mágica e imposible en lugar de arriesgar sus vidas para conseguir tener una oportunidad de lograr "el sueño americano?" ¿Cuál de los dos tipos de inmigrantes tiene una mejor oportunidad de comenzar un nuevo negocio y contribuir a la mejora de la sociedad estadounidense?

NIÑOS INMIGRANTES

Un asunto reciente que ha creado una importante controversia en los Estados Unidos implica a cientos de miles de niños que han arriesgado sus vidas para salir de Centroamérica. Ilegalmente se suben a un tren de carga en la frontera de Guatemala y recorren miles de kilómetros atravesando México hasta la frontera estadounidense, donde logran que un contrabandista los lleve cruzando el desierto hasta los Estados Unidos. El documental del año 2009 *Which Way Home*, presenta un convincente relato de los peligrosos viajes de varios niños de Centroamérica.[9] Entrevistas a los niños revelan sus motivaciones para dejar sus hogares, pero en su mayor parte les impulsa la búsqueda de oportunidades, ya sea la oportunidad de trabajar, de obtener una educación formal o de reunirse con su padre o su madre. Muchos de los niños han vivido en las calles desde su niñez, y su precaria situación significa que ya no pueden esperar más a que les suceda algo bueno. Deciden tomar su destino en sus propias manos.

Muchos se preguntan cómo deberían responder en los Estados Unidos a esos niños, y algunos deciden compasión y cuidado mientras otros insisten en que se realicen deportaciones inmediatas de los niños. Entrevistas a niños que han partido con esperanza y anticipación de una vida mejor, arriesgando sus vidas, siendo testigos o víctimas de atrocidades indescriptibles, y pasando tiempos encarcelados en la frontera solamente para terminar deportados al lugar donde comenzaron, ofrecen historias desgarradoras de desilusión desesperanzada. Ellos han observado a algunos pagar "la última medida plena de devoción", como dijo una vez Lincoln, muriendo en el esfuerzo por obtener una vida mejor. Al vivir en un estado que es peor que la muerte, ellos volverán a intentarlo. ¿Qué tienen que perder? No pueden vivir sin esperanza. No pueden vivir sin oportunidad.

NUESTRA PERSPECTIVA DIFERENTE DE LOS NIÑOS

Los estadounidenses hoy día no pueden imaginar que un niño se vaya viajando solo del modo en que lo hacen los niños centroamericanos inmigrantes. Ha pasado mucho tiempo desde que ilegalizamos el trabajo infantil, pero cualquiera que haya visitado el Tercer Mundo sabe que el trabajo en la calle constituye una parte muy importante de la vida de un niño en gran parte del mundo. Como contraste, los padres y madres estadounidenses en la actualidad se han convertido en los padres más sobreprotectores de la historia.[10] Nadie que esté en sus cabales argumentaría que los niños deberían migrar ellos solos en tales condiciones como las que vemos actualmente. Recientemente escuché a alguien alegar que después de un año en la calle, los niños retroceden a un estado salvaje. Pero hace un siglo, los llamados niños salvajes desempeñaron un importante papel en la imaginación estadounidense.

¿Quién puede olvidar los personajes literarios Tom Sawyer y Huckleberry Finn, héroes estadounidenses que cobraron vida mediante la pluma de Mark Twain, quienes a una tierna edad exploraron las peligrosas cuevas de Missouri en *Las aventuras de Tom Sawyer* (1876), recorrieron a flote cientos de kilómetros de río en *Las aventuras de Huckleberry Finn* (1884) o viajaron por el mundo en globo en *Tom Sawyer en el extranjero* (1894)? La novela de Rudyard Kipling, *Kim* (1901) presentaba al hijo abandonado de un soldado británico, que sobrevive como un niño de la calle y viaja por toda India en tren y a pie. En *El libro de la selva* (1894), Mowgli gobierna el bosque después de haber sido criado por lobos. Edgar Rice Burroughs, hace solamente un siglo, emocionó a audiencias estadounidenses con *Tarzán de los monos* (1914) y sus muchas secuelas, en las cuales otro niño salvaje se convertía en héroe. El autor Horatio Alger Jr. (1832-1899) de manera parecida inspiró a los estadounidenses con novelas acerca de niños pobres que se levantaron de humildes trasfondos hará llegar a vidas de prosperidad mediante un duro trabajo, determinación, valentía y honestidad.

> Los padres y madres estadounidenses en la actualidad se han convertido en los padres más sobreprotectores de la historia.10 Nadie que esté en sus cabales argumentaría que los niños deberían migrar ellos solos en tales condiciones como las que vemos actualmente.

Cierto es que tales ejemplos vienen del mundo de la ficción, pero surgieron de la realidad de la frontera estadounidense, en la cual niños lograban cosas increíbles porque sus vidas y sus futuros dependían de ello. La historia de la vida del filántropo cristiano Clement Stone, quien amasó y donó una tremenda fortuna, destaca como validación en la vida real el poder de los niños. En 1908 a los seis años de edad, comenzó a vender periódicos en las calles de Chicago, y cuando tenía trece era el dueño de su propio puesto de diarios. Al estar solo para manejárselas por sí mismo a esa edad, siguió adelante hasta construir un imperio en la industria de los seguros.[11] Muchas otras historias de éxito de inmigrantes adolescentes adornan y honran la historia estadounidense también. Henry Ness llegó a los Estados Unidos él solo desde Noruega a los diecisiete años de edad, huyendo de los intentos de su madre de convertirlo a la fe cristiana. Prosperó en los negocios, pero finalmente sucumbió a las oraciones de su madre y se convirtió en un ministro cristiano, fundando Northwest University en Seattle, donde yo sirvo actualmente como presidente.

Durante mi niñez, hace tan sólo cincuenta años, mi madre llenaba una bolsa de almuerzo para mi hermano Randy y yo, y salíamos de casa en la mañana en busca de aventuras. Ya fuera a pie atravesando los bosques o en nuestras bicicletas por la calle, recorríamos kilómetros sin ninguna otra cosa aparte de un perro collie de raza mixta para protegernos. Tales aventuras comenzaron cuando éramos niños de preescolar. Mientras regresáramos a casa para la cena, mamá no veía ninguna razón para hacer sonar la alarma. Nuestros padres nos compraron toda una biblioteca de libros infantiles que leímos a temprana edad en nuestras vidas, y que presentaban a niños héroes como Tom Sawyer, y cuando llegamos a la adolescencia comprábamos cada libro que salía de los Hardy Boys, incluidos los ejemplares originales y nuevos escritos contemporáneos de los títulos originales.

Mediante una combinación de experiencia literaria y de imitación de aventuras en la vida real, aprendimos a creer que los niños tenían capacidades sorprendentes, y nos veíamos a nosotros mismos como leñadores y exploradores al estilo de nuestros héroes televisivos, Daniel Boone y Davy Crockett. Creíamos que todo era posible. Pensábamos que teníamos una obligación de ir a lugares donde nadie había ido nunca, y fantaseábamos con que nuestras aventuras diarias podrían llevarnos a algún lugar nuevo no descubierto aún. Hasta la fecha, los dos perseguimos vidas de aventura que encajan con nuestra naturaleza interior. Randy buscó aventuras en una carrera en la fuerza aérea, en una vida al aire libre muy activa, y en su negocio de arte creativo. Yo busco mis aventuras en la vida académica, en obras misioneras alrededor del mundo, en carreras de maratón y en el proyecto de visitar los cincuenta y nueve parques nacionales de los Estados Unidos con mi esposa, Kathleen.

No discuto con la actual perspectiva estadounidense de considerar a los niños débiles, indefensos y en necesidad de protección constante. Los niños son sin duda vulnerables, y yo he observado y cuidado a mis tres hijas como un halcón; sin embargo, sí discuto que los actuales niños inmigrantes, si se les da una oportunidad de perseguir el sueño americano, tienen una probabilidad muy alta de tener éxito en conseguir el sueño americano. Entiendo el argumento que dice que deportarlos puede desalentar a futuros niños inmigrantes de arriesgar sus vidas. Pero sin duda, la misión estadounidense no encuentra expresión digna en la tarea de desalentar a niños desesperados en todo el mundo. Quienes han llegado aquí en busca de la tierra de la oportunidad, la tierra de los libres y el hogar de los valientes, ciertamente han demostrado su mérito para ocupar la tierra.

¿Quién podría posiblemente reclamar con más fuerza el merecer un lugar en ese hogar? ¿Sigue los Estados Unidos, o no sigue, enviando su luz a las cansadas y apiñadas masas del mundo que anhelan ser libres?

5

¿CÓMO JUSTIFICAN LOS INMIGRANTES CRISTIANOS QUEBRANTAR LAS LEYES DE INMIGRACIÓN?

Si los inmigrantes cristianos llegan a los Estados Unidos como peregrinos santos, ¿por qué quebrantan la ley estadounidense decidiendo cruzar las fronteras sin tener permiso legal? Esa pregunta incomoda a muchos cristianos en los Estados Unidos, quienes consideran a los emigrantes moralmente deficientes, incluso delincuentes, por su decisión de convertirse en "ilegal aliens." En el lenguaje actual del inglés americano, el término "alien" se refiere igualmente a extranjeros y extraterrestres, trayendo a la mente imágenes de invasores hostiles que aterrizarían para matarnos a todos.[1] Deshumaniza a los inmigrantes indocumentados y hace que su persona misma sea ilegal. Cuando yo era niño en la década de 1960, recuerdo escuchar los anuncios del servicio público emitidos en televisión con un fondo de música escalofriante, recordando a todos aquellos que no eran ciudadanos o nacionales de los Estados Unidos y que vivían dentro de las fronteras estadounidenses "acudir a la oficina local de correos y registrar su estado como extranjeros ante el gobierno"[2]. Esos mensajes enseñaron a muchos niños a tener temor a los extranjeros que vivían en nuestro país, creando un sentimiento de sospecha que persiste en muchas personas hasta la fecha. Pese a su largo historial de uso, deberíamos descartar el término. Pero la pregunta merece una respuesta clara: los inmigrantes indocumentados violan la ley estadounidense para entrar a nuestro país porque durante años no ha existido ninguna manera legal para la mayoría de ellos de poder conseguir un visado que les permitiría la entrada a los Estados Unidos. Pero antes de abordar ese asunto en detalle, creo que la imparcialidad requiere una explicación más compleja de la ética de la inmigración a los Estados Unidos de América.

EL DISPARATE DE LAS LEYES CONTRA LA NATURALEZA HUMANA

Los cristianos siempre han sabido que deben obedecer la ley de Dios por encima de las leyes humanas.[3] Desde una perspectiva bíblica, las actuales leyes estadounidenses de inmigración eluden características esenciales de la naturaleza humana dada por Dios tal como se describen en Génesis 1:28, donde Dios dicta la primera ley o mandamiento para la raza humana: Sean fructíferos y multiplíquense; llenen la tierra y sométanla. Incluso fuera del marco de la Biblia, reproducción, migración y dominio puede considerarse que forman parte de la naturaleza humana, y si es así, las leyes para prohibirlos tienen poca posibilidad de éxito. Los esfuerzos por detener la reproducción humana por la fuerza de la ley, como la política de un solo hijo en China, han demostrado ser desastrosos, teniendo éxito solamente a fuerza de abortos masivos obligados. Las madres han pagado con la tragedia de hijos perdidos. Millones de niñas han pagado el precio con sus propias vidas. Millones de hombres solteros han pagado el precio de la soledad para toda la vida, y el futuro económicamente sostenible de la nación ha sido puesto en cuestión.[4]

De manera similar, la prohibición legal de la migración también ha fracasado, pues los seres humanos instintivamente se mueven desde ambientes de pocas oportunidades hacia situaciones de mucha oportunidad. Durante la mayor parte de la historia estadounidense, una política pública sensata permitía que la oferta y la demanda regularan el flujo de inmigración. Durante el auge de la inmigración por Ellis Island en Nueva Jersey, inmigrantes sanos obtenían un visado y una oportunidad de ganarse la vida, a excepción de quienes eran deportados como indeseables. Para evitar lo que denominamos ahora tráfico humano, mujeres y niños que no iban acompañados experimentaban detención hasta que un miembro de la familia llegara para reclamarlos, pero quienes no tenían familia en los Estados Unidos se enfrentaban a la deportación, junto con polizones, marineros foráneos, anarquistas, bolcheviques, criminales, y quienes eran juzgados como inmorales. Aproximadamente el 20 por ciento de los inmigrantes inspeccionados en Ellis Island eran detenidos temporalmente, la mitad por razones de salud y la mitad por razones legales.[5]

> El impasse actual en el Congreso entre elefantes que se niegan a olvidar y burros que se niegan a trabajar ha impedido una reforma recta y honrada y ha conducido a un estado de caos total en las fronteras.

Como contraste, la inmigración se ha enfrentado a una prohibición legal muy restrictiva en los Estados Unidos en años recientes. Por consiguiente, el impasse actual en el Congreso entre elefantes que se niegan a olvidar y burros que se niegan a trabajar ha impedido una reforma recta y honrada y ha conducido a un estado de caos total en las fronteras que no aleja la enfermedad, a criminales e incluso terroristas, exacerbando un problema que de otro modo sería manejable.

El mandato del dominio, el cambio climático, el calentamiento global, el agujero en la capa de ozono, la contaminación del aire y otras amenazas medioambientales han conducido a las naciones desarrolladas, de manera hipócrita, a presionar a los gobiernos en las regiones ecuatoriales del planeta a ilegalizar la tala de bosques tropicales para obtener materiales de construcción, combustible y nuevos terrenos de cultivo. (Y a la vez, ellos han trasportado petróleo por los océanos para alimentar sus propias economías). Pero las personas destituidas construirán casas y se ocuparán de sus entornos a fin de sobrevivir, a pesar de lo que diga la ley. Los economistas y expertos que piensan en el futuro llaman constantemente a los gobiernos del mundo a dejar atrás el petróleo y la minería de carbón y adoptar fuentes de energía sostenibles, pero hasta ahora ningún país ha ilegalizado la producción de petróleo. El instinto humano conduce a las personas a tomar el control de sus entornos, a extraer sus recursos y construir hogares, sociedades y civilizaciones. La solución a nuestros problemas ecológicos nos obligará a hacer algo más analizado y meditado que la mera prohibición de la supervivencia.

Mientras que los gobiernos pueden y deben regular la conducta humana, leyes pensadas para prohibir la reproducción, la migración o el dominio fracasarán porque fundamentalmente violan la naturaleza humana. El gobierno sabio puede encontrar soluciones a todos los problemas relacionados con la reproducción, la migración y el dominio humano en nuestra época, pero la política pública que pasa por alto la naturaleza humana fracasará siempre.

Los inmigrantes cristianos indocumentados que llegan a los Estados Unidos saben que han entrado en el país ilegalmente o que han sobrepasado el tiempo de sus visados legales, pero también muchos de ellos tienen un sentimiento de derecho divino a estar aquí. Muy pocos inmigrantes podrían explicar plenamente la base bíblica para la migración, pero dicen que Dios ha caminado a su lado en cada paso del camino desde su país natal hasta la tierra de la oportunidad, la tierra prometida del sueño americano. Sienten que tienen una misión de parte de Dios en este país, y que Dios les ha dado "espacio suficiente para que prosperemos en esta tierra."[6] La Biblia les aconseja que, incluso si el pueblo de la tierra los rechaza, ellos deberían procurar "la paz de la ciudad" de su nuevo país y "[rogar] por ella a Jehová; porque en su paz tendréis vosotros su paz."[7]

LEX REX, EL ESTADO DE DERECHO

Entender plenamente la esencia del dilema de los inmigrantes requiere una detallada consideración de la naturaleza del estado de derecho. El concepto de *Lex Rex* destaca como la piedra angular del sistema de gobierno estadounidense. En 1644, el teólogo escocés Samuel Rutherford acuñó esta frase latina, que significa "la ley es el rey", en el libro *Lex Rex*, o *La ley y el príncipe*, uno de los tratados más fundamentales de la historia sobre el gobierno limitado y el constitucionalismo.[8] Argumentando sobre la base de Deuteronomio 17 en la Biblia, Rutherford insistía en que el rey no debería estar por encima de la ley y que una sociedad justa no podía existir fuera del imperio de la ley.

Ninguna discusión de los asuntos cruciales que están en juego en el debate actual, o quizá deberíamos decir la actual diatriba incoherente de fuego cruzado, sobre la inmigración en los Estados Unidos puede evitar el tema de *Lex Rex*. Aproximadamente la mitad de la población estadounidense permanece profundamente inquieta por el hecho innegable de que unos doce millones de inmigrantes indocumentados en los Estados Unidos actualmente viven aquí ilegalmente. No pueden entender cómo alguien podría justificar cualquier cambio en la política de inmigración que recompense el quebrantamiento de la ley. Saben que sin el "imperio de ley", los Estados Unidos no tienen futuro. En esta última creencia, tienen toda la razón.

Por otro lado, la mayoría de inmigrantes en los Estados Unidos, ya estén documentados o indocumentados, tienden a ver toda la cuestión en términos de derechos humanos. Se preguntan cómo la mitad de las personas en los Estados Unidos no pueden ver que la actual estructura legal es injusta, impráctica y anti-estadounidense. Cualquiera que no haya oído las historias de horror de maltrato cruel a personas indefensas a manos de autoridades estatales despiadadas, simplemente no tiene suficientes amigos inmigrantes. La mayoría de estadounidenses nunca han oído sobre los abusos de los derechos humanos que los inmigrantes sufren en prisiones privadas y zonas acordonadas, que el gobierno ha externalizado a empresas privadas con una supervisión oficial mínima.[9] Las alegaciones de abuso incluyen comida de calidad infrahumana, falta de cuidado médico, alimentación por la fuerza y largos periodos de aislamiento para quienes hacen huelga de hambre, detención sin fianza o con una fianza de cantidades desorbitadas, y un salario de un dólar al día por un trabajo a jornada completa a la vez que se cobran precios exagerados por productos esenciales.[10]

EL PAPEL DE LA CULTURA

Mi experiencia al vivir como inmigrante/misionero en Latinoamérica me enseñó mucho sobre el papel que desempeña la cultura en el modo en que la gente interpreta estos problemas. Por ejemplo, aunque yo me califico como un "virtual hablante nativo" de español y enseñé clases universitarias en español durante más de veinte años, nunca he encontrado a nadie que pueda traducir adecuadamente el término inglés "Rule of Law" al español. Aunque las palabras "imperio de ley" se acercan, esa frase es poco conocida a nivel popular. Además, "imperio de ley" no llega a expresar lo que los estadounidenses quieren decir. El equivalente más conocido en español es el término *estado de derecho*. En lugar de enfocar en el establecimiento de una sociedad regida por las leyes, las sociedades anhelan un "estado de justicia." En otras palabras, ellos ven correctamente que el imperio de ley no legitima la injusticia.

La Alemania nazi y la ex-Unión Soviética impusieron celosamente el imperio de ley, pero no tuvieron "un estado de derecho (justicia)." Es interesante que Latinoamérica no tiene escuelas de leyes sino más bien *facultades de derecho*. Las culturas latinoamericanas en la actualidad entiende que a menos que una sociedad base el estado de derecho en justicia por igual para todos, *Lex Rex* se convierte solamente en otra forma de opresión. En el siglo XX demasiados países latinoamericanos sufrieron el imperio de ley en crueles estados policiales gobernados por dictadores asesinos desde la derecha y la izquierda, como Trujillo, Batista, Somoza, Stroessner, Castro, Noriega, Pinochet, y otros. El estado de derecho se vuelve tóxico cuando son monstruos quienes redactan las leyes. Desgraciadamente, pocos países preciosos de Latinoamérica pueden presumir verdaderamente de haber logrado un estado de derecho, un hecho que genera grandes números de refugiados que llegan a los Estados Unidos en busca de justicia, igualdad y un trato igualitario bajo la ley.

Para detrimento de todos, ciudadanos estadounidenses nativos e inmigrantes igualmente, los Estados Unidos han permitido que se desarrolle un código de leyes injustas y desiguales. Cuando el presidente Reagan y el Congreso tuvieron éxito en aprobar una amnistía general para inmigrantes indocumentados en 1986, el Congreso no creó un sistema de visados de trabajo para visitantes que habría permitido que los inmigrantes cruzaran la frontera para proporcionar trabajo agrícola y de otros servicios que la economía estadounidense demandaba. El crecimiento económico que comenzó bajo el presidente Reagan después de la recesión de los años 1981 y 1982 impulsó los niveles de desempleo en torno a la marca, y a veces por debajo, del pleno empleo, lo cual los economistas por lo general consideran el 5 por ciento, y la recuperación económica de la época de Reagan se convirtió en una época de prosperidad que duró veinticinco años.[11]

A fin de recoger las cosechas en campos estadounidenses y proporcionar alimentos a bajo costo al público estadounidense, los agricultores no tuvieron otra opción sino la de emplear la mano de obra que llegara para trabajar. No llegaron suficientes trabajadores estadounidenses nativos, y el mercado emergente de mano de obra inmigrante no tenía ninguna cobertura legal. Por lo tanto, la necesidad desesperada de mano de obra agrícola adoptó millones de trabajadores ilegales por toda la frontera sureña. El resultado fue la creación de una subclase de trabajadores extranjeros que no tenía casi ninguna garantía de derechos humanos básicos tal como se definen por los Estados Unidos y también las Naciones Unidas. Aunque muchos patrones han tratado muy bien a los inmigrantes, otros los han tratado con crueldad.

El gobierno de los Estados Unidos se aprovechó de la situación, negándose a dar a los trabajadores estatus legal, relegándolos a las sombras y dejándolos expuestos a abusos atroces. Se produjeron deportaciones en números suficientes para mantener a los inmigrantes desestabilizados y vulnerables, con la administración Obama afirmando deportar incluso a más inmigrantes que Bush.[12] Pero el gobierno hizo un esfuerzo muy poco serio para controlar el flujo de inmigrantes, porque la economía los necesitaba demasiado para que el gobierno obstaculizara su llegada.

A veces una nación no respeta lo suficiente sus propias leyes como para imponerlas. Otras veces se negará a reformar leyes que ya no cumplan una función válida. Uno piensa en las ridículas leyes que siguen estando en los códigos locales y estatales de los Estados Unidos y que prohíben que haya mujeres conductoras o demandan que una persona que conduce un vehículo debe enviar a alguien por delante a pie con banderas para advertir a los viandantes.[13] Cuando una nación ni cambia ni impone leyes que están desfasadas, como nosotros hemos hecho, apenas puede esperar que se sometan a la ley personas cuyo acceso al alimento, la seguridad, la oportunidad y la libertad les obliga a quebrantar esas leyes. ¿Quién ha respetado menos las leyes, los inmigrantes indocumentados o el gobierno estadounidense mismo?

No se puede gastar una moneda de una sola cara. Las dos caras de la moneda son necesarias. En general, pero especialmente en el caso de las actuales leyes de inmigración, no podemos quedarnos contentos meramente con imponer leyes injustas. De hecho, ningún político nacional responsable que sea oficial del gobierno en los Estados Unidos ha llamado a la deportación en masa de inmigrantes indocumentados, tal como nuestras leyes de inmigración parecerían requerir.

> A veces una nación no respeta lo suficiente sus propias leyes como para imponerlas. Otras veces se negará a reformar leyes que ya no cumplan una función válida.

No proponen una medida de tal calibre porque saben que nuestra economía se habrían desplomado hace mucho tiempo sin trabajadores indocumentados. Tampoco podemos permitirnos hacer hincapié en derechos fuera de la obediencia a la ley. Para resolver nuestros actuales problemas, debemos abordar justicia y legalidad simultáneamente, o al menos en una sucesión inmediata, no logrando una y posponiendo la otra.

La montaña de inmigración que hemos creado resulta precisamente de nuestra negligencia tanto en la ley como en la justicia. Por un lado, hemos deprimido el crecimiento de la población nativa durante cincuenta años mediante bajos índices de natalidad, operando mientras tanto en un sistema económico que requiere que el crecimiento de población mantenga su avance económico. El sistema de la Seguridad Social ofrece un ejemplo excelente: no podemos mantener una población cada vez mayor de ancianos sobre una población cada vez menor de jóvenes. Al mismo tiempo, la globalización de nuestra economía en la década de 1990 causó un masivo aumento en el número de empleos de alta especialización en el país, haciendo innecesario que muchos estadounidenses nativos aceptaran empleos de baja especialización y mal remunerados. Esta situación una vez feliz hizo necesaria una mayor inmigración, ya fuera apoyada por la ley o no.

Yo siempre me he opuesto a la idea de que los estadounidenses son perezosos y no están dispuestos a realizar empleos de baja cualificación y mal remunerados. Los estudios demuestran de modo coherente que los estadounidenses trabajan más duro que los ciudadanos de la mayoría de naciones desarrolladas.[14] A los estadounidenses les gusta trabajar, pero muy inteligentemente prefieren aceptar empleos mejor remunerados. Si los actuales niveles de desempleo no mejoran pronto, o si terminan los beneficios del desempleo, los estadounidenses puede que se sientan impulsados a aceptar trabajos mal remunerados. Pero incluso si los estadounidenses quieren trabajar en tales empleos, por lo general carecen de las habilidades para tener éxito en ellos. En cualquier caso, la falta de estadounidenses que se presentaban para empleos poco remunerados hizo necesario aumentar nuestras cifras de inmigrantes para mantener nuestra sociedad en funcionamiento durante los últimos cincuenta años.

Desgraciadamente, la falta de comprensión pública de nuestro sistema económico y el prejuicio contra los extranjeros dieron paso a fuertes voces que indujeron a nuestros líderes gubernamentales (tanto republicanos como demócratas) en el último medio siglo a gobernar sobre la base de ideas inválidas acerca de la inmigración. Como resultado, el Congreso no hizo ninguna provisión legal para la entrada masiva de inmigrantes que han sido necesarios para cubrir nuestras necesidades de mano de obra no cualificada. En lugar de crear un marco legal para proporcionar la mano de obra que necesitábamos, nuestro país optó por tolerar la contratación de trabajadores ilegales. Esta solución ofreció una manera barata de salir del dilema político, y absolvió a los legisladores de la obligación de proporcionar liderazgo. Los Estados Unidos se benefició económicamente, pero pagó un elevado precio en términos de justicia.

Por ejemplo, si los inmigrantes no tienen visados, no pueden recibir un número de la Seguridad Social, y no tenemos que pagarles beneficios de la Seguridad Social. Pero a pesar de esta verdad, la mayoría de inmigrantes indocumentados paga impuestos a la Seguridad Social a cambio de los cuales nunca recibirá ningún beneficio. En 2007, por ejemplo, 10,8 millones de trabajadores pagaron un total de más de 90 mil millones de dólares en impuestos a la Seguridad Social bajo nombres y números falsos.[15] No van a los hospitales para recibir atención médica a menos que no puedan evitarlo de ninguna manera, y por lo general no llaman la atención en lugar de plantear sus necesidades. Esta situación nos ha costado poco en términos monetarios, pero nos ha costado mucho en dignidad nacional, erosionando el estado de la justicia en los Estados Unidos.

Por otra parte, los inmigrantes indocumentados decidieron conscientemente quebrantar la ley, y terminaron expuestos a las feas consecuencias de hacerlo. Parte de la desobediencia civil digna y seria implica aceptar las consecuencias de las acciones propias. Enfrentándose a un dilema sin salida, los inmigrantes tuvieron que escoger entre las duras consecuencias de quebrantar la ley estadounidense a fin de sobrevivir, y obtener cierta medida de prosperidad y las peores consecuencias de permanecer en sus países nativos y languidecer en la opresión. Decidieron venir aquí y servirnos, recogiendo nuestra fruta, cortando nuestro césped y construyendo nuestras casas sin disfrutar plenamente de los frutos de una residencia justa y legal en el país. Incluso si decidieron libremente empalarse en este cuerno del dilema, ningún estadounidense debería estar orgulloso de la angustia que ellos han sufrido para beneficiarnos.

Frecuentemente les digo a amigos inmigrantes indocumentados que confíen en el pueblo estadounidense. Les digo que nuestro pueblo ama la justicia, y cuando sea consciente de la realidad de la inmigración en nuestro país, ajustará las leyes. Yo quiero que los inmigrantes amen los Estados Unidos, y no que se vuelvan amargados por su sufrimiento. Espero que la información que presentaré en los capítulos siguientes ayude a los estadounidenses a ver a los inmigrantes en nuestro país bajo una nueva luz, con ambas partes soltando cualquier resentimiento que hayan sentido el uno hacia el otro. Los inmigrantes no plantean, en promedio, una amenaza mayor para los Estados Unidos que la que plantean nuestros ciudadanos nativos y, de hecho, ellos representan la esperanza más realista de avivamiento y despertar que hemos visto en nuestra vida.

6

INMIGRANTES Y
DESPERTARES EN LA
HISTORIA ESTADOUNIDENSE

Según la lógica de Génesis 1:28 y su declaración de misión para la humanidad, la migración desempeña un importante papel en un entendimiento bíblico del desarrollo y la salvación humanos. Desde la dispersión de la iglesia primitiva en Jerusalén en Hechos 8:1 hasta el presente, la migración de cristianos ha sido muy importante en la difusión del cristianismo por el mundo y su revitalización periódica. Según ese texto, "Aquel día se desató una gran persecución contra la iglesia en Jerusalén, y *todos, excepto los apóstoles*, se dispersaron por las regiones de Judea y Samaria" (NVI, énfasis del autor). Notemos la ironía: los apóstoles, o "enviados", se quedaron en Jerusalén mientras todos los demás salieron. Aunque la evangelización del mundo siempre ha conllevado enviar misioneros para alcanzar a poblaciones nativas en todo el mundo, los movimientos masivos de inmigrantes cristianos han desempeñado también un papel importante, quizá un papel incluso mayor que el de los misioneros oficiales en muchos lugares.

Pensemos, por ejemplo, en las primeras misiones católico romanas en las Américas. Aunque sacerdotes misioneros tuvieron cierto éxito en convertir a poblaciones locales a la iglesia, una migración en masa de católicos españoles, portugueses y franceses proporcionó una fuerte base para la fundación de nuevas iglesias. Lo mismo es cierto para las migraciones inglesas protestantes a Norteamérica, Australia, Nueva Zelanda y Sudáfrica. Los inmigrantes y sus muchos hijos desempeñaron el papel inicial de poblar las nuevas iglesias que fundaron los pastores misioneros/inmigrantes, aunque los conversos siempre se unieron a ellos. Calvinistas holandeses, luteranos alemanes y escandinavos, y otros cristianos también llevaron con ellos sus iglesias cuando migraron alrededor del mundo durante la Era Colonial.

La lista podría continuar con otras naciones y lugareños en todo el mundo, y más ejemplos seguirán pronto. Pero antes de ofrecer un análisis histórico más detallado del papel de la inmigración en la fundación, el crecimiento y la revitalización de la iglesia, una importante pieza de teoría sociológica necesita presentación. Según Emile Durkheim, uno de los fundadores de la sociología académica, los inmigrantes por lo general sufren un fenómeno que él denominó *anomia*.[1] En el contexto de su análisis de la Revolución Industrial, Durkheim consideró la inmigración masiva de trabajadores a los Estados Unidos. Apartados de sus comunidades de origen y de las normas y los valores que sostenían tradicionalmente, los inmigrantes se encontraron batallando para sobrevivir, adaptándose más al individualismo y la flexibilidad, y capeando nuevas ideas, presiones y sistemas de creencias. La disonancia entre sus propios viejos valores y los nuevos adoptados para la supervivencia crearon un sentimiento de "ausencia de normas" entre ellos. Libres de los límites tradicionales, los inmigrantes con frecuencia recurrieron al delito, el consumo de alcohol u otras conductas desviadas. Los cristianos con frecuencia se refieren a este estado de confusión y ausencia de normas como "perdición." Finke y Stark describen elocuentemente la *anomia* como sigue:

La verdadera base para el orden moral son las relaciones humanas… Personas que no tienen relación alguna con familiares o buenos amigos, o cuyas relaciones están muy lejos, están esencialmente solos todo el tiempo. No arriesgan sus vínculos si se les detecta en una conducta desviada, porque no tienen nada que perder… En zonas fronterizas, las personas están carentes de vínculos, y de ahí que existan elevados índices de conducta desviada.[2]

Tal situación entre inmigrantes, al igual que entre migrantes domésticos, saca a la luz su necesidad de dominio propio que ofrecen amigos y la fe, y les deja maduros para la renovación religiosa o la conversión.[3]

La cultura popular relata continuamente la historia de maras de inmigrantes en los Estados Unidos, ya sean las pandillas irlandesas de mitad del siglo XIX, la *Cosa Nostra* presentada regularmente en películas de la mafia, las pandillas afroamericanas o puertorriqueñas en la película *La cruz y el puñal*, o en la obra de Broadway *West Side Story*. Casi con toda seguridad se proyectará pronto una película en un cine cercano acerca de la *Mara Salvatrucha* o MS13: pandillas salvadoreñas de Los Ángeles que se han extendido por el país. El mismo fenómeno de perdición ha surgido entre inmigrantes a lo largo de toda la historia estadounidense.

Lejos de las familias que antes les querían y les alimentaban, y de los límites de la comunidad y la tradición, algunos inmigrantes han descendido hasta el caos. Cristianos en los países de origen siempre han enviado misioneros para ministrar el evangelio a esos inmigrantes y plantar nuevas iglesias, y cristianos nativos también han ayudado. A medida que las iglesias llevan conversos a la fe, hay vidas que cambian. Cuando aumentan los números de convertidos, las sociedades despiertan. Cristianos desalentados experimentan avivamiento.

Cuando se produce esa revitalización a escala social, el fenómeno es conocido como un despertar, y los historiadores de la Iglesia han identificado múltiples periodos durante la historia de los Estados Unidos que pueden denominarse "Grandes Despertares." Según William McLoughlin, América ha experimentado cinco de esos despertares, explicándolos como "transformaciones culturales afectando a todos los estadounidenses." Su análisis refleja el concepto de *anomia*, destacando que esos despertares "comienzan en periodos de distorsión cultural y grave estrés personal, cuando perdemos la fe en la legitimidad de nuestras normas, la viabilidad de nuestras instituciones, y la autoridad de nuestros líderes en la iglesia y el estado."[4] Esos despertares no sólo avivan iglesias y llevan a personas perdidas a ellas, sino que también afectan a la sociedad mediante reformas sociales que renuevan naciones enteras.

En esa misma nota, el economista ganador del premio Nobel, William Fogel, ha sugerido que los Grandes Despertares por lo general duran cien años y consisten en tres fases, cada una de ellas de una generación de duración.[5] Tales despertares siempre pasan de la piedad religiosa a la reforma social. Dan como resultado mejora económica y movilidad social para los estadounidenses más pobres, con frecuencia inmigrantes, y hacen una importante contribución a la igualdad social. Aunque esos despertares pueden parecer sobrenaturales en algunos casos, nunca se quedan en un nivel meramente religioso, sino que proporcionan beneficios

> Tales despertares siempre pasan de la piedad religiosa a la reforma social. Dan como resultado mejora económica y movilidad social para los estadounidenses más pobres, con frecuencia inmigrantes

concretos políticos, sociales, culturales, económicos y tecnológicos para la sociedad.

La creciente brecha entre ricos y pobres en los Estados Unidos, Europa y el resto del mundo se ha convertido en un problema distintivo para políticos de izquierda y de centroizquierda, e incluso políticos de centroderecha han recogido la retórica de la desigualdad. Un reciente libro del economista francés Thomas Picketty, *El Capital en el Siglo XXI*, ha dado un nuevo ímpetu al llamado político a una mayor justicia económica.[6] La derecha y la izquierda pueden estar en desacuerdo en si los gobiernos deberían imponer impuestos confiscatorios a prodigiosos productores de riqueza, pero ningún actor político creíble puede sugerir abiertamente que una mayor prosperidad generalizada en la sociedad presentaría una mala situación (aparte de argumentos sobre la sostenibilidad medioambiental).

Según mi propio punto de vista, parecería que una mayor secularización en los Estados Unidos y Europa no ha contribuido a una mayor igualdad, sino más bien ha coincidido con una polarización más amplia entre ricos y pobres. En consonancia con el análisis de Fogel, yo argumentaría que la solución a la injusticia económica comienza con avivamiento religioso, y no con la acción política. La acción política virtuosa nunca puede tener éxito sin ciudadanos virtuosos. Ninguna nación adicta a las drogas, al alcohol o al entretenimiento en la historia del mundo ha evitado la ruina económica. Como David Goldman ha demostrado de manera brillante en *How Civilizations Die* [Cómo las civilizaciones mueren], muchas naciones ricas han descendido hacia el libertinaje sexual a lo largo de la historia del mundo, pero ninguna sociedad sexualmente licenciosa ha mantenido nunca la prosperidad económica, o ni siquiera una tasa de natalidad autosostenible.[7] Contrariamente a las imaginaciones de cantantes populares, las sociedades dedicadas a vivir para el momento no construyen futuros estables. La única esperanza razonable de un futuro próspero en los Estados Unidos surge de la evidencia de avivamiento religioso y renovación moral, y los inmigrantes actuales presentan la mejor esperanza para tal avivamiento en los Estados Unidos.[8]

LA HISTORIA DE LOS DESPERTARES RELIGIOSOS EN LOS ESTADOS UNIDOS

Pese a los fascinantes análisis de McLoughlin y Fogel, no todos los historiadores están de acuerdo en que nuestra historia religiosa nacional en los Estados Unidos encaja en los claros marcos de los Grandes Despertares, y el desorden de la realidad siempre confunde los marcos interpretativos que los eruditos imponen para organizar la historia. Muchos historiadores y sociólogos de la religión niegan que existan en absoluto tales despertares.[9] La tradición de denominar Grandes Despertares tiende a enfocarse en el protestantismo e ignora por completo el crecimiento católico. El concepto también contribuye a una perspectiva de "Edad de Oro" ficticia del pasado religioso estadounidense que crea expectativas irrazonables de lo que futuros despertares podrían producir. Sin embargo, mientras que estas reconocidas debilidades sirven como advertencia, el marco de los Grandes Despertares tiene el mérito de organizar la historia estadounidense de manera que conectan de modo creíble los puntos más altos de celo cristiano y el éxito en plantar iglesias en los Estados Unidos con la renovación de nuestra fe y carácter nacional.

La consideración del papel que la inmigración ha desempeñado en los despertares religiosos de los Estados Unidos, ya sean cristianos, judíos, o en otras religiones que fueron traídas aquí por inmigrantes, arrojará luz sobre el papel que podemos esperar que desempeñen los inmigrantes actuales.

EL NACIMIENTO DEL CRISTIANISMO ESTADOUNIDENSE Y NUESTRO PRIMER GRAN DESPERTAR

Aunque muchos inmigrantes a los Estados Unidos han experimentado *anomia* durante los últimos cinco siglos, no caracterizó la experiencia de muchos de los primeros inmigrantes, como los Peregrinos del Mayflower, quienes llegaron precisamente debido a sus convicciones religiosas en una comunidad de iguales. Muchos de los bautistas originales que se establecieron en Rhode Island, católicos en Maryland y cuáqueros y menonitas de habla alemana en Pensilvania llegaron con una fe fuerte. Presbiterianos escoceses-irlandeses avanzaron hacia el interior hasta la región de los Apalaches, y grandes números de católicos irlandeses que eran sirvientes contratados se dispersaron por las colonias.[10] En regiones occidentales a lo largo del río Mississippi, católicos franceses y sus líderes misioneros se establecieron temprano, mientras que católicos españoles exploraban y se establecieron más hacia el oeste.

Tales grupos icónicos de peregrinos en busca de libertad religiosa, sin embargo, representaban una minoría distintiva entre las poblaciones que colonizaron América. En 1776, solamente el 10 por ciento de la población de Rhode Island afirmaba afiliación bautista; los católicos constituían el 3 por ciento de la gente de Maryland, y los locales de culto cuáquero servían al 5 por ciento de su gente en Pensilvania.[11]

Contrariamente a la mítica teoría de la "Edad de Oro" de la religiosidad estadounidense, en la cual las personas siempre imaginan los "buenos tiempos de antaño" mucho mejores de lo que fueron, el pasado de los Estados Unidos no fue ejemplo de ningún tipo de paraíso cristiano. Pese a los elevados ideales de los Peregrinos, un grupo rudo y pendenciero estableció las colonias estadounidenses, y pocas personas asistían a la iglesia. Los hechos reales de la historia estadounidense relatan la historia de rudos hombres colonizadores y sus mujeres, ásperos soldados, esclavitud, el Salvaje Oeste, los Alegres Años de la década de 1890, los Años Locos de la década de 1920, y también de personas religiosas que conducían cada vez a mayores números de personas a Dios a lo largo de los siglos.

A principios del siglo XVIII, miles de convictos llegaron a Georgia, un grupo que podríamos razonablemente suponer que se inclinara hacia la *anomia* más que algunos otros. Grandes números de esclavos africanos entraron también en las colonias antes de que el mercado de esclavos comenzara a disminuir en 1775. Mercaderes holandeses se establecieron en Nueva Amsterdam. Otros inmigrantes alemanes, franceses y escandinavos poblaron también las colonias. Pese al hecho de que pocos inmigrantes se aferraron a la religión con tanta fuerza como los líderes de los Peregrinos en Plymouth Rock, estos grupos de inmigrantes poblaron las primeras iglesias estadounidenses y dieron al cristianismo su inicio en el nuevo continente. El punto se mantiene irrefutable: sin la inmigración de cristianos a los Estados Unidos de América en nuestros dos primeros siglos, no habría ningún cristianismo estadounidense tal como lo hemos conocido. No habría existido en absoluto, ni tampoco habría adoptado el amplio carácter pluralista que ha disfrutado desde que los Estados Unidos inventaron el primer mercado libre del mundo para la religión.[12]

Un siglo de inmigración y colonización en América preparó el escenario para lo que llegó a conocerse como el Primer Gran Despertar.

> Sin la inmigración de cristianos a los Estados Unidos de América en nuestros dos primeros siglos, no habría ningún cristianismo estadounidense tal como lo hemos conocido.

Las condiciones sociales de la frontera y los esfuerzos de cristianos fieles dieron como resultado vigorosos esfuerzos en el establecimiento de iglesias para servir a la próspera población creciente y la inmigración desde Inglaterra, Gales e Irlanda del Norte.[13] La introducción de la esclavitud en el Sur llamó a la evangelización también de afroamericanos, y algunos misioneros como David Brainerd (protestante) y Christian Priber (católico) hicieron intentos de evangelizar a los pueblos indígenas.[14]

Los historiadores por lo general están de acuerdo en que el Primer Gran Despertar de las colonias norteamericanas comenzó en torno a 1730, dirigido de modo más importante por varios evangelistas extranjeros que llegaron como misioneros e inmigrantes, junto con el ministro norteamericano Jonathan Edwards. El misionero evangelista británico George Whitefield y el inmigrante presbiteriano escocés-irlandés William Tennent, junto con sus cuatro hijos, no sólo dirigieron avivamientos sino que también fundaron el Colegio de Leños en Nueva Jersey (ahora la Universidad de Princeton) para ofrecer formación a clérigos para el ministerio en la frontera.[15]

Muchos miles de cristianos revitalizaron su fe y su pasión por la obra de la iglesia durante este periodo, y otros miles, en su mayoría inmigrantes y criollos de primera generación, se alejaron de la *anomia* y se convirtieron a la fe por primera vez. Indígenas americanos y esclavos afroamericanos también se convirtieron al cristianismo mediante el ministerio de Tennant y otros.

Mi propio ancestro, William Castleberry, criollo de primera generación, experimentó conversión a la fe bautista en la década de 1750. Junto con el reverendo Samuel Newman, migró por el viejo Gran Vía de Vagones desde Pensilvania hasta Georgia, plantando iglesias bautistas como Johny Appleseed sembraba manzanos.[16] Figuraron entre las primeras iglesias bautistas del sur. El liderazgo de inmigrantes y sus hijos (como los Tennent), junto con predicadores extranjeros (como Whitefield) y pastores nativos, (como Jonathan Edwards), desempeñó un papel imprescindible en el Primer Gran Despertar.

EL SEGUNDO GRAN DESPERTAR

Desgraciadamente, los despertares no garantizan que todo el mundo se convertirá o experimentará avivamiento, e incluso los mayores despertares chisporrotean y pierden su fervor. En las últimas décadas del siglo XVIII, aproximadamente el 17 por ciento de la población estadounidense estaba afiliada a una iglesia.[17] Los historiadores de los despertares han tenido tendencia a considerar el enfriamiento del Primer Gran Despertar de manera dramática. Según el difunto J. Edwin Orr, una de las mayores autoridades del mundo sobre la historia de los despertares, "las dos últimas décadas del siglo XVIII fueron el periodo más oscuro, espiritualmente y moralmente, en la historia del cristianismo estadounidense."[18] Él atribuyó el declive en el cristianismo al

estado inquieto de la sociedad después de una guerra muy larga y una revolución, los sentimientos de asertividad que acompañan a la independencia, el cambio de condiciones sociales, la atracción de la frontera occidental, el rudo individualismo de los colonizadores, [y] la ruptura de relaciones de familia e iglesias debido a la migración.[19]

Claramente, había surgido *anomia* entre los migrantes internacionales y domésticos que salieron de las colonias originales hacia la frontera occidental.

Al mismo tiempo, una creciente secularización debilitó la ortodoxia y la práctica religiosa en el noreste. Orr describía la asombrosa situación del estado espiritual de la nación como sigue:

No muchas personas entienden que tras la estela de la Revolución Americana hubo un desplome moral... La borrachera se volvió epidemia... La blasfemia y la ordinariez del tipo más asombroso... Las mujeres tenían miedo a salir por la noche por temor a que las asaltaran. Los robos de bancos eran una ocurrencia diaria. ¿Y qué de las iglesias? Los metodistas estaban perdiendo más miembros de los que ganaban. Los bautistas decían que tenían su temporada más fría. Los presbiterianos en asamblea general deploraban la impiedad del país... Los luteranos estaban languideciendo tanto, que hablaron sobre unirse a los episcopalianos, quienes estaban aún peor. El Obispo episcopal de Nueva York... dejó de operar... El presidente del Tribunal Supremo de los Estados Unidos, John Marshall, escribió... que la iglesia "estaba demasiado deteriorada para ser redimida." Voltaire dijo: "El cristianismo estará olvidado en treinta años", y Tom Paine predicó eso alegremente por toda América... En caso de que se creyera que esa era la histeria del momento, Kenneth Scott Latourette, el gran historiador de la Iglesia, escribió: "Parecía como si el cristianismo estuviera a punto de ser expulsado de los asuntos de los humanos."[20]

Orr atrajo una especial atención al hecho de que los cristianos se reunían en oración concertada por la nación, y con la llegada del siglo XIX llegó el despertar.

Según Mark Noll, el Segundo Gran Despertar "fue el despertar más influyente del cristianismo en la historia de los Estados Unidos."[21] Comenzando en la frontera de Kentucky en torno a 1801 con los campamentos de Cane Ridge, el Despertar les debió mucho a inmigrantes y esclavos, al igual que a migrantes en el interior. Predicadores negros y blancos por igual "proclamaban fervientemente las Buenas Nuevas" en las reuniones, expulsando temporalmente la cuestión de la raza.[22] El despertar "englobaba a los negros, quienes participaban con entusiasmo [junto con los blancos] en los tumultuosos ejercicios que llegaron a ser característicos del despertar de la frontera."[23] Las reuniones electrizantes incluían "contorsiones, danzas, risas, carreras, y el 'ejercicio del ladrido'."[24] Tales despertares demostraron ser un potente instrumento para acelerar el ritmo de conversiones de esclavos."[25]

La forma de las reuniones recurría a los vestigios de la cultura africana entre los inmigrantes involuntarios (esclavos), pero también "le debió algo a la observancia escocesa del 'tiempo de la comunión'."[26] Al notar esta influencia escocesa, Noll reconoce de manera indirecta que las reuniones incluían a inmigrantes voluntarios entre sus audiencias: "Si el patrón de que las intensas reuniones evangelísticas durasen varios días se originó en Escocia, suponía una potente fuerza inusual en la zona rural donde los inmigrantes escoceses eran solamente una parte de una población móvil atraída desde muchas fuentes."[27]

> Sin el aspecto migratorio de la vida estadounidense durante el periodo, el "despertar más influyente" de la historia estadounidense no se habría materializado.

Pese a la breve indiferencia que la inmigración por lo general ha recibido en las historias estándar del despertar estadounidense, la influencia de los inmigrantes al comienzo del Segundo Gran Despertar sobre los estadounidenses nativos ofrece una evidencia directa de la idea de que la migración ha desempeñado un importante papel en el despertar de la fe cristiana en los Estados Unidos.

Como resultado de las reuniones, proliferaron iglesias presbiterianas, pero iglesias bautistas y metodistas crecieron con más rapidez por todo el Sur y la frontera occidental recién abierta, pues "pastores metodistas itinerantes y predicadores-granjeros bautistas se extendieron… en números sin precedente."[28] La migración de estadounidenses hacia el Oeste no sólo incluía inmigrantes, sino que también convirtió en migrantes a estadounidenses anteriormente establecidos. Las fuerzas sociales que acompañan a la migración no discriminan sobre la base de la identidad nacional de las personas a las que influencian, sino más bien desestabilizan las vidas y abren las mentes de migrantes sobre la base de una oportunidad igual. Dejar el hogar propio y trasladarse a un lugar nuevo crea una conciencia avivada de la necesidad de Dios y de tener vecinos piadosos.

Sin el aspecto migratorio de la vida estadounidense durante el periodo, el "despertar más influyente" de la historia estadounidense no se habría materializado. En 1830, las iglesias influenciadas por inmigrantes que se fundaron durante el Segundo Gran Despertar permitieron a los bautistas y metodistas sustituir a congregacionalistas y presbiterianos como la denominación más grande en todos los Estados Unidos.[29]

EL DESPERTAR CONTINÚA Y SE DIVERSIFICA

Aunque los inmigrantes de los primeros tiempos de la historia desempeñaron un importante papel en el Segundo Gran Despertar, la inmigración durante los primeros años del Segundo Gran Despertar se ralentizó en los Estados Unidos debido a las Guerras Napoleónicas en Europa y la ilegalización del mercado de esclavos africanos. Nuevas entradas desde la década de 1790 hasta la de 1830 solamente fueron como promedio de unos sesenta mil por década,[30] pero a medida que se acercaba la mitad del siglo, una nueva oleada de inmigración produjo un masivo crecimiento al catolicismo estadounidense.

El catolicismo comenzó temprano en Norteamérica, con misioneros que llegaron al final del siglo XV. Las primeras congregaciones católicas en la Norteamérica británica emergieron en 1630, cuando Lord Baltimore recibió un acta constitutiva para fundar Maryland como una colonia católica.[31] En 1830, unos trescientos mil estadounidenses confesaban la fe católico romana, pero la masiva inmigración de irlandeses a los Estados Unidos provocada por la Gran Hambruna significó que en 1860 la población católica creció diez veces más. La población nacional había crecido solamente 2,5 veces más. Entre los tres millones de católicos que vivían en los Estados Unidos al comienzo de la Guerra Civil, aproximadamente un millón había emigrado de Irlanda solamente.[32]

Para servir a la creciente población de católicos estadounidenses, John Carroll, el primer obispo católico romano de los Estados Unidos, tuvo éxito a la hora de reclutar grandes números de sacerdotes europeos y obreros religiosos para cruzar el Atlántico.[33] Aunque muchos de los reclutados de Carroll eran franceses, con el tiempo los irlandeses comenzarían a dominar los oficios jerárquicos de la iglesia estadounidense. Por todo el país, sacerdotes católicos adoptaron muchas de las prácticas de avivamiento que los protestantes habían usado con tan fuerte efecto, edificando una sólida estructura eclesial para dar la bienvenida a inmigrantes durante los años venideros.[34]

Entre 1800 y 1920, más de cuarenta millones de inmigrantes llegaron a los Estados Unidos, una importante mayoría de los cuales era de católicos romanos de Irlanda, Italia, Alemania, Polonia, y otras naciones católicas.[35] Más de un millón de católicos emigraron desde Alemania solamente durante aquellos años.[36] Poco después, entre 1880 y 1890, los italianos se unieron a ellos en grandes números con un promedio de más de treinta mil por año durante la década. En el año 1900, las cifras aumentaron hasta más de sesenta y cinco mil por año, con un total de 1,5 millones.[37]

El aumento de inmigrantes durante los años centrales del siglo XIX no sólo produjo un asombroso crecimiento al catolicismo estadounidense, sino también una migración masiva de luteranos alemanes y escandinavos que poblaron la frontera del Medio Oeste. La necesidad de la religión en la frontera estadounidense no había disminuido desde que los Peregrinos llegaron a Massachusetts doscientos años antes.

Como dijo el periodista noruego Ole Much Raeder en 1847: "Las necesidades espirituales se reafirman incluso aquí en el Oeste, en cuanto termina la primera batalla severa con la naturaleza… Muchas personas que nunca han experimentado la influencia de la religión en un país civilizado muy poblado, aprenden a apreciar, aquí en su soledad, la profunda influencia que ejerce la religión en el alma de un hombre."[38]

Estas necesidades resultaron en la fundación de iglesias por todo el Medio Oeste, y en 1870 unos 440.000 luteranos asistían a iglesias estadounidenses, comparados con solamente 480.000 congregacionalistas descendientes de los Peregrinos originales.[39]

OTRO DESPERTAR

Aunque oleadas masivas de inmigrantes aumentaron la diversidad y la dispersión geográfica del cristianismo en los Estados Unidos del siglo XIX, otro Despertar nacería entre las iglesias evangélicas protestantes tradicionales que se desarrollaron durante el Segundo Gran Despertar.[40] Mientras que historiadores de la Iglesia han argumentado sobre si el surgimiento del movimiento de Santidad del siglo XIX constituyó un Tercer Gran Despertar, nadie puede negar el impacto global que logró este avivamiento, junto con su sucesor, el movimiento pentecostal, el cual ahora tiene cifras de más de quinientos millones de participantes, incluidos cristianos pentecostales y carismáticos.[41]

El nuevo avivamiento comenzó no mucho después del Segundo Gran Despertar, cuando Charles Grandison Finney, un estudiante de derecho convertido a la fe, estableció una carrera como promotor de avivamientos y hablaba poderosamente a los desafíos de su tiempo. Sus reuniones en Rochester en 1830-1831 captaron la atención nacional, y una serie de reuniones urbanas de avivamiento en Philadelphia, Boston, Nueva York y Gran Bretaña aumentaron mucho su influencia. Muchos de los afectados por sus reuniones urbanas habrían sido inmigrantes. Muchos de los inmigrantes irlandeses que llegaron a los Estados Unidos en esa época profesaban la fe protestante o ninguna fe en absoluto, y tales inmigrantes sin duda se unieron a iglesias establecidas debido a las reuniones de avivamiento de Finney y sus iglesias hijas.

> Dos polos de la justicia bíblica, justicia social y rectitud personal, se unieron e inspiraron tanto reforma social como avivamiento hasta bien entrado el siglo XX.

El rango de la influencia de Finney fue masivo, y el historiador Mark Noll le considera no sólo la figura crucial del siglo XIX en el movimiento evangélico sino también una de las influencias más importantes en la vida de los Estados Unidos en general durante su época.[42] El ministerio de Finney tuvo dos impactos importantes en el movimiento evangélico estadounidense: un énfasis en la reforma social que afectó con fuerza la abolición de la esclavitud y el posterior Movimiento de Templanza; y una doctrina de capacitación espiritual conocida como "el bautismo en el Espíritu Santo." En la predicación y teología de Finney, los dos polos de la justicia bíblica, justicia social y rectitud personal, se unieron e inspiraron tanto reforma social como avivamiento hasta bien entrado el siglo XX, tocando directamente las vidas de incontables inmigrantes urbanos en el noreste.

Una lista de figuras importantes de la fase posguerra del Despertar de mitad de siglo incluía figuras como Phoebe Palmer, Hannah Whitall Smith, Dwight L. Moody, Billy Sunday, y otros: todos estadounidenses de raza blanca. La llegada del movimiento pentecostal también llevó al centro de la atención de la nación a predicadores afroamericanos de la Santidad, como William J. Seymour, el líder del avivamiento de la calle Azusa, y C. H. Mason, fundador de la Iglesia de Dios en Cristo. Pero para los propósitos de esta discusión, surge la pregunta: ¿qué papel desempeñó la migración en la tercera ronda de despertar religioso? Mientras que la iglesia católica romana aumentó mucho con entradas de inmigrantes durante esta época, las contribuciones de inmigrantes al crecimiento protestante no parecen tan obvias. Sin embargo, la migración desempeñó un papel contributivo y también un papel dependiente en el tercer despertar protestante.

El movimiento trasatlántico Higher Life tuvo un papel muy importante respecto a moldear la piedad que afianzó la vitalidad protestante en el tercer despertar. Cuando Charles Finney comenzó a predicar el bautismo en el Espíritu Santo, los círculos reformados en los cuales se movía establecieron un contacto más cercano y ciertamente coincidieron con círculos wesleyanos, produciendo un deseo generalizado de santidad personal. Aunque los dos círculos tenían doctrinas distintas sobre la santidad, se adhirieron en un movimiento que englobaba a ambos círculos. Mujeres estadounidenses nativas como Phoebe Palmer y Hannah Whitall Smith y la inmigrante británica de nacimiento Catherine Mumford Booth atrajeron protagonismo en los Estados Unidos y las islas británicas durante la época de 1850 mediante su predicación y sus escritos, no sólo promoviendo una vida de santidad llena del Espíritu, sino también promoviendo el papel de las mujeres como líderes y predicadoras en iglesias protestantes.

El movimiento estadounidense de la Santidad aumentó durante el siglo XIX, desempeñando un importante papel en movimientos masivos de avivamiento durante la Guerra Civil Americana (en ambos lados del conflicto). A finales de la década de 1860 el movimiento se reunió en inmensos campamentos nacionales, atrayendo a diez mil personas a Vineland, Nueva Jersey, y a veinticinco mil a Mannheim, Pennsylvania. Notables experiencias espirituales y una extensa cobertura por parte de la prensa alimentaron el movimiento llevándolo a un protagonismo aún mayor, y sus líderes, especialmente las mujeres, pronto llevaron su mensaje a través del océano hasta Inglaterra, donde experimentaron éxito igualmente.

A medida que el ala británica del movimiento de Santidad prosperaba, dio nacimiento a la Convención de Keswick en 1875, un ministerio que tuvo una gran influencia en líderes evangélicos desde Dwight L. Moody hasta Billy Graham, y su influencia continúa hasta la fecha. Miles de cristianos estadounidenses visitaron la Convención, donde oyeron a luminares británicos como Frederick B. Meyer y Hudson Taylor (fundador de la Misión al Interior de la China), la misionera irlandesa en India, Amy Carmichael, el héroe de oración prusiano George Mueller, el evangelista sudafricano Andrew Murray, y otros. Esta mezcla internacional de influencias inspiró no sólo un mayor interés en la "santificación por completo" y "la vida llena del Espíritu", sino también contribuyó al fervor que crearía el otro gran aspecto migratorio del Despertar: el movimiento de Misiones.

EL MOVIMIENTO DE MISIONES

Antes de 1870, las iglesias protestantes estadounidenses habían producido unos 2.000 misioneros, aproximadamente el 10 por ciento de los cuales trabajaban entre los pueblos indígenas norteamerica-nos.[43] Un pastor y líder presbiteriano en la Convención de Keswick, A. T. Pierson, se convirtió en el principal defensor de las misiones en el extranjero, popularizando los escritos de misioneros extranjeros como Hudson Taylor, F. B. Meyer y George Mueller, y provocando mucho celo. Como resultado, nació el movimiento de Estudiantes Voluntarios en 1886 en la popular confe-rencia de verano de Dwight L. Moody en Northfield Hermon School en Northfield, Massachusetts, cuando cien de 251 estu-diantes presentes firmaron una promesa afirmando: "Estamos dispuestos y deseo-sos, Dios mediante, a convertirnos en mi-sioneros en el extranjero."[44]

Estudiantes en universidades por todo el noreste y todo el país pronto se interesaron mucho por las misiones en el extranjero, especialmente en las universi-dades de la Liga Ivy. Un grupo de cuatro estudiantes de la Conferencia Northfield recorrió 167 universidades durante el siguiente año académico, re-uniendo declaraciones de 2.200 jóvenes que firmaron la promesa a las misiones.[45] El interés siguió en un elevado nivel hasta el estallido de la Primera Guerra Mundial, y entre 1886 y 1920 el Movimiento Voluntario Estudiantil reclutó 8.742 misioneros para el servicio en el extranjero: aproximadamente la mitad del número total de misioneros evangélicos protestantes enviados durante ese periodo.[46]

Los misioneros en el extranjero cuentan también como inmi-grantes, e incluso si los inmigrantes no desempeñaron el papel mayor en producir el Tercer Despertar, incuestionablemente representaron

> Miles de estadounidenses migraron a las misiones debido al Despertar y nutrieron nuevas iglesias evangélicas protestantes por todo el mundo, especialmente en Latinoamérica.

uno de sus mayores efectos. Por un lado, miles de estadounidenses migraron a las misiones debido al Despertar; y por otro lado, esos misioneros financiaron, ayudaron y nutrieron nuevas iglesias evangélicas protestantes por todo el mundo, especialmente en Latinoamérica, que más adelante enviarían a sus miembros a los Estados Unidos por millones.

EL AVIVAMIENTO PENTECOSTAL

Se podría decir que los Estados Unidos conectaban en serie sus despertares. Al igual que el segundo y el tercer despertar llegaron tras la estela de anteriores despertares (y solamente pueden separarse de manera artificial), un cuarto movimiento salió directamente del tercero. El movimiento pentecostal resultó directamente del movimiento de Santidad y representa una renovación continua y una dramática extensión y expansión de él.[47]

El movimiento pentecostal comenzó en todo el mundo en varios lugares más o menos simultáneamente. El fuerte énfasis en el bautismo en el Espíritu Santo que hacía el movimiento de la Santidad condujo inevitablemente a una tarea para un grupo de estudiantes en Topeka, Kansas, en 1901 que les dirigía a descubrir "la evidencia bíblica del bautismo en el Espíritu Santo." Esa cuestión, sembrada por su profesor Charles F. Parham, les condujo a estudiar el libro de Hechos, el único libro en la Biblia que describe la experiencia de recibir el bautismo en el Espíritu Santo. Los estudiantes concluyeron que cada ocasión de bautismo en el Espíritu en Hechos incluía "hablar en lenguas", donde los receptores hablaban en lenguajes que no habían aprendido de modo natural mediante la capacitación del Espíritu Santo. Los estudiantes, por consiguiente, impusieron manos unos sobre otros y oraron hasta haber recibido la misma experiencia.

Desde Topeka, el fenómeno de hablar en lenguas se extendió por todo el país. Cuando un hombre negro llamado William J. Seymour migró a Los Ángeles con el mensaje en 1906, siguió el Avivamiento de la calle Azusa. Dirigido por un hombre negro en el contexto de una audiencia originalmente de raza negra, el avivamiento atrajo rápidamente a una amplia variedad de inmigrantes de Latinoamérica y Asia que vivían en el sur de California, al igual que a muchas personas de raza blanca. Informes sobre el avivamiento en la emergente prensa pentecostal pronto atrajo a peregrinos literalmente de todo el mundo para recibir el bautismo en el Espíritu Santo en un avivamiento donde "la línea del color fue lavada por la Sangre."[48]

Como el Avivamiento de Cane Ridge cien años atrás, el de la calle Azusa pospuso la cuestión de la raza o de la etnia. Participantes en comienzos de ese tipo en todo el mundo llegaron a la calle Azusa para tener comunión, enseñanza y experiencias espirituales. Desde allí, misioneros no sólo regresaron a campos donde ya habían trabajado, sino también nuevos misioneros experimentaron un llamado a llevar el mensaje pentecostal. El obvio valor simbólico de la experiencia de hablar en lenguajes no conocidos y el modo en que la experiencia y sus apéndices doctrinales apelaban a impulsos humanos primarios[49] hizo del pentecostalismo "una religión hecha para viajar, cosmopolita tanto en su ámbito como en su aspecto."[50]

En los Estados Unidos, el pentecostalismo creció continuamente hasta finales de la década de 1950, cuando comenzó a extenderse a las iglesias protestantes históricas y tradicionales. David DuPlessis, un inmigrante sudafricano a los Estados Unidos, comenzó a ejercer una influencia significativa entre líderes protestantes tradicionales mediante su participación en el Consejo Mundial de Iglesias (¡para gran consternación de la mayoría de otros líderes pentecostales!). Mediante

la obra de DuPlessis y la de muchos otros, surgió el movimiento carismático en las iglesias protestantes tradicionales, y comenzando en la
década de 1960, en la iglesia católica romana. Actualmente, cientos de
millones de carismáticos en todo el mundo comparten las experiencias
distintivas del pentecostalismo, habiéndose ganado la aprobación de
varios papas recientes, incluido el Papa Francisco.[51]

Según *World Christian Encyclopedia*, el cristianismo pentecostal
tenía 12 millones de adherentes en 1970, pero ahora "incorpora a
unos 600 millones en todo el mundo en sus diversas expresiones, una
cuarta parte de toda la cristiandad."[52] En los Estados Unidos, la Iglesia
de Dios en Cristo fundada por C. H. Mason ha aumentado hasta
más de 6 millones de adherentes en la comunidad afroamericana. La
denominación de las Asambleas de Dios tiene más de tres millones
en los Estados Unidos, con una membresía total en todo el mundo
que sobrepasa los 67,5 millones.[53] Estos ejemplos estadounidenses de
pentecostalismo participaron del mismo crecimiento explosivo que
ocurrió en todo el mundo entre 1970 y el presente, un crecimiento
que a la vez se ha beneficiado y ha sufrido el auge de ministerios televisivos pentecostales en la década de 1980 (Jimmy Swaggart, Jim
Bakker, Oral Roberts, Rex Humbard) y en los años siguientes (TBN,
Joel Osteen, Benny Hinn, y muchos otros).

En la actualidad, tras la estela del cuarto despertar y en la penumbra de la multiplicación pentecostal en todo el mundo de los últimos
treinta años, inmigrantes de Latinoamérica, África y Asia están listos
para lanzar el siguiente Gran Despertar estadounidense.

7

LA NUEVA REFORMA LATINA

<hr>

Mi amigo Javier Castillo me envió un correo electrónico directamente desde Caserta, Italia, momentos después del final de su reunión con el Papa Francisco. Javier, misionero en España que sirvió conmigo en el equipo pastoral de una iglesia en Quito, Ecuador, había recibido una invitación por medio de amigos para asistir a la visita del Papa y pudo pasar tiempo en la presencia papal, donde había hablado con el pontífice y le invitó a orar con él por España en una futura ocasión. En su lengua española materna, el Santo Padre aceptó amablemente, indicando a uno de sus asistentes que apuntara los datos de Javier e hiciera la organización futura. El correo electrónico estaba lleno de emoción, orgullo, y un sentimiento de victoria espiritual.

En esa reunión, el Papa Francisco llegó a los titulares en todo el mundo al disculparse por el anterior trato de los católicos romanos a los pentecostales:

"Entre aquellos que perseguían y denunciaban a pentecostales, casi como si fueran personas locas que intentaban arruinar la raza, había también católicos", dijo. "Yo soy el pastor de los católicos, y les pido perdón por esos hermanos y hermanas católicos que no sabían y fueron tentados por el diablo."[1]

Mientras que los evangélicos italianos reaccionaron a las palabras del Papa con cautela y perplejidad, los pentecostales latinos celebraron ampliamente a este Papa de su propio continente, el primer hombre de las Américas en ocupar ese oficio.[2]

Desde su época como obispo en Argentina, Jorge Bergoglio (alias el Papa Francisco) había buscado tener relaciones amigables con líderes del pujante movimiento pentecostal argentino. El pastor de la iglesia evangélica en Caserta, Giovanni Traettino, se había reunido primero con Bergoglio en Buenos Aires, Argentina, a finales de la década de 1990 mientras trabajaba para fomentar las relaciones entre católicos carismáticos y protestantes pentecostales.[3] En cuanto ascendió el humo declarando a un papa de las Américas, comenzó la agitación. La noticia sobre la amistad de Bergoglio con líderes pentecostales y sus comentarios positivos sobre su espiritualidad se difundió rápidamente entre los pentecostales en Latinoamérica y los Estados Unidos.

Javier participó frecuentemente en esfuerzos ecuménicos en Ecuador, y yo lo acompañé en varias ocasiones para reunirse con católicos y explorar la unidad cristiana, pero la década de 1990 parece ahora estar a un siglo de distancia. Entre aquellos católicos "tentados por el diablo" a perseguir pentecostales estaba el papa Juan Pablo II, quien en 1992 respondió a las deserciones masivas en el catolicismo romano hacia iglesias pentecostales en Latinoamérica usando "la expresión *lobos rapaces* para referirse a 'sectas' pentecostales y evangélicas."[4] Los fieles respondieron al llamado, y en múltiples ocasiones más adelante, equipos de evangelismo de la iglesia que yo pastoreaba en Ecuador se enfrentaron a los palos y piedras literales de turbas de católicos que se levantaron para expulsar a los jóvenes *lobos* de sus ciudades. En una ocasión, solamente una repentina y violenta tormenta evitó la violencia contra nuestro indefenso equipo de jóvenes en el pueblo de Olmedo.

En otra ocasión en Carpuela, una señora que había dirigido a una turba de católicos que llevaban palos contra nuestro equipo en Chota se presentó para recibir tratamiento médico en nuestra clínica al día siguiente. Al reconocerla como la cabecilla de la turba del día anterior, nuestro pastor la acompañó hasta pasarla delante de cien personas en la fila para darle un trato preferencial. La persecución nunca les importó a nuestros equipos. Siempre enseñamos a nuestra gente a perdonar todo el mismo día, y nuestros jóvenes evangelistas siempre se retiraban pacíficamente, gloriándose en el privilegio de haberse enfrentado a la persecución por causa de Cristo.

¡Cómo ha cambiado el clima! En la actualidad, el Papa nos llama amigos, y ciertamente aceptamos su amistad. A muchos de los actuales pentecostales latinos les cae bien el Papa, respondiendo a su afecto sin la menor intención de aflojar en sus esfuerzos por alcanzar a los perdidos, independientemente de cuál sea su afiliación religiosa formal. Para ellos, la tarea no tiene nada que ver con hacer prosélitos de católicos devotos, sino más bien de alcanzar a personas cuyas vidas se han marchitado porque no conocen a Dios. A finales de la década de 1990, la investigación conducida en nombre de la Conferencia de Obispos Católicos de Latinoamérica "descubrió que 8.000 latinoamericanos estaban desertando de la iglesia católica para ir al protestantismo evangélico cada día."[5] Dos décadas después, las conversiones continúan rápidamente. En los Estados Unidos, la parte de católicos entre hispanos cayó del 67 por ciento hasta el 55 por ciento en el periodo de cuatro años entre 2010 y 2013.[6]

En un editorial del *New York Times*, Virginia Garrand-Burnett, profesora de historia y estudios religiosos en la Universidad de Texas y una destacada experta en religión latinoamericana, reconocía que "la elección del Papa Francisco puede ser un buen comienzo hacia recuperar la lealtad de los católicos latinoamericanos."[7] Ella recomendaba tres estrategias para volver a ganar conversos, incluidos el aliento de la Renovación católica carismática, revivir las piedades tradicionales católicas de la era anterior al Vaticano II, y promover "organizaciones católicas neotradicionales, como el Opus Dei"; solamente para reconocer que "el problema con todas esas opciones... es que ya se han probado y no han resultado."[8]

EVANGÉLICOS AMERICANOS

El gigante del crecimiento evangélico en Latinoamérica, especialmente en iglesias pentecostales pero incluso tomando en cuenta todas las demás expresiones evangélicas del cristianismo, ha llegado a los Estados Unidos con toda su fuerza. En una reciente historia de portada titulada "La Reforma latina", la revista *Time* atraía la atención hacia el crecimiento de las iglesias protestantes latinas y la salida de muchos hispanos estadounidenses de la iglesia católica. Aunque el catolicismo comenzó en Latinoamérica antes de la Reforma de Martín Lutero en Alemania y se las arregló para eludirla durante cuatrocientos años, la Reforma protestante ahora avanza a plena marcha.

> El gigante del crecimiento evangélico en Latinoamérica, especialmente en iglesias pentecostales pero incluso tomando en cuenta todas las demás expresiones evangélicas del cristianismo, ha llegado a los Estados Unidos con toda su fuerza.

De ninguna manera todos los evangélicos en los Estados Unidos pertenecen a iglesias pentecostales. *Time* decía que aunque las Asambleas de Dios cuenta con unas 2.500 iglesias hispanas, las iglesias afiliadas a la Convención Bautista del Sur tienen 3.200.[9] La etiqueta en el cartel de la iglesia no importa, sino lo que sucede en el interior de las iglesias, y las iglesias evangélicas hispanas presentan un tono decididamente pentecostalista independientemente de su afiliación específica a la denominación, ya sean protestantes tradicionales o evangélicas. La cuestión en juego aquí implica la vitalidad de las iglesias y su potencial para renovar la fe en los Estados Unidos. Según Pew Research,

> En promedio, los evangélicos hispanos, muchos de los cuales se identifican también como protestantes pentecostales o carismáticos, no sólo afirman mayores índices de asistencia a la iglesia que los católicos hispanos, sino también tienden a participar más en otras actividades religiosas, incluidas la lectura de la Escritura, los grupos de estudio bíblico o compartir su fe.[10]

Precisamente estas prácticas y otras infunden vitalidad en las iglesias, y dirigirán a muchos estadounidenses de una fe formal o nominal a una nueva expresión de fe vibrante y reavivada en los próximos años.

LÍDERES LATINOS

El Dr. Samuel Rodríguez figura de modo destacado en el artículo de *Time*, como lo hace Wilfredo "Pastor Choco" de Jesús, el pastor de una iglesia hispana que tiene quince mil miembros en Chicago. Tanto el pastor Choco (abreviatura de "chocolate") como el Dr. Rodríguez son hispanos nacidos en los Estados Unidos que tienen máster de universidades excelentes y capacidades muy refinadas que nuevos pastores inmigrantes pueden solamente esperar que sus hijos puedan utilizar algún día en el servicio a Dios. Sin embargo, otros inmigrantes latinos se han establecido como estrellas en la escena evangélica estadounidense. El evangelista nacido en Argentina Luis Palau alcanza de modo similar a todos los sectores de la población estadounidense y disfruta de un seguimiento mundial.

El pastor Erwin McManus, que recibió un nombre muy estadounidense por parte de su padrastro adoptivo, llegó a los Estados Unidos desde El Salvador como "Irving Raphael Mesa Cardona." Al ir más allá de la mera integración hasta una posición de liderazgo cultural, se ha convertido en uno de los pastores más influyentes en los Estados Unidos. Alcanzó protagonismo como pastor de la iglesia Mosaic en Los Ángeles, que cuenta con miles de miembros en múltiples sedes donde participan personas de unas sesenta nacionalidades. Educado en la Universidad de Carolina del Norte y en el Seminario Teológico Bautista del Sur, se ha establecido como un popular orador en eventos de TED, y su creatividad ha pasado a la filmografía y también al diseño de moda.[11]

Junto con otros en su capacidad de pasar de una identidad de minoría a un papel destacado en la religión estadounidense tradicional, tales líderes hispanos ofrecen una imagen del futuro de la fe estadounidense: creativa, inclusiva, vibrante, comprometida y a la última. Las iglesias evangélicas atienden a la juventud, y ellos expresan un fuerte compromiso espiritual en sincronía con las últimas tendencias culturales.[12] Como observó el erudito en religión de Dartmouth College, Randall Balmer, en *Time*, los latinos "ven el movimiento hacia el protestantismo, en particular el movimiento evangelico, como una forma de movilidad hacia arriba, y con mucha frecuencia creo que asocian el catolicismo con lo que dejaron atrás en Latinoamérica… Quieren comenzar de nuevo."[13]

COMPETIR EN EL MERCADO LIBRE RELIGIOSO

Ninguna religión en los Estados Unidos se queda descansando en los laureles de los logros del año anterior. El pluralismo religioso que fomenta la libertad estadounidense tiene un efecto concreto en sus iglesias: deben competir unas con otras (y con otras fuerzas) por la atención y la fidelidad del público estadounidense. Finke y Stark han destacado que los Estados Unidos pasó de un comienzo en el cual "la mayoría de personas no participaban en la religión organizada a una nación en la cual casi dos terceras partes de los adultos estadounidenses lo hacen" mediante un proceso de competición económica.[14] Al evaluar el conjunto de la historia religiosa de los Estados Unidos, ellos reconocen que las iglesias perdieron cuota de mercado cuando "rechazaron doctrinas tradicionales y dejaron de hacer serias demandas a sus seguidores." Declararon claramente: "El agrupamiento de la gente de los Estados Unidos en sus iglesias se logró mediante iglesias agresivas comprometidas con una esperanza celestial."[15]

Como reconoce en *Times* Elizabeth Dias, las iglesias evangélicas han tocado precisamente la nota que Finke y Stark enfatizan como crucial para el éxito organizacional en la religión estadounidense:

El boom evangélico está ligado indisolublemente a la experiencia inmigrante. Los evangélicos son socialmente más conservadores que los hispanos en general, pero son más rápidos en luchar por la justicia social que sus hermanos blancos. Anhelan creer en lo milagroso pero también están mucho más dispuestos a torcer reglas eclesiásticas para incluir a mujeres en tareas de la iglesia e invitar a otros grupos étnicos a sus bancas. Las nuevas iglesias son en muchos casos una partida deliberada de los países y de la fe que sus miembros dejaron atrás.[16]

Dias erró en su análisis solamente en cuanto a que no reconoció que no existe ninguna regla eclesiástica que torcer en contra del liderazgo femenino en la mayoría de denominaciones evangélicas e iglesias independientes, una ventaja distintiva sobre la iglesia católica romana para mujeres hispanas que tienen el llamado y el talento para servir como las pastoras principales de iglesias, sean grandes o pequeñas.

CULTURA RELIGIOSA EVANGÉLICA

Los pentecostales y otras iglesias evangélicas encajan en la descripción de "agresivas" y "comprometidas con una esperanza celestial", pero los apelativos "compasivas" y "eficaces en el estímulo social" también se aplican. El movimiento evangelico en general presenta un fuerte compromiso a la evangelización al igual que una fuerte doctrina de vida eterna en el cielo, una anhelante expectativa del regreso de Cristo, y el final del reinado del mal sobre la tierra. Pero al mismo tiempo, los evangélicos creen y predican fervientemente el éxito terrenal, la sanidad para el cuerpo, educación y movilidad social, y el concepto de "redención y levantamiento." Ninguna iglesia ha mostrado un mayor compromiso a alcanzar a drogadictos, prostitutas, miembros de pandillas y otras víctimas de la pobreza, y los evangélicos no se deleitan en otra cosa más que en testimonios de quienes se levantan desde "el suelo hasta el cielo."

Los evangélicos no se deleitan en otra cosa más que en testimonios de quienes se levantan desde "el suelo hasta el cielo."

La cultura global pentecostal/evangélica se equilibra entre dos polos magnéticos.[17] Una esperanza escatológica radical les empuja desde un lado. Les encanta decir que han leído el libro de Apocalipsis, "y dice que nosotros ganamos." Saben "en lo profundo de su conocimiento" que pese a cómo vayan las cosas en esta vida, en lo bueno y en lo malo, tienen un hogar eterno firme como la roca en el cielo. Desde el otro lado, sienten la atracción hacia el éxito en este mundo, prosperidad que emana de un Dios bueno que les ama y quiere lo mejor para ellos. Envían a sus hijos a la escuela y después a la universidad. Saben que su honesta ética de trabajo producirá mejora. Su confesión positiva de fe derrotará a las fuerzas negativas, ya sean naturales o sobrenaturales, que les han retenido. Para libertad Cristo les ha hecho libres.[18]

Los estadounidenses, y los inmigrantes en general, se aferran a una inquebrantable filosofía de pragmatismo. No tienen el lujo de una religión cerebral y descafeinada. Les gustan las cosas que funcionan, y el pentecostalismo, una fe hecha en las Américas, atrae poderosamente a los inmigrantes. Iglesias protestantes tradicionales y ministerios católicos liberales puede que ofrezcan el polo mundano de santuario para inmigrantes indocumentados, servicios sociales, y otros beneficios temporales al entrar al país, pero si esos ministerios no ofrecen el equilibrio que los inmigrantes necesitan desde el polo de la esperanza trascendente, los inmigrantes son atraídos rápidamente por el magnetismo de los *evangélicos.*

SON NECESARIOS AMBOS:
EVANGÉLICOS Y CATÓLICOS ROMANOS

Los Estados Unidos necesita una fuerte y vibrante iglesia católica romana, al igual que lo necesita Latinoamérica. Como yo solía decir en la ciudad de Carpuela, Ecuador, culturalmente católica pero mínimamente observante, las necesidades pastorales del pueblo (y de Latinoamérica y de los Estados Unidos) no pueden ser satisfechas por la iglesia católica romana solamente. No hay suficientes sacerdotes en el personal de las iglesias para satisfacer las necesidades pastorales de las personas. En Latinoamérica, aproximadamente un número igual de sacerdotes católicos romanos que de ministros evangélicos sirven a las iglesias. En Estados Unidos, la falta de sacerdotes presenta una barrera crítica para el éxito entre los inmigrantes, cuyas necesidades han aumentado en importancia ante la *anomia* que complica la vida familiar e individual. Ellos necesitan algo más que iglesias *atrayentes* listas para recibirlos. Necesitan iglesias *misionales* que salgan y los lleven a ellas.[19] El problema en los Estados Unidos entre católicos hispanos, según *Time*, surge de los mínimos niveles de participación en las actividades religiosas que ellos muestran.[20] Los inmigrantes requieren una religión que encaje en todos los cilindros, y si no encuentran una, abandonarán la fe por completo.

De hecho, la competición de los evangélicos ha demostrado ofrecer un incentivo saludable a los católicos romanos en Latinoamérica. Según David Briggs, director ejecutivo de la Asociación Internacional de Periodistas de Religión: "En países donde una elevada proporción de la población es protestante, los católicos tienden a asistir más y tienen más probabilidades de decir que la religión es importante en sus vidas cotidianas."[21] A medida que se desarrolla el futuro, protestantes y católicos podrán encontrar una manera de trabajar en armonía para llevar cada vez a más cristianos en América a una relación vibrante con Dios, en el mismo espíritu de hermandad que el Papa Francisco ha puesto sobre la mesa. Mientras tanto, en el lado evangélico de la mesa familiar cristiana, la Reforma latina ha preparado un banquete suntuoso, y ofrece un fuerte alimento para la renovación de la fe estadounidense.

Líderes como Rodríguez creen en la posibilidad de un nuevo despertar masivo en los Estados Unidos debido a lo que ven que está ocurriendo en las iglesias. Pero el avivamiento no continuará automáticamente. La Reforma latina solamente relata la mitad de la historia de las deserciones de la fe católico romana entre hispanos. Según Pew Research, mientras el 22 por ciento se convierten al protestantismo, aproximadamente el 18 por ciento de católicos hispanos llega a desafiliarse religiosamente de cualquier religión. Esos excatólicos

> se describen a sí mismos sin tener ninguna religión en particular, o dicen que son ateos o agnósticos. Este grupo muestra niveles mucho menores de observancia religiosa y participación que los católicos hispanos. A este respecto, los hispanos sin afiliación apenas reflejan al segmento del público general sin afiliación religiosa.[22]

Los Estados Unidos necesita una iglesia católica romana que haga su parte para preservar la fe entre latinos y otros inmigrantes.

Mientras más tiempo se queden las familias inmigrantes en los Estados Unidos, más tienden a parecerse al estadounidense promedio. Al igual que a lo largo de la historia de la religión, desde el Antiguo Testamento hasta el presente, se produce "regresión a la media." Pero eso no significa que no haya comenzado ya un despertar en las comunidades inmigrantes de los Estados Unidos. Los despertares no dependen de lo que hacen y piensan quienes no están interesados. Se producen cuando los fieles se elevan a nuevos niveles de devoción y testimonio; y eso es exactamente lo que los nuevos Peregrinos han venido a hacer.

8

RENOVACIÓN
DE LAS IGLESIAS

Los inmigrantes cristianos en los Estados Unidos participan en las iglesias en varios formatos, incluidos iglesias de enclave étnico, iglesias bilingües transicionales, iglesias internacionales, iglesias tradicionales e iglesias neotradicionales. Estas categorías representan diversas etapas de integración, enfoques o estrategias, y cada variedad ofrece fortalezas que necesitan tipos particulares de inmigrantes. La estructura general proporciona un nicho para cada uno y una oportunidad para que todos los inmigrantes fortalezcan y renueven la fe estadounidense.

IGLESIAS DE ENCLAVE ÉTNICO

Las iglesias de enclave étnico sirven de refugio para la cultura y el lenguaje de "el viejo país", ofreciendo una comunidad profundamente solícita y un potente alivio para quienes batallan en la muy difícil tarea de ajustarse a un nuevo país. Como Finke y Stark han destacado, tales iglesias de enclave étnico no representan nada nuevo, sino más bien una larga tradición estadounidense. Ellos afirman:

Independientemente de la religión inmigrante que se estudie, ya sea cristiana u otra religión mundial, un número creciente de investigaciones documenta la notable similitud entre las nuevas congregaciones inmigrantes y las del pasado... [El difunto y destacado sociólogo y sacerdote católico Andrew] Greeley observaba que las parroquias católicas de los primeros inmigrantes preservaban simultáneamente una distintiva subcultura religiosa y étnica a medida que integraban a los inmigrantes en la cultura en general.[1]

Tales iglesias pueden continuar o no a largo plazo en un estado de homogeneidad étnica. Factores como doctrina, constitución racial y aislamiento desempeñan un papel en sus destinos.

Como ilustran iglesias Amish de habla *plattdeutsch* (bajo aleman) dispersas por la región de los Grandes Lagos, las iglesias de enclave étnico pueden perdurar durante siglos. Las doctrinas particulares de los Amish promueven el aislamiento y la no asimilación, y sus iglesias existen para asegurar que la total integración de su comunidad no se produzca. Iglesias afroamericanas también presentan evidencia durante siglos de permanencia en la distinción étnica, aunque su homogeneidad surge de siglos de prejuicio racial contra ellos y una necesidad continua de una comunidad de refugio ante una cultura exterior con frecuencia poco hospitalaria.

Con frecuencia surge la queja: "¿Por qué no aprenden inglés y asisten a nuestra iglesia?." Extrañamente, nunca he oído ese comentario por parte de cualquiera que realmente haya dominado un idioma extranjero.

Tristemente, algunas iglesias de varias de denominaciones siguen constituidas sólo por blancos debido al prejuicio racial. Como contraste, a muchas iglesias en ciudades pequeñas en el centro de los Estados Unidos les encantaría incluir más diversidad étnica, pero aun así siguen sirviendo a poblaciones notablemente homogéneas de alemanes o escandinavos, y no han visto un apellido nuevo en los registros de la iglesia durante cien años. Su homogeneidad no surge necesariamente del prejuicio, sino más bien de la ausencia histórica de otros grupos étnicos en su ámbito. Tales lugares sirven como la inspiración para la descripción que hace Garrison Keillor de los escandinavos y los alemanes en el ficticio Lago Wobegon: "donde todas las mujeres son fuertes, todos los hombres bien parecidos, y todos los niños sobrepasan el promedio."[2] En cuanto a iglesias católicas romanas rurales y urbanas, la preponderancia de inmigrantes latinos en años recientes ha garantizado bastante bien al menos una diversificación étnica parcial entre sus miembros, incluso en el Lago Wobegon.

POR QUÉ NECESITAMOS IGLESIAS ÉTNICAS

Muchos cristianos estadounidenses que se oponen a la inmigración se molestan de que los inmigrantes se congreguen en iglesias de tono étnico y lingüístico. Con frecuencia surge la queja: "¿Por qué no aprenden inglés y asisten a nuestra iglesia?." Extrañamente, nunca he oído ese comentario por parte de cualquiera que realmente haya dominado un idioma extranjero y tenga alguna idea del mucho esfuerzo necesario para lograrlo. La respuesta a esa pregunta, como notamos anteriormente, debe incluir el hecho de que desde los tiempos coloniales, los inmigrantes siempre han buscado refugio, comunión y la oportunidad de adorar entre aquellos que hablan su primer idioma.

En 1993 regresé a los Estados Unidos después de los primeros tres años de mi carrera misionera en Centroamérica. Mi nuevo trabajo conllevaba viajes frecuentes por toda Latinoamérica para establecer un nuevo programa de licenciatura universitaria mediante la educación a distancia, pero quería asegurarme de que las habilidades en el idioma español de mi joven familia no se desvanecieran durante nuestros años de regreso en los Estados Unidos. Tenía dos niñas rubias pequeñas que no habían llegado a su cuarto y segundo cumpleaños, pero podían hablar español con fluidez.

Poco después de nuestra llegada, llevé conmigo a mi hija Jessica, de tres años, a visitar una iglesia hispana que se reunía en las instalaciones de una iglesia de habla inglesa en Fort Worth, Texas. En El Salvador y Costa Rica, donde habíamos vivido recientemente, mis hijas pequeñas literalmente paralizavan las labores en oficinas de gobierno y de negocios cuando entraba con ellas, rodeadas por mujeres que nunca habían visto tan cerca un cabello tan rubio y ojos azules. "¡Es una muñequita!", gritaban las mujeres en la oficina de correos principal en San José, Costa Rica, cerrando las veinte ventanillas de servicio pese a las largas filas de clientes que esperaban, y rodeando a mi bebé Jessica. Yo esperaba erróneamente que ella pudiera recibir una respuesta similar, aunque más moderada, en la iglesia hispana en Texas.

Y de manera parecida, suponía que yo recibiría una cálida bienvenida por derecho propio. En El Salvador, si yo quería una invitación para predicar, tan sólo tenía que entrar en una pequeña iglesia llevando una Biblia en mi mano. La presencia de un misionero estadounidense por lo general producía un sentimiento de honor en las iglesias allí, junto con la posibilidad de ayuda financiera u otros beneficios. Aunque yo no esperaba recibir una invitación a predicar en la iglesia en Texas, suponía que las personas me tratarían con cierto grado de cortesía.

Entré en la iglesia con Jessica, pero nadie se acercó a saludarnos. De hecho, parecía que se desviaban de su camino para evitarnos. Nos quedamos sentados solos durante diez minutos o más antes del servicio, observando a todos a nuestro alrededor saludándose unos a otros con alegría, ¡*en inglés*! Pero ninguno entre los cincuenta congregantes nos saludó, pese a que yo asentía con la cabeza y sonreía. El servicio comenzó, y después de algunos cantos, el pastor pasó al frente y comenzó a reconocer a los visitantes. Presentó con atención a cada una de las personas nuevas y les hizo preguntas sobre ellas, pero claramente y a propósito nos ignoró a Jessica y a mí, a pesar de nuestra visibilidad. Después de que la gente interactuara con todos los visitantes, el canto terminó con todos de pie, y yo me fui acercando con cuidado hasta la puerta lateral. Sabía que la iglesia no nos quería allí, y mientras caminábamos hacia nuestro vehículo, pensaba en el motivo.

Uno de los elementos clave de las comunicaciones interculturales implica empatía: situarse uno mismo en la posición de la otra persona e intentar imaginar su perspectiva. En tan sólo unos momentos, entendí la recepción que habíamos recibido. Ninguna barrera de lenguaje nos separaba, pues yo sabía hablar español tan bien como cualquiera de los presentes, y todos se hablaban en inglés entre ellos. Reconocí una gran diferencia cultural entre los latinos que viven en su propio país y los hispanos que han vivido en los Estados Unidos el tiempo suficiente para preferir el inglés como su idioma interpersonal y a la vez seguir prefiriendo adorar en español. En sus propios países disfrutaban de un gran sentimiento de seguridad, pero en los Estados Unidos eran una *minoría*. Debido a mi breve experiencia de ser una minoría entre ellos, de inmediato tuve un sentimiento de empatía con ellos.

En todos los demás contextos de sus vidas, los miembros de la iglesia respondían a estadounidenses nativos. En sus empleos, en el mercado, en las oficinas de gobierno y en casi todas las otras esferas sociales, la cultura dominante tenía el control. Solamente en su iglesia disfrutaban del primer lugar de liderazgo. Contrariamente a las iglesias en El Salvador, la congregación hispana en Texas me veía como una amenaza para su autonomía y dignidad. Yo tendría que ganarme un lugar en su comunidad mediante una larga y paciente asistencia antes de que ellos se abrieran a mí. No me ofendí por su distanciamiento, pero decidí seguir adelante y determiné no volver nunca más a visitar otra iglesia inmigrante sin antes hacer una llamada de cortesía al pastor.

Desde aquella extraña ocasión, he predicado en decenas de iglesias hispanas en los Estados Unidos, siempre bien recibido y sin volver a ver otra vez ese tipo de trato. La rara carencia de hospitalidad que experimenté en aquel ambiente extraño no caracteriza en absoluto a las iglesias latinas en los Estados Unidos. Pero la radical inseguridad que experimenté allí me dio importante perspectiva sobre la iglesia inmigrante. Todo el mundo quiere un lugar sobre el que pueda estar firme en terreno igualitario con todos los demás, donde su cultura esté en primer lugar, donde la gente hable su idioma, donde nadie los tratará como "menos que." Tener un lugar así de retiro renueva su energía para enfrentarse a la tarea de la interacción, e incluso la integración, con la cultura dominante.

El movimiento de Crecimiento de la Iglesia que se hizo popular en la década de 1970 y 1980 enseñaba una idea llamada el "principio de homogeneidad." Según esa teoría, las iglesias crecen más rápidamente cuando llegan a un grupo de personas homogéneo. El aumento del interés en la diversidad en la década de 1990 hizo que ese principio fuera anatema en la mayoría de iglesias evangélicas, y en la actualidad la mayor parte de iglesias con una mayoría de una cultura dominante reconoce que necesitan alcanzar a un grupo diverso de personas. El peligro de adoptar (o de mantener) un estilo ministerial culturalmente parcial y así tratar injustamente a los miembros de culturas minoritarias, privándoles del evangelio, la mayor injusticia imaginable, constituye una grave amenaza espiritual para la integridad de las iglesias con una cultura dominante.

Pero las iglesias en grupos de minoría étnica, y especialmente grupos inmigrantes que aún no han dominado el idioma inglés, deben tratar un conjunto diferente de problemas. En los Estados Unidos en la actualidad, las personas que han aprendido la cultura dominante de los Estados Unidos y el idioma inglés tienen una ventaja significativa de poder sobre los recién llegados a los Estados Unidos o los miembros monoculturales de grupos étnicos minoritarios. Los grupos de minoría étnica necesitan un lugar para adorar sin tener que resolver conflictos etnoculturales como requisito previo para acercarse a Cristo o servir en el liderazgo de la iglesia.

A fin de que los nuevos inmigrantes adoren con libertad, necesitan adorar en su primer idioma. Si quieren ejercitar sus dones espirituales, necesitan un ambiente que les permita hacerlo. El desarrollo de su sentimiento único de llamamiento de Dios necesita ser alimentado por su propio grupo. Imagínese ejercer incluso un liderazgo mínimo en una iglesia de cultura dominante sin la capacidad de hablar inglés. Imagine además el desafío al que se enfrentaría un pastor que no hable inglés intentando plantar una iglesia para alcanzar a estadounidenses de la cultura dominante. Pero ya que históricamente es necesaria una generación para que los inmigrantes adultos dominen el inglés (y algunos inmigrantes adultos nunca lo harán), muchos inmigrantes no tendrían ninguna oportunidad de desarrollar capacidades de predicación y otras capacidades de liderazgo si no tuvieran una iglesia dominada por su grupo etnolingüístico.

LAS IGLESIAS INMIGRANTES EN LA HISTORIA

Una vez más, la segregación de nuevos inmigrantes a iglesias fundadas específicamente para su grupo tiene una larga tradición en los Estados Unidos (al igual que en todos los países del mundo). Los menonitas alemanes que llegaron a los Estados Unidos en la década de 1680 (mis ancestros Heinrich y Katrina Kesselberg entre ellos) se congregaban en iglesias de habla alemana. Al igual que los inmigrantes actuales, la generación inmigrante de mi familia prefería la comunión religiosa con su propia gente, pero sus hijos dominaban todos ellos el inglés y se convirtieron a la fe episcopal, a excepción de mi ancestro William, quien se casó con una muchacha galesa y se convirtió a la iglesia bautista inglesa. No todos aquellos primeros inmigrantes se integraron en la cultura dominante, y hasta la fecha, los Amish y algunos menonitas del viejo orden siguen adorando en su antiguo dialecto alemán por toda Pennsylvania y en otros estados.

Como registra Jenna Josselitt en *Parade of Faiths*, una importante historia de la influencia de los inmigrantes en las religiones de los Estados Unidos, inmigrantes católicos en los años centrales de la década de 1800 y posteriormente, "ya sea que vivieran en la ciudad o en una granja… preferían adorar en su lengua natal y entre su propia gente… [y] tenían una fuerte preferencia porque sus sacerdotes fueran del mismo trasfondo étnico que ellos."[3] Como resultado, surgió un diverso sistema de parroquias católicas, "cada una con su propio conjunto de sacerdotes, escuelas parroquiales y literatura en este universo paralelo."[4] Esa misma verdad encontró ilustración en cada oleada de inmigrantes a los Estados Unidos, ya sea que pertenecieran a iglesias, sinagogas, mezquitas, templos, u otros lugares de adoración.

En mi propia iglesia, las Asambleas de Dios, desde el comienzo mismo de la historia de la denominación en 1914, congregaciones distintivas étnicamente y lingüísticamente en los Estados Unidos condujeron a la formación de jurisdicciones paralelas para italianos, alemanes, hispanos, coreanos, chinos, brasileños, portugueses, filipinos, vietnamitas, fiyianos, samoanos, eslavos, y otros grupos. La organización entre líneas étnicas no comenzó con esta generación de inmigrantes, sino que ha existido siempre. Como han destacado Finke y Stark:

> Las nuevas congregaciones inmigrantes siguen haciendo lo mismo [que las iglesias inmigrantes han hecho siempre]. Las congregaciones enseñan a las generaciones más jóvenes a hablar inglés. Tienen servicios de adoración en la lengua materna y promueven rituales tradicionales a medida que ayudan a los miembros a obtener la ciudadanía, empleos y formación. Ya sea la congregación alemana a finales del siglo XIX o china al llegar el siglo XXI, las congregaciones inmigrantes buscan reproducir partes de la vieja cultura a la vez que integran a los miembros en la nueva.[5]

El valor de iglesias inmigrantes étnicamente homogéneas para la sociedad estadounidense se ha demostrado una y otra vez a lo largo de nuestra historia.

IGLESIAS BILINGÜES TRANSICIONALES

La iglesia Bethel Spanish Church en Othello, Washington, ilustra muy bien lo que sucede generalmente con el tiempo en las iglesias evangélicas que comienzan como iglesias de enclave étnico en los Estados Unidos. La historia de la iglesia comenzó a finales de la década de 1950 cuando un grupo de creyentes pentecostales, principalmente de una iglesia en un pequeño pueblo llamado San Benito en el estado de Nuevo León, México, migró al norte debido a la oportunidad estacional de trabajar en las granjas que rodeaban Othello. A principios de 1963 habían comenzado oficialmente una iglesia de habla española, junto con otros trabajadores que habían emigrado y se habían establecido en Othello.

Durante décadas, la iglesia y su gente prosperaron, logrando el sueño americano para ellos mismos. A lo largo de los años, un gran número de los asistentes mexicanos, que no transfirieron su membresía por temor a perder su herencia espiritual, siguieron enviando grandes partes de sus ingresos a su iglesia madre en México. En consonancia, los miembros de la iglesia en San Benito consideraban a esta congregación local una iglesia hija en los Estados Unidos. El pastorado de la próspera iglesia estadounidense se convirtió en un lugar muy deseable para pastores mexicanos, e incluso más a medida que el crecimiento de las familias agrandó la iglesia.

El mayor problema en tales iglesias surge cuando los niños llegan a la adolescencia. Como todos los niños criados en los Estados Unidos, los adolescentes de estas iglesias hablan inglés como su idioma de preferencia y se integran a las maneras estadounidenses de hacer las cosas. Este desarrollo hace que sea muy difícil que las iglesias mantengan la participación de sus jóvenes.

Como muchas otras iglesias latinas, la iglesia en Othello finalmente se dividió cuando los miembros que querían enfocarse en la identidad estadounidense se separaron de quienes querían seguir haciendo las cosas de manera más tradicional. La nueva iglesia comenzó a hacer todo en inglés y español.[6] Jóvenes ocuparon lugares de liderazgo y de servicio, especialmente en términos de la música de la iglesia, que siempre dejaba lugar para los estilos de música preferidos por los jóvenes. Como resultado, la juventud de la Bethel Spanish Church (notemos el nombre inglés para una iglesia hispana) tuvo tendencia a quedarse en la iglesia cuando creció, se casó y tuvo sus propios hijos.

La iglesia sigue desarrollándose, mostrando un estilo de adoración vivaz y vibrante que no sólo da como resultado miembros jóvenes fieles, sino también una corriente continua de nuevas vocaciones religiosas y estudiantes universitarios que se preparan para el ministerio y para la práctica de otras profesiones, por lo general concebidas en términos de un llamado divino.

Centro de Vida en Tacoma, Washington, representa otro ejemplo destacado de una iglesia bilingüe transicional. El pastor de la iglesia, Roberto Tejada, percibió un llamado a ir a los Estados Unidos como misionero mientras vivía en su Perú natal. Cuando se presentó una oportunidad de comenzar una iglesia de habla española dentro de una mega iglesia de habla inglesa, él llegó a los Estados Unidos legalmente con un visado R-1, una categoría especial para obreros religiosos autorizada por el Departamento de Estado.

Tejada llevaba con él habilidades pastorales muy agudizadas, un generoso amor por la gente, y una espiritualidad inusualmente sensible hacia un contexto casi ideal: un salario garantizado, recursos para comenzar, y sorprendentes instalaciones en una ciudad llena de latinos no asistentes a iglesias. Pero también llevó consigo una esposa y dos hijas cuyas aptitudes igualaban las suyas propias. A medida que sus dos hijas se criaron en la iglesia como adolescentes, se dedicaron al ministerio de la iglesia. Hermosas, rebosantes de carisma, con buena educación, completamente bilingües, con talentos musicales y llenas de convicción religiosa, las hijas de Tejada aseguraron una pujante cultura juvenil en la iglesia. Juntos, la familia completa tuvo éxito en establecer una iglesia con una asistencia promedio los domingos de 1.600 personas (representando una adherencia total de quizá unos 4.500) dentro de Life Center, la iglesia aún más grande que les acoge.

Como otras iglesias de este tipo, los convertidos constituyen aproximadamente el 75 por ciento de los miembros de *Centro de Vida*.

Pastores hispanos entrevistados para este estudio decían generalmente que del 75 al 80 por ciento de sus miembros son nuevos convertidos, un hecho coherente con los datos presentados por *Time* en su artículo sobre la Reforma latina. Todo lo que hace el Centro de Vida atrae a nuevos convertidos. Los servicios bilingües no sólo aseguran que los niños y adolescentes entiendan los procedimientos, sino también hacen que la iglesia sea más atractiva para cónyuges de habla inglesa de los miembros. Tales iglesias atraen con fuerza a inmigrantes con un deseo moderado o elevado de integrarse en la cultura inglesa, y tales inmigrantes con frecuencia se casan con estadounidenses nativos o con inmigrantes de habla inglesa de otra etnia. Como resultado, la iglesia amplía su ministerio más allá de la audiencia original de hispanos, e incluye a estadounidenses de una amplia variedad de grupos raciales y étnicos.

Los latinos por mucho tiempo se han referido a ellos mismos como "la raza cósmica", un término acuñado por el filósofo y político mexicano José Vasconcelos Calderón. Constituidos por la mezcla de los indígenas y los inmigrantes, tanto voluntarios como involuntarios, de África, Europa, Oriente Medio y Asia, los latinos desafían la definición falsa y demasiado simplista que los estadounidenses hacen de raza, y les resulta fácil mezclarse con otros grupos. Como ha dicho Samuel Rodríguez, "nosotros los latinos nos casaremos con cualquiera, porque pensamos que todo ser humano es hermoso."[7]

Los matrimonios mezclados ofrecen mucho más que una estrategia de integración, y las personas que quieren integrarse en otra cultura entienden por naturaleza la vieja frase: "¡Que viva la diferencia!." La diversidad humana ha sido "dotada por su Creador" de una innegable belleza que los inmigrantes que se integran ven con más claridad que quizá ninguna otra persona. Cuando los inmigrantes latinos se casan con estadounidenses nativos (y también con inmigrantes de otros grupos étnicos), tienden a llevar a su nuevo cónyuge con ellos a la iglesia. Por parte del cónyuge, la misma mística étnica y exótica que ama en su pareja matrimonial se desempeña a nivel comunitario en sus vibrantes iglesias latinas. El mismo fenómeno funciona en iglesias brasileñas, eslavas, rumanas, coreanas, panafricanas, chinas, panasiáticas, y otras iglesias inmigrantes.

Tales iglesias sirven como imanes para el futuro de la etnicidad en los Estados Unidos, una nación que nunca ha compartido un origen étnico único y común. Cuando los Estados Unidos alcancen una minoría-mayoría en torno al año 2043 y sigan con matrimonios entre razas a lo largo de décadas y siglos, llegará el día en que la mayoría de estadounidenses tendrán un ancestro que luchó en la Guerra Revolucionaria, uno que fue testigo de la conquista de México por Cortés, alguien que sufrió la esclavitud antes de la Guerra Civil, y otro que pasó por la aduana en Ellis Island. *Time* anunció por primera vez "el "browning" de los Estados Unidos" en 1990, celebrando el creciente mestizaje de su población blanca con personas de otras razas, y eventos desde entonces solamente han hecho que la etnicidad emergente interracial estadounidense sea más certera.[8] Iglesias bilingües e internacionales renuevan la fe de los Estados Unidos a la vez que aceleran la llegada de su futuro y crean un contexto en el cual puede resplandecer.

> La diversidad humana ha sido "dotada por su Creador" de una innegable belleza que los inmigrantes que se integran ven con más claridad que quizá ninguna otra persona.

IGLESIAS INTERNACIONALES

Cuando Varun Laohaprasit se graduó de la facultad de medicina en Bangkok, Tailandia, nunca esperaba llegar a ser el pastor de una iglesia internacional en los Estados Unidos. Comenzó a practicar su profesión, pero poco tiempo después comenzó a ayudar a misioneros bautistas del sur estadounidenses a plantar una iglesia en Tailandia. La gente lo respetaba como médico, y a medida que hacía de intérprete para los misioneros, descubrió que le encantaba ministrar a las necesidades espirituales de las personas al igual que a sus necesidades físicas. Sin embargo, nunca pensó que llegaría a ser pastor. Su sueño de realizar más estudios médicos lo condujo a buscar una residencia médica en los Estados Unidos, y como candidato superior, se aseguró un puesto en la Universidad de Washington, una de las facultades de medicina de más elevado rango de los Estados Unidos.

Después de completar su residencia, el brillante extranjero se calificó para un programa de especialidad de siete años en neurocirugía. Pero a lo largo de su tiempo como residente, siguió compartiendo su fe con las personas, especialmente con estudiantes e inmigrantes tailandeses que conoció en la zona de Seattle. "Lo primero que hacía", recordó él, "era intentar evangelizar a estudiantes tailandeses, porque yo hablaba tailandés. No era un pastor. No tenía una iglesia."[9] Observó que sus convertidos, estudiantes tailandeses y residentes tailandeses locales de Seattle, tenían problemas para encajar en las iglesias estadounidenses debido a la barrera del idioma y también a diferencias culturales, pero no sabía qué hacer al respecto. "Tan sólo los dejaba tranquilos y no hacía mucho más, porque no podía forzar a las personas a ir a la iglesia", dijo.[10] Y continuó explicando:

Un par de años después, Dios comenzó a hablarme de que Él quería que yo comenzara una iglesia, lo cual rechacé. Dije no, porque no podía hacerlo. Yo no soy un graduado de la escuela bíblica. Estoy demasiado ocupado con mi formación médica.

Pero finalmente respondí y dije sí. "Dios, si tú quieres que lo haga, lo haré."[11]

Así que Laohaprasit comenzó la iglesia New Life International en el sótano de su casa y siguió evangelizando a estudiantes, amigos e inmigrantes en la zona de Seattle. Los inmigrantes formaban el conjunto de los primeros miembros de la iglesia. "Como yo no sabía cómo alcanzar a estadounidenses", explicaba, "alcanzábamos a inmigrantes."[12]

A medida que la iglesia creció, algunos estadounidenses nativos comenzaron a asistir junto con sus esposos o esposas tailandeses o laosianos. Otros estadounidenses no inmigrantes se unieron pronto a ellos. Cuando la casa del Dr. Laohaprasit se quedó pequeña para acomodar al grupo, la iglesia se trasladó a un salón de clases en la Universidad Seattle Pacific, después a una residencia de ancianos, y después a un hotel. "Nos trasladamos a hoteles, como los gitanos, de hotel en hotel, y después rentamos un espacio de oficinas."[13] Finalmente la iglesia compró un edificio que albergaba a 250 personas en Mercer Island, un barrio exclusivo en el lado oriental de Seattle. Aunque la congregación sigue poseyendo el edificio en Mercer Island, el crecimiento pronto les obligó a volver a trasladarse. Encontraron un edificio con una sala de reuniones para 400 personas en Enatai, un barrio exclusivo al lado de Bellevue. "Lo compramos en lo más bajo del mercado", dijo sonriendo el Dr. Laohaprasit.[14]

Incluidos los niños, unas cuatrocientas personas asisten actualmente a la iglesia. Según el pastor, la iglesia presenta una composición étnica muy mezclada. Una congregación de habla española se reúne los domingos en la tarde y una congregación tailandesa-laosiana también tiene su propia reunión en la tarde. "Los laosianos entienden tailandés", explicó, "pero nosotros no entendemos laosiano. Los laosianos ven películas en tailandés, así que lo entienden."[15]

El servicio principal se realiza en inglés. "El servicio de la mañana está realmente mezclado", dijo él. El núcleo de la congregación está formado por inmigrantes tailandeses, pero "es de habla inglesa, con muchos chinos, algunos iraníes, algunos indonesios, malayos, coreanos, japoneses, latinos; tenemos muchas nacionalidades en la iglesia. También tenemos algunos africanos de Kenia."[16] Desde luego, hay también cierto número de estadounidenses de raza blanca que asisten a la iglesia, ya sea que se hayan casado con cónyuges inmigrantes, o provengan de la ferviente predicación del pastor, o de la vibrante vida comunitaria

> Las iglesias inmigrantes con líderes muy talentosos ven un pujante futuro para el cristianismo en los Estados Unidos y en todo el mundo.

de la iglesia. Un hombre de negocios blanco al que conozco, comenzó recientemente a asistir a la iglesia después de buscar una segunda opinión del Dr. Laohaprasit respecto a su tumor cerebral inoperable. El doctor confirmó la presencia del tumor con rayos-X, y entonces ofreció el único tratamiento disponible: oración por sanidad divina. Cuando el tumor desapareció de otros rayos-X posteriores, mi amigo y su familia encontraron una nueva iglesia como hogar.

Yo supe por primera vez del Dr. Laohaprasit y su iglesia hace siete años por medio de otro hombre de negocios estadounidense al que conocí en una conferencia pública para el Instituto Discovery, un tanque de pensamiento con base en Seattle que se enfoca en la cosmología de diseño inteligente. Este hombre con un elevado nivel de educación y su familia asisten a la iglesia debido a la intensa espiritualidad que tiene. Yo anoté el nombre del pastor y después contacté con él y le invité a almorzar. Más adelante visité la iglesia, y observé su alto octanaje de adoración pentecostal.

Como ilustró poderosamente la historia del pastor Jesús de Paz en el capítulo 2, las iglesias inmigrantes con líderes muy talentosos ven un pujante futuro para el cristianismo en los Estados Unidos y en todo el mundo, y su tamaño y visión por lo general resultan en esfuerzos para plantar iglesias que recuerdan los pasados Grandes Despertares en los Estados Unidos. Laohaprasit describía sus propios esfuerzos para establecer iglesias del modo siguiente:

> Nuestra iglesia ya ha plantado muchas iglesias en Tailandia, unas 40 o 50 iglesias, y seguimos construyendo un nuevo edificio en Tailandia cada trimestre. También plantamos una iglesia en Los Ángeles y en San Diego. Ahora acabamos de recibir una llamada de un grupo laosiano para comenzar una iglesia en Illinois. Todas ellas son iglesias inmigrantes, que pastores o líderes tailandeses comenzaron, pero son en definitiva internacionales.[17]

Prácticamente por definición, las iglesias internacionales tienen cosmovisiones expansivas que alimentan una visión espectacular para el crecimiento, y por naturaleza la desempeñan de maneras dramáticas. Los presupuestos misioneros anuales en iglesias internacionales pueden sobrepasar el millón de dólares, no sólo en los Estados Unidos sino también en mega iglesias internacionales ubicadas en ciudades de primer orden en todo el planeta, como la iglesia International English Service en Jakarta, Indonesia, Calvary Church en Kuala Lumpur, Malasia, o Victory Family Centre en Singapur.

Recientemente prediqué en la iglesia Word of Life International en Springfield, Virginia, donde unos dos mil inmigrantes y estadounidenses nativos adoran juntos bajo el liderazgo de Wendel Cover, un pastor blanco de ochenta años de edad. La iglesia tiene miembros de

120 naciones diferentes, con aproximadamente una tercera parte de sus miembros provenientes de África, una tercera parte de Latinoamérica, y otra tercera parte de Asia; también con una buena mezcla de estadounidenses nativos. El gran santuario de la iglesia presenta banderas de todas las naciones alrededor del mundo donde la iglesia sostiene misioneros, incluida prácticamente cada nación miembro de las Naciones Unidas. El presupuesto misionero de la iglesia nunca baja de la marca del millón de dólares por año.

La iglesia comenzó como una congregación blanca y aumentó antes de que se combinaran varios factores para hacer de ella un grupo étnicamente diverso. En primer lugar, la demografía de Washington, D.C, los suburbios cambiaron a medida que los inmigrantes comenzaron a entrar en barrios más acomodados como Springfield. En segundo lugar, la identidad de la congregación como una iglesia de Asambleas de Dios atrajo a algunos inmigrantes que habían asistido a iglesias de AD en su país natal. En tercer lugar, la pasión del pastor por las misiones mundiales y su genuino amor por las personas de todas las razas atrajeron a un porcentaje cada vez mayor de inmigrantes. Finalmente, el enfoque evangelístico del ministerio del pastor junto con el celo de los inmigrantes cristianos que llegaron a la iglesia han dado como resultado muchas conversiones entre los compatriotas de la diversa membresía.

Tales iglesias internacionales, lideradas por inmigrantes o por estadounidenses nativos, representan un tipo común de congregación evangélica en zonas urbanas en los Estados Unidos. El reverendo Dr. Martin Luther King Jr. declaró famosamente en una ocasión la mañana del domingo "la hora más segregada en los Estados Unidos."[18] Esa máxima sigue siendo cierta en algunos lugares por razones que duelen, al igual que por razones que ayudan. Pero una visita a una iglesia en una ciudad cercana, como la iglesia Mosaic en Los Ángeles, City en

Seattle, Lakewood en Houston, Muldoon Community en Anchorage, Brooklyn Tabernacle o The Lamb´s Church en la ciudad de Nueva York (que adora en inglés, español y chino mandarín), con frecuencia permitirá echar un vistazo a algunas de las mezclas más étnicamente diversas de personas en todo el mundo.[19] Los cristianos en tales iglesias dicen frecuentemente con un arrebato de gozo, como si hubieran sido las primeras personas en pensarlo, que "este lugar se parece más al cielo que ningún lugar en la tierra."

IGLESIAS TRADICIONALES

En contraste con los inmigrantes en iglesias evangélicas, los inmigrantes católicos romanos tienden a no establecer congregaciones de enclave étnico. La estructura y la política del catolicismo romano requieren la asistencia de un sacerdote a fin de que las congregaciones operen de modo eficaz. Por consiguiente, los inmigrantes católicos deben por lo general incorporarse a parroquias ya establecidas, que normalmente organizan reuniones para ellos en un idioma extranjero. Como mencionamos anteriormente, el flujo de inmigrantes en las iglesias católicas ha desempeñado un importante papel en la renovación de la membresía de la iglesia.

A un grado menor, las iglesias protestantes tradicionales también se han beneficiado del flujo de inmigrantes a sus iglesias. Una de las principales maneras en que los inmigrantes ayudan a renovar las iglesias históricas implica proporcionar una oportunidad para el activismo ético en torno al tema de la política de inmigración. Por todas partes, iglesias protestantes han emitido declaraciones instando a una ética bíblicamente coherente con respecto a los inmigrantes.[20] Muchas iglesias liberales han participado en el movimiento de Santuario, intentando ayudar a inmigrantes a evitar la deportación y ofreciendo asistencia legal. Como resultado, iglesias liberales han visto modestas adiciones de inmigrantes en sus congregaciones regulares y también en nuevas iglesias establecidas.

Otro modo en el cual las iglesias tradicionales han hecho participar a inmigrantes tiene que ver con sus edificios. Por todos los Estados Unidos, iglesias liberales, al igual que iglesias evangélicas, han mostrado una notable hospitalidad a congregaciones inmigrantes que han necesitado un lugar para adorar. Sea que les hayan prestado sus edificios o se los hayan rentado a precios modestos, han compartido generosamente sus instalaciones.

Con frecuencia, la identidad denominacional de las iglesias inmigrantes ha diferido de la de sus anfitriones, y sus posiciones teológicas a menudo representan polos opuestos, en especial en asuntos como la aceptación de la homosexualidad como una alternativa moral. A veces, las iglesias huéspedes realizan a escondidas reuniones de oración antes de sus servicios de la tarde para limpiar el edificio de cualquier influencia espiritual de la adoración escasamente poblada de sus anfitriones en la mañana. Al mismo tiempo, la disonancia cognitiva sí entra en escena, mientras las iglesias inmigrantes conservadoras aprecian profundamente a sus anfitriones aunque los consideren con sospecha espiritual.

La denominación sucesora de los Peregrinos de Plymouth, iglesias congregacionalistas que, junto con sus compañeros por las uniones ahora llevan el nombre de United Church of Christ (UCC), ha experimentado pérdidas catastróficas de membresía entre su congregación tradicional; sin embargo, ha visto una modesta sustitución proveniente de la inmigración. Durante las últimas seis décadas, el porcentaje de nuevas iglesias plantadas por inmigrantes y minorías ha aumentado de aproximadamente un 15 por ciento hasta un 80 por ciento. En otras palabras, aunque muchas iglesias que antes servían a poblaciones de raza blanca ahora están cerradas, pastores inmigrantes y de minorías dirigen la vasta mayoría de nuevas iglesias que son plantadas.[21]

La Iglesia Presbiteriana en los Estados Unidos (PCUSA), por admisión propia, es "en su mayoría blanca y, por lo tanto, no muy diversa."[22] Los miembros de raza blanca constituyen el 91,3 por ciento de la membresía total, pero sin embargo figuran inmigrantes en las estadísticas de la iglesia, primordialmente dirigidos por inmigrantes de Corea del Sur, donde los presbiterianos realizaron esfuerzos misioneros fenomenalmente exitosos a principios de la década de 1900. La PCUSA actualmente incluye unas 500 congregaciones coreanas, y los asiáticos constituyen el 2,7 por ciento de la membresía en los Estados Unidos.[23] Los hispanos ahora componen el 1,5 por ciento de la membresía total de la denominación, mientras que los africanos (no afroamericanos, sino inmigrantes) totalizan el 0,5 por ciento, con presbiterianos del Oriente Medio (0,1 por ciento) figurando también entre los miembros.[24]

Las iglesias menonitas siempre han demostrado un interés especial por la justicia social, y quizá ninguna otra rama del cristianismo ha prestado más atención a la situación de los inmigrantes en los Estados Unidos. Ellos también han mostrado una bienvenida muy cálida a los inmigrantes latinos, que han plantado numerosas iglesias menonitas en los Estados Unidos. Como resultado, han visto un crecimiento continuado. En 1955, solamente 185 miembros hispanos asistían a iglesias menonitas, y en 1970 el total estaba en 490. En 2001, la Iglesia Menonita Hispana englobaba unas 134 congregaciones en los Estados Unidos y Canadá, con una membresía de 4.191.[25] Según Rafael Falcón, en 2009 el número de menonitas hispanos había aumentado hasta 8.171, el doble que hace menos de una década.[26] Otros grupos étnicos alimentados por la inmigración incluían treinta y nueve iglesias asiático-americanas con 2.159 miembros y treinta iglesias compuestas por europeos orientales con 8.890 miembros.[27] Falcón destaca: "Estas estadísticas son más significativas cuando se comparan con el menos de un uno por ciento de índice de crecimiento anual de la Iglesia Menonita Norteamericana en general."[28] Actualmente, "casi el 20 por ciento de menonitas en los Estados Unidos son hispanos, afroamericanos o asiáticos."[29]

Los luteranos también han obtenido nuevos miembros mediante la inmigración. La Iglesia Evangélica Luterana en los Estados Unidos (ELCA), la quinta denominación más grande de la nación con un total de 4,5 millones de miembros,[30] reporta un total de 255 congregaciones de "descendencia africana" con 49.000 personas; 147 ministerios latinos, y unos 22.000 miembros de descendencia asiática y de las islas del Pacífico.[31] La denominación sigue siendo en un 97 por ciento de raza blanca. El Sínodo de luteranos de Missouri, que sostiene posturas doctrinales más conservadoras que la ELCA, también ha comenzado a ver un modesto crecimiento por la inmigración, aunque sigue siendo en un 95 por ciento de raza blanca.[32]

CRECIMIENTO INMIGRANTE
EVANGÉLICO CONSERVADOR

Como ya hemos observado a lo largo de esta historia, las iglesias tradicionales más conservadoras en los Estados Unidos han visto el mayor flujo de inmigrantes. Iglesias de Cristo, por ejemplo, un significativo grupo de unas 13.000 congregaciones en los Estados Unidos y un total de 1,9 millones de miembros en 2008, contaban con 240 congregaciones de habla española con unos 10.000 miembros.[33] El número de denominaciones evangélicas e iglesias independientes es grande y sus estadísticas no siempre representan la creciente diversidad étnica de su membresía y sus congregaciones. Pero una de sus mayores historias implica a la denominación protestante más grande de los Estados Unidos: la Convención Bautista del Sur (CBS).

Pese al hecho de que los bautistas del sur han experimentado cinco años consecutivos de declive en membresía en general, han han incrementado en número sus iglesias, en gran parte debido a la financiación de iglesias inmigrantes.[34] Naturalmente, las iglesias que comienzan tienen menos miembros que las iglesias maduras, pero las nuevas iglesias inmigrantes ofrecen esperanza para un cambio en las estadísticas de membresía. Los bautistas del sur han visto un aumento del 66 por ciento en iglesias étnicas desde 1998. En cuanto a 2011, más de 10.000 de un total de 50.768 iglesias bautistas del sur ¡tenían congregaciones que no eran predominantemente de raza blanca![35]

Un pastor coreano bautista del sur, Joseph Lee de Lawrenceville, Georgia, dijo: "Está claro que los bautistas del sur han sido multiétnicos y se están convirtiendo en una convención de iglesias más multiétnicas. La tendencia está cobrando velocidad semana tras semana. Por ejemplo, las iglesias étnicas crecieron desde cero hasta más de la mitad del número total de iglesias en nuestro condado en los últimos diez años."[36] No toda la diversidad étnica en expansión entre los bautistas del sur viene de los inmigrantes, pues el mayor aumento en congregaciones que no son de raza blanca dentro de la CBS desde 1998 hasta 2011 surgió de un aumento del 82,7 por ciento en el número de congregaciones afroamericanas.[37] Iglesias hispanas y asiáticas crecieron en un 63 y un 55 por ciento respectivamente.[38]

En la actualidad, la Convención Bautista del Sur incluye 220 congregaciones filipino-americanas entre sus iglesias asiático-americanas, y las diversas nacionalidades esperan crecer rápidamente.[39] Los bautistas del sur chinos recientemente establecieron una meta de establecimiento de iglesias de 600 iglesias para el año 2020.[40] Los bautistas del sur coreanos han establecido una meta de aumentar sus iglesias de

735 hasta 1.000 en cinco años.[41] Como ya mencionamos, las iglesias bautistas del sur latinas ya son 3.200 en los Estados Unidos y tienen todas las razones para seguir experimentando un rápido crecimiento.

Como las Asambleas de Dios, los bautistas del sur han sobresalido en esfuerzos misioneros globales, desplegando la fuerza misionera más grande en el extranjero de cualquier denominación protestante. Esos esfuerzos siguen regresando para bendecirlos en casa, y ofrecen un futuro mucho más diverso a una iglesia que tradicionalmente atraía casi exclusivamente a blancos en el sur de los Estados Unidos.

IGLESIAS NEOTRADICIONALES

A medida que las iglesias protestantes tradicionales adoptaron cada vez más posturas liberales en la década de 1960, se fueron alejando cada vez más de la moralidad sexual bíblica y tradicional, angustiando a muchos miembros que intentaron seguir siendo fieles a las iglesias que sus ancestros habían fundado, donde su fe había crecido desde niños. Con el surgimiento del movimiento carismático protestante en la década de 1970, literalmente millones de miembros de iglesias protestantes tradicionales pasaron a congregaciones pentecostales y carismáticas independientes. Al mismo tiempo, millones de cristianos bíblicamente ortodoxos se quedaron en sus denominaciones después de experimentar una renovación carismática o evangélica de su fe. Miembros en el extranjero de las mismas iglesias con frecuencia no experimentaron la liberalización de doctrina y moralidad común en las iglesias estadounidenses. Una visita a la iglesia congregacionalista más antigua en Hawái, en la gran isla en Kailua Kona, ilustra hermosamente la vibrante identidad carismática de muchas iglesias protestantes tradicionales fuera del continente de los Estados Unidos.

Ningún asunto ha dividido a los cristianos protestantes tradicionales del modo en que lo hace actualmente la ordenación de homosexuales practicantes y la consagración de matrimonios homosexuales. Mientras que el movimiento a favor de la vida y otras cuestiones de la Guerra cultural causaron división entre miembros e iglesias tradicionales, el tema de la homosexualidad ha conducido no sólo a la pérdida de miembros sino ahora también a la pérdida de congregaciones completas. A medida que las congregaciones dejan sus denominaciones más liberales, han comenzado a formar nuevas denominaciones que siguen las tradiciones de los reformadores del siglo XVI.

Uno de los movimientos religiosos más vibrantes en los Estados Unidos actualmente presenta una de las tradiciones religiosas más antiguas de los Estados Unidos: el anglicanismo. La ordenación del primer obispo abiertamente homosexual por parte de la Iglesia Episcopal en 2003 causó que varias iglesias se retiraran y se reorganizaran como iglesias "anglicanas." Las iglesias se dividieron en varias organizaciones, las cuales se han fundido en gran parte en nueva denominación: la Iglesia Anglicana en Norteamérica (ACNA). La historia de estas iglesias presenta un giro interesante sobre el asunto de cómo los inmigrantes (y los extranjeros) están renovando la fe de los Estados Unidos. Una de las iglesias más antiguas de los Estados Unidos, Falls Church Anglican, lidera una vez más el buque insignia del nuevo movimiento anglicano de los Estados Unidos.

Ciudadanos de habla algonquina del cacicazgo de Powhatan habitaron originalmente la zona circundante a Falls Church, Virginia, pero sus vidas cambiarían radicalmente después de recibir la visita de un grupo de inmigrantes británicos dirigidos por John Smith en 1608.[42] Más de cien años después en 1733, colonos ingleses construyeron una iglesia de madera, dándole su nombre a la ciudad de Falls Church.[43] Plantadores acomodados de Virginia como George Mason y su familia llegaron a ser miembros de la junta parroquial de la iglesia, incluido George Washington mismo, y en 1763, George Washington y George William Fairfax aceptaron el nombramiento como coadjutores de la iglesia con la responsabilidad de contratar para un nuevo edificio.[44] El coronel James Wren diseñó un edificio de ladrillo en 1767, y en 1769 la nueva iglesia se convirtió en la sede de la Parroquia de Fairfax de la Iglesia de Inglaterra.[45]

La Guerra Revolucionaria, sin embargo, implicó la privación de reconocimiento oficial de la Iglesia de Inglaterra en Virginia en 1777, y en 1789 la iglesia estuvo abandonada hasta 1836, cuando una congregación episcopal remodeló el edificio y comenzó de nuevo los servicios allí.[46] La vida de la iglesia sufrió una interrupción similar durante la Guerra Civil, convirtiéndose en un establo de caballos para las tropas ocupantes de la Unión. Pero los servicios normales regresaron después de 1875 y la iglesia ha permanecido activa desde entonces.

Una de las iglesias más establecidas en los Estados Unidos ha adoptado una vez más una identidad peregrina, "viviendo en tiendas", por así decirlo.

Nunca inmune a las fluctuaciones de la situación espiritual general del país y de los episcopales mismos, la congregación sufrió declive en la década de 1970 cuando la Iglesia Episcopal en general adoptó la teología liberal. En 1979 la congregación en Falls Church se había reducido y había estado sin el liderazgo de un rector durante dos años. Desesperada por tener un líder transformacional, la iglesia invitó a John Yates, el rector de una pujante iglesia en Pensilvania, a visitarlos como candidato. "Cuando los visité", recordaba Yates más adelante, "me quedé asombrado por la tremenda necesidad. Había pocas personas y casi ningún niño. Todo parecía seco, muerto. La asistencia los domingos había descendido continuamente a lo largo de los años setenta."[47] Sin embargo, después de seis semanas de sufrimiento por la decisión, Yates acordó aceptar el llamado de la iglesia para que él la dirigiera.

Bajo el liderazgo de Yates, episcopaliano carismático y evangélico, la iglesia creció de manera explosiva y continuada, hasta el punto de que en 2006 había ampliado las instalaciones originales para acomodar a una congregación de no menos de cuatro mil activos miembros y adherentes. La iglesia se erigió como una evidencia indisputable de que las iglesias episcopales podían sobreponerse a un descenso de la membresía. Pero la instalación del obispo abiertamente gay Gene Robinson en 2003 encontró una manera de "disputar" el ejemplo de la iglesia. Comprometido a la moralidad bíblica, pero no dispuesto a ceder a su compromiso a la Comunión Anglicana en todo el mundo, Yates dirigió a su iglesia, junto con otras iglesias episcopales conservadoras en los Estados Unidos, a buscar la cobertura de un obispo nigeriano anglicano.

Cuando Falls Church votó para apartarse de la denominación episcopal, "solamente 27 de los casi 2.800 miembros permanecieron unidos a la Iglesia Episcopal después del voto."[48] Los 27 episcopales se trasladaron al otro lado de la calle para reunirse en una iglesia presbiteriana amigable, y poco después presentaron una demanda, junto con la denominación tradicional, para obtener el edificio original de la iglesia. Aunque Falls Church Anglican, como llegó a llamarse la iglesia grande, ganó las batallas iniciales en los tribunales, finalmente perdió en el Tribunal Supremo de Virginia en 2014 y entregó sus instalaciones históricas al diminuto grupo de "continuados episcopales."

Tras perder la batalla final en los tribunales para mantener su iglesia histórica, Yates reflexionaba:

Nuestra congregación de 4.000 debe comenzar de nuevo, encontrando un nuevo hogar y lugar de adoración… en cierto

sentido, esto será como comenzar una vez más. Hay una enseñanza en el Nuevo Testamento: cuando estás en tu punto
más débil, realmente estás en el más fuerte. En la debilidad
somos forzados a confiar en Dios. Sabemos que donde Dios
nos dirija es un buen lugar.[49]

Y así, una de las iglesias más establecidas en los Estados Unidos ha
adoptado una vez más una identidad peregrina, "viviendo en tiendas",
por así decirlo. Aunque los notables fundadores de la iglesia como
George Washington tuvieron esclavos africanos, la iglesia libremente buscó la autoridad de un obispo nigeriano durante su periodo de
crisis.[50] Su membresía primordialmente de raza blanca incluye a un
grupo pequeño pero notable de inmigrantes de lugares anglicanos en
todo el mundo.

EL NUEVO MOVIMIENTO ANGLICANO

Un movimiento de anglicanos ortodoxos, formado por una amplia
variedad de diferentes organizaciones, se levantó rápidamente después
de que la Iglesia Episcopal ordenó a Robinson. Martyn Minns, el rector de la iglesia Truro en Fairfax, que ha tenido una relación de iglesia
hermana con The Falls Church desde los tiempos coloniales, aceptó la
elección como obispo misionero bajo la autoridad del arzobispo anglicano de Nigeria en agosto de 2006, y diócesis enteras en los Estados
Unidos salieron de la Iglesia Episcopal y trasladaron su lealtad a arzobispos anglicanos en Ruanda, Kenia y Sudamérica.

En 2008, la mayoría de las nuevas organizaciones anglicanas se habían reunido bajo la bandera de la Iglesia Anglicana de Norteamérica
y su arzobispo para formar una nueva Provincia Anglicana. Aunque
la nueva comunión se ha vuelto independiente de sus arzobispos
africanos y no disfruta de reconocimiento oficial del Arzobispo de

Canterbury, recibió un reconocimiento formal el 16 de abril de 2009 de la Conferencia para el Futuro Global Anglicano y sus arzobispos miembros, los cuales representan el 70 por ciento de todos los anglicanos en el planeta. La ACNA actualmente cuenta con más de cien mil miembros en casi mil congregaciones en los Estados Unidos y Canadá.[51] La batalla sobre si incluirlos en la Comunión Anglicana Mundial seguirá hasta que la organización se divida por asuntos de ortodoxia y moralidad bíblica o hasta que la ACNA disfrute de membresía plena.

Discernir la contribución de inmigrantes al movimiento anglicano presenta un desafío, aparte del hecho de que varios obispos dirigen diócesis vinculadas a la ACNA. Como la iglesia Falls Church, la mayoría de iglesias en el movimiento están constituidas principalmente por miembros de raza blanca. El anglicanismo/episcopalismo en los Estados Unidos se ha erigido históricamente como un bastión de cultura inglesa en "la tierra del crisol." Pero el movimiento anglicano mundial ya no tiene una mayoría de raza blanca. Aunque el Imperio Británico ha llegado a su fin, el sol sigue sin ponerse sobre los adoradores anglicanos en todo el mundo.

El espectacular éxito de las iglesias anglicanas en África y en otros lugares del mundo donde el Imperio Británico lo sembró, hace que la Comunión Anglicana Mundial, que opera bajo la cobertura del Arzobispo de Canterbury, sea la tercera organización cristiana más grande, con aproximadamente 77 millones de adherentes. La iglesia católica romana está a la cabeza con más de mil millones de adherentes, seguida por la iglesia ortodoxa rusa con 150 millones. La Fraternidad Mundial de las Asambleas de Dios es ahora la cuarta más grande con 67,5 millones de adherentes.[52]

Las nuevas iglesias anglicanas indudablemente preservan muchos aspectos tradicionales del anglicanismo histórico, en especial la liturgia basada en el Libro de Oración Común. Pero también beben profundamente de la renovación carismática que comenzó entre iglesias episcopales en 1962 cuando el reverendo Dennis Bennett anunció a su congregación que él había recibido el bautismo en el Espíritu Santo y había hablado en lenguas. Miles de episcopalianos le siguieron, y miles de jóvenes evangélicos, fascinados por la clásica liturgia anglicana y alentados por la ortodoxia bíblica del movimiento carismático y la espiritualidad vital del Nuevo Testamento, partieron en "el camino de Canterbury."[53] A medida que anteriores episcopales carismáticos estadounidenses se reunieron en las nuevas iglesias anglicanas, originalmente bajo la autoridad de obispos africanos y ahora bajo su propia provincia oficial, inmigrantes anglicanos carismáticos de todas partes del mundo tienen ahora un lugar donde aterrizar en los Estados Unidos.

A medida que más anglicanos inmigren a los Estados Unidos, las iglesias anglicanas seguirán creciendo, pero atraer a anglicanos existentes no satisface su necesidad de misión evangelística. Muy consciente de la importancia de alcanzar a inmigrantes en los Estados Unidos, el exarzobispo Robert Duncan de la Iglesia Anglicana en Norteamérica, dijo en 2009: "Los inmigrantes están aportando vida y crecimiento sin precedente a la iglesia. En nuestra propia familia hemos visto el rápido crecimiento de ¡Caminemos juntos! que ya incluye a más de 60 congregaciones hispanas."[54] Para aprovechar las oportunidades para el ministerio presentadas por los inmigrantes indocumentados, Duncan lanzó la Iniciativa Anglicana Inmigrante, un movimiento para "comenzar 30 centros de ayuda legal en todos los Estados Unidos que conduzcan a plantar nuevas iglesias."[55]

EL FUTURO DE LOS INMIGRANTES
Y LAS IGLESIAS TRADICIONALES

Las iglesias tradicionales en todo el espectro batallarán para mantener en sus rebaños a las congregaciones inmigrantes a medida que crecen las iglesias inmigrantes y tienen mayores recursos económicos. Aunque educar a los líderes de estas iglesias en seminarios tradicionales sin duda liberalizará a parte del clero inmigrante y sus seguidores nativos estadounidenses, la historia de los últimos cien años sugiere que las iglesias inmigrantes no responderán bien a su liderazgo, y tal clero migrará a congregaciones nativas. Los laicos inmigrantes por lo general requieren una expresión plenamente bíblica y espiritualmente vibrante de su fe, y su lealtad a Jesús y a la Biblia triunfará sobre su lealtad a las iglesias liberales que les han ayudado a establecer su presencia en los Estados Unidos. Mientras más proliferan las iglesias inmigrantes, mayor es la tentación que afrontarán de formar denominaciones étnicas que continúen con las tradiciones doctrinales y morales que las iglesias tradicionales abandonaron gradualmente a lo largo del curso del último siglo. Su misión es renovar la fe de los Estados Unidos, y si descubren que no pueden renovar la fe de sus denominaciones estadounidenses anfitrionas, encontrarán otras nuevas donde puedan establecer su propio curso.

9

RENOVAR LOS VALORES FAMILIARES

Ilona Trofimovich no tiene aspecto de inmigrante. Con su piel blanca, cabello rubio y un perfecto inglés con acento del noroeste, encaja en el perfil del grupo racial mayoritario y tradicional de los Estados Unidos: la persona "blanca" del norte de Europa. Nacida en los Estados Unidos poco después de que sus padres llegaran desde Ucrania como refugiados religiosos, se crió hablando ruso como primer idioma, viviendo siempre en la tensión entre la cultura estadounidense con sus valores altamente individualistas y los fuertes valores familiares de su cultura natal ucraniana. Aunque su familia experimentó mucha más prosperidad en los Estados Unidos de la que habían conocido en Ucrania, no tenían los recursos para poder enviarla a la universidad. La ambiciosa Ilona sabía que a fin de aprovechar al máximo la oportunidad estadounidense, tendría que abrirse camino ella misma hasta la universidad.

Mediante un programa de becas que se enfoca en líderes entre estudiantes urbanos en Tacoma y otras ciudades del noreste, Ilona se ganó una beca completa en Northwest University en Kirkland, Washington. Con todos sus costos educativos cubiertos, se enfocó en hacer lo que le hizo llegar a la universidad: estudiar duro y liderar a otros alumnos. En el salón de clase, tuvo como carrera ciencias de la educación y planeó llegar a ser maestra, pero a medida que fue ascendiendo por las filas del gobierno estudiantil, obtuvo una mayor confianza como líder y llegó a entender que realmente quería enfocarse en la gobernanza educativa y la política. En su segundo año fue elegida como presidenta del cuerpo estudiantil, mantuvo sus calificaciones estelares, y solicitó ingreso a escuelas de posgrado. Sus compañeros de clase reconocieron sus habilidades de oratoria al elegirla como la alumna oradora en la ceremonia de graduación, y aproximadamente al mismo tiempo fue aceptada en un programa de master en política educativa en una prestigiosa universidad de la Liga Ivy.

En la ceremonia de graduación, Ilona anunció que declinaría la oportunidad de obtener una licenciatura de la Liga Ivy y renunciaría a seguir una carrera moldeando la política educativa nacional en Washington, D.C., a fin de asistir a la Universidad de Washington y mantenerse cerca de las personas que la habían nutrido y moldeado su identidad. Reconociendo el "sacrificio que mis padres hicieron para trasladar a nuestra familia a los Estados Unidos" y la "comunidad de fe donde fui libre para proclamar en voz alta mi fe en Jesús, algo que nunca doy por sentado debido a la persecución religiosa de mi familia en la USSR", concluyó con denuedo:

La decisión estaba entre una oportunidad de ensueño y una comunidad de ensueño. Nuestra sociedad tiene una clara respuesta: escoge la oportunidad. En todo lugar y por todas partes, los jóvenes son acosados por innumerables oportunidades. "Sal y haz algo con tu vida", nos dice la sociedad. "Alcanza la grandeza. Comienza un negocio; estudia en la prestigiosa escuela de posgrado; viaja por el mundo; enseña en el extranjero; inventa una organización sin ánimo de lucro que ayude a niños en desventaja en África. Sé valiente, osado y aventurero"... En cambio, lo que Dios me habló fue que era igual de bueno, igual de justo, escoger mi comunidad de ensueño.[1]

Ilona no renunció a sus sueños de transformar el mundo ni tampoco a su deseo de logro personal, pero permitió que su familia y su comunidad dieran forma a las búsquedas creadas por su ambición de tener éxito. "Al sopesar mis opciones de costa este/costa oeste, Dios reveló los deseos de mi corazón. Resulta que más que oportunidad, deseo comunidad."[2]

La experiencia de tensión entre ambición personal y lealtad a la comunidad ha afectado a los inmigrantes en los Estados Unidos desde el principio del país. Antes que nada, el anhelo de libertad personal que dio nacimiento a la Declaración de Independencia de los Estados Unidos de América y a la Constitución surgieron del mismo *zeitgeist* europeo que produjo el individualismo radical de la máxima de Descartes, "Pienso, luego existo" y al concepto individualista de libertad de John Locke reflejado en su insistencia en que el Creador ha otorgado a los seres humanos derechos naturales a "la vida, la libertad y la búsqueda de propiedad." Ya que los seres humanos no pueden realmente sobrevivir sin comunidad, estos credos individualistas entran necesariamente en tensión con las realidades de la vida familiar y comunitaria.

> Cuando los Peregrinos llegaron a Massachusetts en 1620, el continente entero estaba abierto. La tierra más rica del mundo recibía a cualquiera que se moviera para reclamarla.

Más allá de la tendencia individualista de la ideología funda-
dora de los Estados Unidos de América, imagine las opciones creadas por el continente americano en sí. Cuando los Peregrinos llegaron a Massachusetts en 1620, el continente entero estaba abierto.
Escasamente poblada por americanos nativos y mínimamente gober-
nada por potencias coloniales, ya fueran británicas, francesas o espa-
ñolas, la tierra más rica del mundo recibía a cualquiera que se moviera
para reclamarla. Contrariamente a Ilona, cuya oportunidad le tentó
a regresar al este, la mayoría de estadounidenses en los primeros años
se enfrentaron a la tentación de: "ve al oeste, joven, y crece con el
país." Según Josiah Bushnell Grinnell, esa *frase célebre* llegó a él originalmente de Horace Greeley, a quien supuestamente le dijo: "Ve al
oeste, joven, ve al oeste. Hay riqueza en el país, y espacio lejos de nuestras multitudes de ociosos e imbéciles."[3] Buscar la oportunidad llegó
a personificar la más elevada prioridad estadounidense para muchas
personas, y quienes la rechazaban parecían "ociosos e imbéciles." Las
fronteras siempre atrajeron primero a hombres solteros, pero mujeres
y familias inevitablemente llegaron a acompañarlos.

De la llamada de la frontera y la oportunidad surgió un espíritu de lo que Herbert Hoover llamó "individualismo rudo."[4] Según
esa creencia, las personas deberían seguir sus propias metas y deseos
por encima de los del grupo social o comunidad. En consonancia,
cada persona debería ser autosuficiente y no depender de otros para la
provisión de sus necesidades. Este énfasis estadounidense en la valía
e importancia del individuo y de las metas, deseos y tendencias individuales no sólo sirve como la base para algunos valores de políticos
republicanos y libertarios, sino también para el progresismo, el exis-
tencialismo, el feminismo, el anarquismo, y otros –ismos que sitúan
una prioridad en el desarrollo y la expresión del yo por encima de
normas y tradiciones comunitarias.[5]

En el corazón de toda la política estadounidense yace una tensión entre el yo individual y la comunidad. Los republicanos viven en la tensión entre la responsabilidad individual por el bienestar económico y los valores familiares y morales tradicionales. Los demócratas reivindican el estado del bienestar y la responsabilidad comunitaria por un lado a la vez que insisten en la libertad para la autoexpresión radical en términos de identidad y moralidad por otro. Mientras que las dos partes permanecen ideológicamente opuestas, ambas adoptan una postura esencialmente *liberal*; es decir, compromiso a la libertad/liberación individual de una forma u otra. Las diferencias ideológicas entre los dos emergen de los tipos de libertad personal y responsabilidad hacia los demás que enfatizan.

¿Deberían los individuos ser autosuficientes? ¿Debería la comunidad responsabilizarse de los fracasos de los individuos? ¿Deberían disfrutar de la piedad y el apoyo de las comunidades solamente las víctimas inocentes? ¿Deberían las familias ocuparse de los suyos? ¿Deberían las personas permitir que la moralidad tradicional dirija sus acciones y valores? Estas preguntas moldean profundamente nuestra política al igual que nuestras decisiones personales, y sin duda afectan a familias y otras unidades de la sociedad.

Mientras que Herbert Hoover, el presidente estadounidense cuando estalló la Gran Depresión, creía en el individualismo rudo y los valores familiares tradicionales, su sucesor, Franklin Delano Roosevelt, creía en la responsabilidad del gobierno de proteger a los individuos de fuerzas que están por encima de su control. Las difíciles circunstancias de la Gran Depresión y la Segunda Guerra Mundial permitieron a Roosevelt y al partido demócrata efectuar cambios en la sociedad estadounidense que contribuyeron de modo dramático a un mar de cambio en los valores familiares estadounidenses.

En 1935 Roosevelt condujo al Congreso estadounidense en aprobar la Ley del Seguro Social para proporcionar beneficios a retirados y los desempleados, al igual que a otros estadounidenses necesitados. Muy pocos estadounidenses se han quejado alguna vez de recibir una pensión del gobierno, en especial quienes han contribuido al fondo mediante los impuestos en su salario. Pero ninguna legislación en toda la historia estadounidense ha tenido un efecto mayor en los valores y las estructuras familiares.

El Seguro Social, junto con una de sus provisiones, Prestaciones económicas para familias con hijos a cargo, comúnmente conocida como Welfare, también afectó a la familia nuclear.

Antes de la aprobación de la Ley de Seguro Social, las familias estadounidenses tendían a ser multi generacionales. Después de retirarse del trabajo activo, los abuelos tendían a irse a vivir con sus hijos (o lo contrario) a fin de recibir sus cuidados. Este sistema no sólo mantenía las relaciones entre padres y sus descendientes, sino que también facilitaba las relaciones con los nietos. Tías y tíos visitaban a sus padres en las casas de sus hermanos, llevando a sus hijos con ellos. Los primos jugaban juntos y se conocían unos a otros como amigos íntimos. Las familias podían incluir a decenas de personas, ya que la maternidad a edades más jóvenes hacía posible que cuatro generaciones se conocieran unos a otros, junto con primos hermanos y primos segundos y sus familias.

Antes del Seguro Social, no existía ningún fondo del gobierno para financiar un traslado a una vida como jubilado, a residencias de ancianos. Las personas vivían con sus familias, y solamente los gravemente desgraciados las dejaban para residir en los temidos asilos de ancianos. Cuando llegó el Seguro Social, las personas mayores ya no tenían que depender de sus hijos adultos para su cuidado. El creciente y individualismo rudo estadounidense hizo que los ancianos no quisieran ser una carga para sus hijos. Los padres no tenían que tratar a sus hijos con una deferencia excesiva, ya que no serían dependientes de ellos en sus años de vejez. Los hijos, por otro lado, sentían menos presión a tolerar a sus padres, ya que tenían menos obligación moral y social de ocuparse de ellos en su vejez. Se hizo más fácil deshacerse de las relaciones. Los jubilados comenzaron a trasladarse a comunidades de retirados en lugar de vivir con sus hijos adultos, a veces mudándose a los estados del Cinturón del Sol o incluso a otros países para tener menores costos de vida y mejor clima. El tejido de la familia estadounidense comenzó a deshilacharse.

En 1949 entró en el vocabulario estadounidense un término sociológico relativamente nuevo: la "familia nuclear."[6] En contraste con la "familia extendida" descrita anteriormente, compuesta por abuelos, padres, hijos, tíos, tías y primos, la familia nuclear incluía solamente al padre y la madre, junto con los hijos nacidos del matrimonio. Cuando los abuelos llegaron a ser independientes mediante el Seguro Social y la excelente economía tras la Segunda Guerra Mundial, la familia nuclear se convirtió en la principal definición estadounidense de la palabra familia.

El Seguro Social, junto con una de sus provisiones, Prestaciones económicas para familias con hijos a cargo, comúnmente conocida como Welfare, también afectó a la familia nuclear. Antes de que el gobierno tomara la responsabilidad de ocuparse de las viudas ancianas, la mayoría de esposos sentían una responsabilidad moral de permanecer con sus esposas e hijos. Aunque muchos factores, incluida la Revolución Sexual, contribuyeron a aumentar los índices de divorcio en la década de 1960, el Seguro Social y las Prestaciones familiares sin duda incrementaron la libertad de los hombres para dejar a sus esposas y sus hijos sin someterlos a la inanición. ¿Qué surgió del consiguiente debilitamiento de la familia nuclear? La familia monoparental, familias mezcladas, y cada vez más ahora, familias alternativas. La Oficina del Censo de los Estados Unidos lo resumió de modo conciso en 2012:

> Las familias y las disposiciones de vida en los Estados Unidos han cambiado con el tiempo... Como resultado, es difícil hablar de un sólo tipo de familia o una disposición de vida predominante en los Estados Unidos.[7]

Todos estos nuevos tipos de definiciones de familia presentan diversos grados de estabilidad, y tales familias pueden cambiar mucho en su composición durante el curso de una niñez o de toda una vida.

Mi propia familia experimentó un conjunto de circunstancias muy conocidas en los Estados Unidos. Durante la década de 1980, mis padres en Alabama sufrieron un doloroso divorcio. Ambos volvieron a casarse, y mi padre se mudó a otro estado. Mi hermano fue a la universidad y se casó con una muchacha de fuera del estado, al igual que yo. Mi hermana vino a vivir conmigo temporalmente en Nueva Jersey, donde se casó. Mi hermano se alistó en el ejército y vivió por todo el mundo antes de establecerse en Carolina del Sur; mi carrera me llevó a países extranjeros y estados distantes; y mi hermana y su esposo regresaron a Alabama.

Las oportunidades de trabajo nos permitieron a todos nosotros perseguir nuestros sueños, y el divorcio de nuestros padres nos dio cada vez menos de otra oportunidad: la de estar juntos frecuentemente. Nuestros padres murieron jóvenes, y pronto, los distantes lugares donde vivimos hizo que fuera difícil pasar tiempo juntos. Todos nos abrimos nuestro propio camino en el mundo y obtuvimos grandes beneficios, al costo de que nuestros hijos realmente conocieran a sus abuelos, tíos, tías y primos. Hoy día todos nosotros los hermanos tenemos una familia nuclear estable. Muchos estadounidenses han experimentado el tipo de disrupción y dispersión que ha visto mi familia extendida pero, tristemente, muchos no han disfrutado de tanto éxito a la hora de mantener familias nucleares en el proceso.

En demasiados casos, la familia nuclear ha demostrado ser mucho más frágil de lo que algunos pueden haber esperado. Las presentaciones que hace Hollywood del amor romántico que lo conquista todo, las ideas de la música pop de la pareja de amantes contra el mundo, y el poder universalmente sobrestimado de la atracción sexual para mantener unida a una pareja sugerirían todos ellos que una pareja solamente necesita amor para tener éxito en el matrimonio. En retrospectiva, parece obvio que una pareja necesita algo más que emociones para hacer funcionar un matrimonio, y una vibrante familia extendida y compromiso con las necesidades del otro en lugar de los impulsos y deseos más básicos de uno mismo proporcionan un elemento esencial para el éxito matrimonial. El individualismo rudo de antaño generalmente formaba matrimonios estables (si no siempre los más afectuosos), pero los existencialistas suaves y sexo maníacos de la posguerra han experimentado un resultado totalmente distinto de su tipo más extremo de individualismo.

El individualismo puede parecer el modo por defecto humano natural para América y Europa posmodernos, pero la mayoría de las culturas del mundo dan mucha menos importancia al yo individual de la que dan los estadounidenses. Según el antropólogo Geert Hofstede, una mayoría de las culturas del mundo son colectivistas en lugar de individualistas.[8] En sociedades colectivistas, las personas obtienen su sentimiento de identidad de su comunidad en lugar de hacerlo de sus propias decisiones personales. Por ejemplo, el supuesto "estilo de gerencia japonés" se originó en la tendencia cultural japonesa a que los trabajadores individuales buscaran los mejores intereses de su grupo en lugar de su beneficio personal. Las culturas asiáticas en general son muy conocidas por su enfoque colectivista de la identidad.

Alan Roland, un destacado psicoanalista estadounidense, dirigió una extensa investigación del concepto del yo en India y Japón.[9] Roland concluyó que indios y japoneses desarrollan el yo familiar. Tal visión del yo, basada en la autoridad de los padres y abuelos y en las tradiciones de las comunidades probadas por el tiempo, proporciona un marcado contraste con la visión occidental del yo individualizado. Pensemos en la canción de Tevya, "Tradición" en la película *El violinista en el tejado* para obtener una potente descripción que la cultura pop hace de esta tensión, o quizá el dilema de Fotoula Portokalos en *Mi gran boda griega*.

> Cuando anunciaba sus conquistas, el Colectivo Borg normalmente afirmaba: "Añadiremos tu distinción biológica y tecnológica a la nuestra. Tu cultura se adaptará para servirnos."

La actitud estadounidense hacia el individualismo y el colectivismo encontró una clara expresión en la serie televisiva *Star Trek: La siguiente generación*. En contraste con la tripulación altamente individualista de la nave Enterprise, una malvada amenaza llamada Colectivo Borg presentaba un enfoque totalmente colectivista de la identidad. Los ciudadanos Borg eran conocidos con nombres como "1 de 9", una designación que indicaba que formaban parte de un equipo que trabajaba junto en una sociedad que tomaba todas sus ideas de una conciencia centralizada. Cuando los increíblemente poderosos Borg se apoderaban de una sociedad individualista o grupo de personas, sus invasores decían: "Somos Borg. Serás asimilado. La resistencia es inútil."[10]

Algunos intérpretes podrían leer al Borg como una presentación de sociedades socialistas contemporáneas como la moribunda Unión Soviética o la más exitosa pero aun así no democrática China comunista. Por otro lado, otros observadores podrían ver el concepto como una crítica multiculturalista de la filosofía estadounidense del crisol de inmigrantes. Cuando anunciaba sus conquistas, el Colectivo Borg normalmente afirmaba: "Añadiremos tu distinción biológica y tecnológica a la nuestra. Tu cultura se adaptará para servirnos."[11] Las dos perspectivas enfatizan con claridad los enfoques individualistas de la derecha y la izquierda, pero en cualquier caso, los Borg se califican claramente como un temido enemigo. *TV Guide* situó al Borg en cuarto lugar entre "los peores villanos de todos los tiempos."[12]

La representación de todas las culturas de la tierra, al igual que las de casi todas las otras formas de vida (ficticias) en el universo, como individualistas al estilo estadounidense formando una tripulación eficaz en una nave delata una notable arrogancia ante el hecho indisputable de que la mayoría de personas de la tierra no comparten la perspectiva que los Estados Unidos tienen del yo. Como un pleno patriota que cree en el excepcionalidad estadounidense, sonrío al escribir estas palabras, preguntándome por qué el resto del mundo no comparte valores occidentales de autonomía individual y autodeterminación. Sin embargo, el avance de la globalización y una cultura urbana global cada vez más individualista sí sugieren que el individualismo occidental tiene su encanto.

Los enfoques del yo, sean individualistas o colectivistas, no deberían endurecerse y tratarse como destino inmutable para cualquier sociedad. Roland reconocía que cuando personas indias y japonesas se encuentran con la cultura individualista occidental, por lo general desarrollan un yo más amplio que combina elementos de los enfoques colectivista e individualista. En un estudio comparativo de estudiantes chinos y estadounidenses, los investigadores Parker, Haytko y Hermans descubrieron recientemente que mientras que los chinos están adoptando cada vez más una identidad más individualista, los estadounidenses parecen estar moviéndose hacia un enfoque más colectivista. Ellos observan:

> A medida que las culturas mundiales están cada vez menos aisladas, indudablemente va a producirse un cambio. Puede que sea un error, por lo tanto, suponer automáticamente que las culturas orientales van a seguir siendo colectivas y que las culturas occidentales seguirán siendo más individualistas en naturaleza.[13]

Cuando inmigrantes cristianos de culturas altamente colectivistas en Latinoamérica, Brasil, el África subsahariana y Asia del Sur y el Lejano Oriente llegan a los Estados Unidos, llevan valores que ya han comenzado a transformar los valores familiares y sociales en los Estados Unidos, incluso cuando familias inmigrantes experimentan conflicto entre los sistemas de valores de sus viejos y nuevos países.

FAMILIAS INMIGRANTES

La familia extendida prospera entre los inmigrantes cristianos en la actualidad, y las familias mexicano-americanas presentan un paradigma representativo. Según Hilario Garza, la familia mexicano-americana tendrá una influencia en la renovación de los valores familiares en los Estados Unidos:

> Creo que beneficiará a los valores familiares estadounidenses. Creo que influenciará los papeles de madre, padre e hijos dentro de la familia. Para nosotros, la familia es importante

no solamente hasta los 18 años de edad. El otro día escuché a alguien en la radio, una persona muy influyente en la radio, que resulta que trata mucho con finanzas, y dijo: "A los 18 años de edad, mis padres me echaron de casa y me quedé solo." Pero entonces dijo: "Ustedes los hispanos son diferentes. Si me correspondiera a mí, yo les diría: 'Echen de casa a los niños y no sigan alimentando a la abuela'. Pero ustedes trabajan con una mentalidad diferente." Es que, para nosotros, ellos son importantes. Les daremos de comer hasta el día que mueran. Y los hijos son importantes. No se vuelven independientes cuando cumplen los 18. Se vuelven independientes cuando se casan. Y entonces aun así, cuando están casados, nos pertenecemos los unos a los otros... Así solía ser América. Solía estar orientada a la familia.[14]

Según la perspectiva de Garza, "la iglesia inmigrante recupera la importancia de la familia, la importancia de la comunidad. Creo que recupera la importancia de Dios en la familia y la comunidad, y la importancia de Dios para la vida personal."

La composición de las familias mexicano-americanas incluye a muchas más personas que las típicas familias nucleares estadounidenses. Según Garza, su familia incluye

mi esposa, mis hijos, mis nietos, mis padres y mi familia política. Los primos están incluidos, ya que se reúnen mediante la estructura de aquellos con quienes estamos relacionados, hasta los primos terceros y cuartos... Cuando mencionamos la familia, llamaremos tío o tía a alguien hasta la sexta generación. Los amigos son también parte de la familia, y cuando se vuelven parte de la familia son tratados como uno de nuestros muchachos. Y se les trata como si fueran mis propios hijos. Punto. Así somos nosotros.[15]

En la reciente boda de mi hija Jodie con Roberto Valdez, hijo de inmigrantes y nacido en México, los miembros que posaron para la fotografía familiar de los Valdez sobrepasaban a los Castleberry por una proporción de cinco a uno. Si preguntamos a inmigrantes cuántas personas pertenecen a su familia, obtendremos una historia parecida.

> Las familias inmigrantes tienen mucho que enseñar a las familias nativas acerca de cómo se ve la familia extendida.

En tales familias tan extensas, Garza observó que no puede haber tal cosa como una madre verdaderamente "soltera." Entre los estadounidenses nativos, el porcentaje de nacimientos fuera del matrimonio en la comunidad hispana multiplica por dos el de la población blanca (50 por ciento contra 24 por ciento), y el 42 por ciento de los niños nacidos a inmigrantes hispanos vienen al mundo sin el beneficio del casamiento.[16] Casi la mitad de las madres hispanas quizá no tengan esposo, pero ya sean católicas o evangélicas, sus familiares tienden a rodearlas de cuidado, con abuelos que ayudan con el cuidado del hijo y hermanos, tíos, o amigos de la familia que proporcionan influencia masculina. Según Samuel Rodríguez, la familia y la iglesia dicen: "¡Te tenemos cubierta!."

Las familias inmigrantes tienen mucho que enseñar a las familias nativas acerca de cómo se ve la familia extendida. El hogar estadounidense es cada vez más complicado, y el ejemplo que ofrecen los inmigrantes llega en un momento oportuno, cuando los "hijos bumerang" ahora regresan a casa después de la universidad, posponiendo el matrimonio hasta los veintiocho o los treinta años de edad, y a veces pasando meses o años en el desempleo o el subempleo después de graduarse de la universidad.[17] Los padres estadounidenses en la actualidad bromean o incluso se quejan de que sus hijos no se vayan del hogar, pero una mejor actitud está a la mano.

UNA FAMILIA TROFEO

El amor de las familias extendidas que los inmigrantes y sus hijos disfrutan destaca en una historia que me contó el Dr. Isaac Canales, estadounidenses de primera generación nacido en East Los Ángeles de padres inmigrantes mexicanos. Cuando me relató su historia, recordé la película *Born in East L.A.*, protagonizada por el cómico mexicano-americano Cheech Marin.[18] El protagonista de la película, Rudy Robles, estadounidense de nacimiento, se queda atrapado en una redada en una empresa sin tener ninguna identificación y es deportado a México como trabajador indocumentado. Irónicamente, sabe hablar alemán con fluidez por haber servido en el ejército estadounidense en Europa, pero no sabe hablar español y sufre una serie de infortunios antes de arreglárselas para cruzar la frontera ilegalmente a fin de recuperar su identidad legal.

Tuve que contener la risa cuando comparé el personaje de la película con el increíblemente dotado Dr. Canales. Como la mayoría de inmigrantes cristianos, sus padres habían creído en el valor de la educación superior y le alentaron a estudiar en la Universidad Vanguard, una facultad privada de artes liberales en el sur de California. Tras graduarse *summa cum laude*, continuó su educación haciendo una maestría en divinidades de la Universidad de Harvard y un doctorado en filosofía del Seminario Teológico Fuller en Pasadena, donde más adelante se hizo miembro del cuerpo docente y administrador en la facultad de teología. Actualmente sirve como pastor principal de la Mission Ebenezer Family Church en Carson, California, un ministerio urbano dinámico que toca a más de tres mil personas cada semana.[19]

La carrera del Dr. Canales trasciende cualquier tipo de identidad de minorías, y él recibe invitaciones de muy alto perfil de todo el mundo como orador en contextos eclesiales tanto en español como en inglés. Él representa la historia de éxito definitiva como el hijo de padres inmigrantes sin recursos, integrado totalmente en la identidad estadounidense sin el menor alejamiento de su abundante trasfondo inmigrante. Su familia extensa refleja una poderosa esperanza para el futuro de la familia estadounidense.

La historia familiar que él me contó comienza en su niñez, cuando batalló contra la poliomielitis.

Cuando tenía dos años y medio, tuve polio y estuve en el hospital Children´s de Los Ángeles durante 6 meses durante la epidemia de la década de 1950, antes de que la vacuna Salk contra la enfermedad fuera desarrollada. Mi padre pastor y mi madre ayunaron y oraron durante mucho tiempo para que los médicos al menos le dejaran entrar a verme. Yo estaba en cuarentena con otros niños. Lo recuerdo aunque tenía menos de tres años. Le dejaron entrar y él oró por mí, una bonita oración pentecostal, en lenguas, ¡y yo me puse de pie en la cama! Le dejaron llevarme a casa, pero la polio regresó y afectó gravemente a mi brazo derecho. A los 11 años de edad me hicieron dos cirugías para darme un 30 por ciento de movimiento en el brazo que nunca antes había podido usar. Mi brazo seguía atrofiado en el bíceps, de modo que siempre me elegían el último en los juegos de béisbol. Me tenían sentado en el banquillo durante el partido, por miedo a que resultara herido. Sí aprendí a atrapar una pelota de beisbol con mi mano izquierda, quitarme el guante, y después lanzar la bola.[20]

Años después, el Dr. Canales y su esposa alemana de Pensilvania, Ritha Brubaker, tuvieron tres hijos sanos. Los muchachos no sólo compartían la elevada inteligencia de sus padres y su amor por el aprendizaje; también tenían talento atlético prodigioso que el Dr. Canales recordaba:

> Educamos a los muchachos para que fueran amorosos y respetuosos, lo cual forma una gran parte de nuestra cultura mexicana y también de la cultura alemana de mi esposa, que los niños debían respetar a sus padres y a sus abuelos. Por lo tanto, aunque mis hijos son bilingües y biculturales, fueron educados con buenos valores familiares, el amor de Dios, un fuerte vínculo familiar. Es lógico que como resultado crecieron y terminaron la secundaria y pasaron a la universidad. El mayor honor que podían dar a sus padres era el de llevar a casa sus trofeos deportivos y académicos. Mi garaje está lleno de todos sus trofeos desde los cuatro años de edad en adelante. Si los hijos de ellos quieren ver alguno de los trofeos, vienen a casa de Papá y Mamá.[21]

¡Siempre llevaban sus trofeos a casa! Más importante aún, todos ellos recibieron becas académicas y deportivas para jugar a deportes universitarios. El hijo mayor, Joshua, jugaba al beisbol y fue elegido por los Atléticos de los Oakland al salir de la secundaria, pero en cambio optó por ir a la universidad. Ganó un anillo del Campeonato de la Conferencia Sureste de beisbol en la Universidad de Florida, y después se trasladó a UCLA para que su padre pudiera asistir a sus partidos.

Tras terminar la universidad, se unió a la organización Los Ángeles Dodgers, avanzando hasta nivel Triple A antes de jugar en las Grandes Ligas con los Astros de Houston. Más adelante, mientras asistía a una iglesia afroamericana, fue "derribado en el Espíritu" y cayó al piso hablando en lenguas por primera vez. Mientras estaba tumbado en el piso supo que Dios le había llamado al ministerio, y después de terminar una licenciatura en el Seminario Fuller, ahora sirve en el equipo pastoral de su padre en Mission Ebenezer.

David, el segundo hijo, no sólo sobresalió en el fútbol americano, sino que también diseñaba las jugadas en una carpeta transparente comenzando en sus primeros tiempos en el fútbol: entrenador por naturaleza. Jugó como mariscal de campo y como jugador-entrenador en la secundaria, y logró un récord estatal por paradas jugando de profundo libre en el Campeonato Estatal de Secundarias de California. Reclutado en todo el país, decidió quedarse cerca de su casa y jugó como mariscal de campo en la Universidad Azusa Pacific. Después de una temporada como entrenador de secundaria, se unió a la plantilla de Pete Carroll en la Universidad de Southern California antes de seguirlo a Seattle como entrenador asistente para mariscales de campo para los Seahawks.

El tercer hijo de Isaac, Jacob, después de recibir visitas de Yale, Georgetown, Dartmouth y Penn State, decidió jugar para la Universidad de Pensilvania porque le permitían seguir su sueño de ser un atleta de deporte dual. Brilló en el beisbol y llegó a ser el jugador más valioso como novato, y su equipo de fútbol ganó el Campeonato de la Liga Ivy, así que obtuvo un anillo del Campeonato de la Conferencia de la División 1 de la NCAA. Isaac recuerda una llamada telefónica de Jacob, en la cual decía:

"Papá, voy al entrenamiento, y necesito entrar al equipo. ¿Podrías hacer una oración por mí?." Así que yo oré, y pedí a Dios concretamente que le permitiera pegar duro la bola. Cuando él llegó, el entrenamiento casi había terminado y estaba bateando el grupo más débil. Le pusieron el último en la fila. Cuando se situó para batear, golpeó la bola y la sacó del parque, cerca del río Schuylkill. Bateó tres jonrones seguidos. El capitán del equipo dijo: "Nadie en ninguno de los grupos durante todo el día ha golpeado la bola sacándola del parque."[22]

Obviamente, Jacob entró en el equipo.

Isaac siguió con diligencia su carrera y logró un éxito espectacular como líder académico y como pastor. Tensa la credulidad creer que él ascendió hasta el nivel de Profesor Asistente de Nuevo Testamento y Director de Ministerios Hispanos en el seminario evangélico más prestigioso del mundo, a la vez que también edificaba una mega iglesia urbana. Él pasó a servir como presidente del Instituto Bíblico Latinoamericano en La Puente después de su carrera en Fuller. Muy pocos sobresalen hasta ese nivel tanto en lo académico como en el ministerio, ya que las dos actividades tienden a chocar la una con la otra. Pero los hechos están ahí.

Incuestionablemente exitoso en su carrera, nunca decepcionó a su familia a lo largo del camino. En las divisiones de su corazón, los niños siempre estaban en primer lugar.

Eran muchachos maravillosos, de modo que cuando los llevaba al beisbol, baloncesto, fútbol americano y fútbol, en el ciclo de las temporadas, en cierto modo yo vivía indirectamente su destreza deportiva. Nunca me perdía un partido.

Les daba cualquier cosa que necesitaran para sobresalir en los deportes, y también en los estudios. Todos ellos recibieron becas deportivas. Como contraste, la típica familia estadounidense ha vivido la canción "Cat´s in the Cradle" (El gato está en la cuna) desde la Segunda Guerra Mundial, ya que los padres (y a menudo las madres) pusieron sus carreras e intereses individuales por encima de los intereses de sus hijos como norma cultural.[23]

> Nada sobrepasa la gloria de una familia llena de amor y de la presencia de Dios. Ese resultado destaca como la meta para las familias inmigrantes cristianas actuales.

Siempre que los muchachos ganaban un anillo de un campeonato, lo traían a casa a Papá. "Mis hijos conocen la historia. Han visto mi brazo [afectado por la polio] durante toda su vida. Decidieron que como su papá nunca pudo jugar a los deportes, ellos ganarían los campeonatos por él." Aunque él nunca les pidió sus anillos de los campeonatos, ellos siempre los llevaban a casa y se los entregaban a su papá "por propia voluntad."[24]

Las glorias de una familia extendida grande significaron incluso más campeonatos para el muchacho pequeño que nunca pudo jugar. Joshua conoció a una joven hija de una inmigrante nigeriana (y campeona estatal de atletismo de las secundarias de California) llamada Olabunmi en UCLA en el estudio bíblico de Atletas en Acción. Isaac recuerda: "Mientras compartían una Biblia, él pensó que ella era lo más hermosos de la tierra; ¡parecía una princesa!." Se casaron, y como Olabunmi adoptó la familia y sus tradiciones, orgullosamente entregó su anillo del campeonato de atletismo de la NCAA a Papá.

Como la familia de Hilario Garza, la familia Canales incluye a muchos primos. El sobrino de Isaac, Kevin Nicholson, miembro del Salón de la Fama de la Universidad Central Missouri State, ganó un anillo del Campeonato de fútbol de la NCAA, que entregó a Papa. "Él me llama Papá", dijo el Dr. Canales con orgullo familiar. "Todos me llaman Papá."

El Dr. Canales guardaba los anillos en una caja especial en su casa, que incluía un reloj de oro de la NCAA. En 2013 entraron ladrones en la casa y robaron la caja, pero poco tiempo después el amigo y colega de David, Russell Wilson, dirigió a los Seahawks al Campeonato de la NFL en la Super Tazón XLVIII. David llamó a Papá desde Seattle para preguntar: "Papá, ¿cuál es tu número de dedo?." Unos meses después, David llevó a casa su anillo de la Super Tazón. Cuando entregó el anillo a su padre en casa, dijo: "Todos los anillos que has perdido están fundidos en este anillo."

Por impresionante que puede parecer un pesado anillo de la Super Tazón, nada sobrepasa la gloria de una familia llena de amor y de la presencia de Dios. Ese resultado destaca como la meta para las familias inmigrantes cristianas actuales. Como Ilona Trofimovich enseñó a la comunidad de Northwest University, *la comunidad ideal triunfa sobre la oportunidad ideal.*

LA DOBLE HÉLICE DE LA SOCIEDAD

Según Mary Eberstadt, compañera investigadora en la Institución Hoover de la Stanford University, la familia y la religión constituyen "la doble hélice de la sociedad", cada una dependiente de la fortaleza de la otra para una reproducción exitosa.[25] Según la perspectiva de Eberstadt, la verdadera historia de *How the West Really Lost God* [Cómo el Oeste perdió realmente a Dios] comienza no con el abandono de la religión sino más bien como un rechazo de la prioridad de las familias. Los Estados Unidos no pueden sobrevivir al declive de la familia, ni tampoco puede la familia sobrevivir a la pérdida de la fe. La existencia de familias ateas excepcionales no desaprueba el hecho de que ninguna sociedad, en su conjunto, puede prosperar sin fe.[26]

El padre fundador John Adams, nuestro segundo presidente, advirtió a la nación en 1798 diciendo: "No tenemos ningún gobierno armado con poder capaz de contender con las pasiones humanas no domadas por la moralidad y la religión… Nuestra Constitución fue hecha solamente para un pueblo moral y religioso. Es totalmente inadecuada para el gobierno de cualquier otro."[27] Al igual que la nación no puede sobrevivir sin fe, la fe no puede sobrevivir sin la familia ni tampoco la familia sin fe. Una nación radicalmente individualista, en la cual todo el mundo sigue sus propias pasiones e impulsos desenfrenados, pronto descenderá a un caos diabólico.

LAS IGLESIAS COMO FAMILIAS SUSTITUTAS

En el caso de cristianos que inmigran sin sus familias, por lo general como precursores o como trabajadores temporales, la iglesia inmigrante interviene para compensar cualquier déficit que la familia pueda dejar. La misma verdad se aplica con referencia a convertidos que están solos y llegan a la iglesia en busca de amistades que les entenderán. Se extiende a cónyuges nativos que se casan con inmigrantes y se encuentran abrazados por la comunidad más amable que han encontrado jamás. Asistir a un servicio de una iglesia inmigrante implica un serio compromiso de tiempo. En lugar de limitarse a una "orientación al reloj", ellos operan bajo una "orientación al evento."[28] Los servicios de la iglesia por lo general implican mucho más que solamente cantos y escuchar un sermón. La comunidad celebra la victoria de cada persona, cada cumpleaños y cada logro. Se duelen por cada tragedia, comparten cada sufrimiento, y consuelan cada tristeza. Cada iglesia inmigrante constituye una masiva familia extendida en la cual todo el mundo tiene la atención de alguien.

Los lectores familiarizados con las iglesias estadounidenses en el pasado reconocerán, y quizá añorarán, lo que han perdido mediante el estancado aislamiento de la iglesia y el anonimato de la mega iglesia. Los inmigrantes y sus iglesias ofrecen una memoria viva de los valores estadounidenses del pasado. A medida que inmigrantes y sus hijos y nietos adultos forman un porcentaje cada vez más alto de la población estadounidense, su familia y colectivismo eclesial llevará a los estadounidenses del regreso al futuro.

Los nuevos Peregrinos han determinado salvar la familia estadounidense al someterla una vez más a la adoración de Dios. También están renovando el modelo de la Iglesia como una familia sustituta. Muchos de ellos creen que Dios los ha enviado aquí precisamente para ese propósito.

10

RENOVAR LA ECONOMÍA

Pedro Celis nunca había tocado una computadora y ni siquiera sabía cómo encender una; pero desarrolló al instante un apasionado interés en las computadoras cuando descubrió que a Laura, una hermosa muchacha en su clase de secundaria en Monterrey, México, le gustaban las computadoras. Pedro fue a la biblioteca, consultó todos los libros sobre ciencias de la computación, y comenzó a aprender a programar. Eso le daba un tema de interés garantizado para la conversación con Laura, y funcionó. Ahora han disfrutado de treinta y cuatro años de exitoso matrimonio, habiendo criado a cuatro hijos hasta una edad adulta exitosa.[1]

Pedro y Laura fueron ambos al prestigioso Instituto Tecnológico de Monterrey para estudiar ingeniería de la computación, y después a la Universidad de Waterloo en Canadá para estudiar títulos de master y doctorado en ciencias de la computación. Mientras que Laura decidió dedicarse a criar a sus cuatro hijos en lugar de terminar su carrera, Pedro pasó a tener una carrera académica fenomenalmente exitosa y también en el desarrollo de software. Como uno de los primeros doce ingenieros distinguidos en Microsoft, fue el oficial jefe de tecnología para el desarrollo del servidor SQL. También tuvo una gran influencia en el desarrollo del motor de búsqueda Bing y tiene personalmente más de quince patentes estadounidenses. En 2003, el presidente George W. Bush nombró a Pedro integrante del Comité Asesor de Tecnología de la Información (PITAC) del presidente, que asesora al presidente sobre cómo mantener a los Estados Unidos en la primera línea de la innovación en tecnología de la información en todo el mundo.[2]

Como ciudadanos estadounidenses naturalizados, Pedro y Laura sobresalen en amor por su país de adopción. Devotos cristianos, han sido generosos filántropos, sirviendo en la junta de directores de Stronger Families, una organización sin ánimo de lucro fundada por el exmariscal de campo de los Seahawks, Jeff Kemp.[3] Esta organización trabaja para apoyar a matrimonios, especialmente en familias de militares y personal de seguridad pública. También han trabajado en el sector con fines de lucro para crear oportunidad para otros en la comunidad inmigrante por medio de su trabajo en la creación de Plaza Bank en Seattle, que se especializa en servir a las necesidades de negocios e individuos latinos.[4] Han invertido en muchos negocios latinos, como *Tú Decides*, un periódico bilingüe, y la Latino Business, Consumer and Career Expo, que patrocina ferias comerciales y eventos de moda que reúnen a emprendedores latinos y sus clientes.

> Empresas estadounidenses como Apple y Microsoft constantemente tienen que presionar al Congreso para que haga lugar para los miles de trabajadores que necesitan pero no pueden contratar.

El liderazgo de Pedro también incluye actividad política. En 2014 se presentó como candidato al Congreso como republicano y libró una fuerte campaña, aunque finalmente no tuvo éxito, contra el titular demócrata en su distrito. Entró por primera vez en política en 2001, cuando fundó el capítulo Washington State de la Asamblea Hispana Nacional Republicana, a la que sirvió como presidente durante cuatro años.[5] También sirvió como presidente nacional de la organización durante dos años.

Cuando los estadounidenses piensan en los inmigrantes, no tienden a pensar en personas como Pedro y Laura Celis. Piensan en los trabajadores agrícolas y de servicios con los que pueden encontrarse cada día, quienes alegremente aceptan empleos que la mayoría de estadounidenses no quieren. Pero como Pedro sabe mejor que la mayoría de personas, mantener nuestro dominio en tecnología de la información depende de atraer a una corriente continua de los jóvenes científicos de la computación más prometedores del mundo para estudiar en nuestras universidades y trabajar en nuestra industria de la computación. Cada año, ochenta y cinco mil trabajadores de la alta tecnología vienen a los Estados Unidos para aceptar empleos que los estadounidenses no pueden realizar porque hay insuficiente número de nuestros estudiantes nativos que deciden seguir la rigurosa educación que esos empleos requieren.

De hecho, sólo es posible que lleguen ochenta y cinco mil personas, porque nuestras leyes limitan los visados H1-B a esa cifra.[6] En 2012, la entrega de visados solamente duró diez semanas, y empresas estadounidenses como Apple y Microsoft constantemente tienen que presionar al Congreso para que haga lugar para los miles de trabajadores que necesitan pero no pueden contratar. Sin embargo, a los estudiantes extranjeros que obtienen títulos en tecnología avanzada en los Estados Unidos y se enfrentan a la deportación debido a una falta de visados, les esperan buenas noticias justo al otro lado de la frontera. Canadá hace que sea muy fácil para ellos llegar y dar a su país una ventaja competitiva sobre los Estados Unidos. En muchos casos, los estadounidenses pagaron la educación que recibieron los estudiantes extranjeros, pero Canadá, India y China cosecharán los beneficios de nuestra inversión.

RENOVAR EL LADO DE LA DEMANDA
DE LA ECONOMÍA ESTADOUNIDENSE

Mientras que la mayoría de inmigrantes trabaja en el lado más bajo de la escala de salarios en lugar de hacerlo bajo la supervisión personal de Bill Gates, los inmigrantes como clase ocupan un importante papel en la renovación de la economía estadounidense. No sólo los millonarios desarrolladores de software sino también los obreros manuales comunes han salvado del desastre literalmente la economía de los Estados Unidos.

La primera forma en que lograron una hazaña tan increíble no requirió otra cosa sino llegar a los Estados Unidos. Al llegar, aumentaron la provisión de mano de obra de los Estados Unidos, permitiéndonos producir más, y también ampliaron la base de consumo de los Estados Unidos, aumentando la demanda de bienes de consumo. Desde los tiempos de Adam Smith, padre de la economía capitalista, los economistas han entendido que las economías necesitan una población creciente. Según el economista Thomas Picketty, "El crecimiento de la población por lo general impulsa la mitad de todo el crecimiento económico."[7] Cuando la economía no crece, se contrae. Cuando la producción económica se contrae durante dos trimestres consecutivos, los economistas dicen que la economía ha entrado en recesión. Cuando una recesión continúa durante un extenso periodo de tiempo, los pedidos a las fábricas disminuyen, la construcción de viviendas se cancela, los negocios fracasan, aumenta el desempleo, y los economistas dicen que la economía ha entrado en una depresión.

De hecho, los Estados Unidos ha sufrido un profundo declive en el índice total de fertilidad en los últimos 60 años, desde la elevada cifra aproximada del 3,6 en 1961 hasta aproximadamente un 1,7 a mitad de la década de 1970, cuando la Corte Suprema legalizó el aborto y permitió la prevención de más de 57 millones de nacimientos estadounidenses. Desde esa época, el índice de fertilidad promedio entre mujeres estadounidenses nativas ha continuado por debajo del nivel de sustitución del 2,1.[8] Ya que los inmigrantes estadounidenses por lo general tienen un índice total de fertilidad de aproximadamente un 3,0, han desempeñado un importante papel para mantener el índice total de fertilidad en los Estados Unidos cercano al nivel de sustitución.[9]

Según Justin Fox, director ejecutivo de *Harvard Business Review*, la economía estadounidense en años recientes "ha crecido un poco más rápidamente que las otras economías desarrolladas, pero es puramente debido al crecimiento de población."[10] Y los inmigrantes y sus hijos han aportado cerca del 60 por ciento del crecimiento de población que ha mantenido la economía de los Estados Unidos en crecimiento.[11] Surge el interrogante: si una economía creciente necesita una población creciente y si la población de los Estados Unidos hubiera crecido mucho más lentamente durante los últimos cincuenta años sin los elevados índices de natalidad de los inmigrantes y sus hijos, ¿qué le habría sucedido a la economía de los Estados Unidos durante las dos últimas recesiones sin más de sesenta millones de consumidores (cuarenta millones de inmigrantes y más de veinte millones de hijos de inmigrantes) que actualmente viven en los Estados Unidos?[12] Muy bien podríamos haber entrado en una depresión.

Si eso hubiera sucedido, la economía mundial nos habría seguido a la depresión. Es posible que las personas que abandonaron sus propios países para venir a los Estados Unidos como inmigrantes hayan

salvado la economía estadounidense de una grave dificultad, y al hacerlo, hayan salvado la economía mundial de la calamidad total. La
próxima Navidad, cuando vaya a una tienda o a un centro comercial,
eche un vistazo a su alrededor y observe a los inmigrantes. Si ellos no
hubieran llegado a los Estados Unidos, ¿qué porcentaje de ventas de
temporada no se produciría? ¿Cómo afectaría eso a los empleos en la
economía estadounidense?

RENOVAR EL LADO DE LA OFERTA

Para que una economía de consumo funcione, tienen que cooperar
dos partes. Una parte, el consumidor, pone la demanda sobre la mesa,
y como he mencionado, sesenta millones de consumidores estadou-
nidenses, más de uno de cada cinco estadounidenses, llegaron hasta nosotros por cortesía de la inmigración. La otra parte de la economía de consumo, el lado de la oferta, proporciona artículos para que los consumidores los compren. Los trabajadores hacen posible el lado de la oferta.

> Sin la mano de obra inmigrante, los precios de los comestibles estadounidenses habrían aumentado mucho durante nuestra vida, y la oferta de productos en los estantes no habría aumentado.

Los inmigrantes tocan prácticamente cada producto que se vende en los supermercados estadounidenses, en especial los productos alimentarios que tienen que ser recogidos manualmente.
Los camioneros inmigrantes también desempeñan un papel impor-
tante para llevar productos al mercado, y la mano de obra inmigrante
se ha vuelto aún más importante en años recientes ya que ha habido
una gran falta de conductores debido a difíciles condiciones laborales

y bajos salarios.[13] En 2014, un total de treinta mil empleos en la conducción de camiones quedaron vacantes.[14]

Sin la mano de obra inmigrante, los precios de los comestibles estadounidenses habrían aumentado mucho durante nuestra vida, y la oferta de productos en los estantes no habría aumentado. Comparemos los supermercados actuales con los que había cuando éramos pequeños. Yo recuerdo ir a un supermercado IGA cerca de la casa de mi abuela que habría cabido en sólo dos pasillos de los supermercados actuales, inmensos y bien abastecidos. La mano de obra inmigrante no sólo nos ha alimentado durante años, sino que también ha contribuido a la más amplia variedad de alimentos y productos que disfrutamos.

La mano de obra inmigrante también ha ayudado a proporcionarnos viviendas. Según la Asociación Nacional de Constructores de Casas, un análisis de los últimos datos del Censo de los Estados Unidos muestra que los inmigrantes constituyen aproximadamente el 20 por ciento de los obreros de la construcción en los Estados Unidos, comparado con el 15 por ciento de la mano de obra general.[15] La vivienda, desde luego, representa un importante impulsor del crecimiento económico en los Estados Unidos. Desempeña un papel clave en la economía estadounidense, porque "afecta a las industrias relacionadas como la banca, el sector de las hipotecas, las materias primas, el empleo, la construcción, la fabricación y el mercado inmobiliario."[16] Al igual que la construcción de casas tiene un efecto dominó en el conjunto de la economía, igualmente lo tienen otros sectores que implican mano de obra inmigrante. El sistema no funcionaría si cualquier sector importante de él desapareciera. Sin mano de obra inmigrante, la economía estadounidense habría sufrido un grave daño en los últimos cincuenta años.

¿SON INDISPENSABLES LOS INMIGRANTES PARA LA ECONOMÍA DE LOS ESTADOS UNIDOS?

En 2004, la película *Un día sin mexicanos* representaba los efectos que se producirían en la economía de California si los mexicanos desaparecieran durante un día.[1] Según el *New York Times*,

> El documental satírico postula que la falta de jardineros, niñeras, cocineros, policías, sirvientes, maestros, obreros agrícolas, cuadrillas de construcción, animadores y atletas mexicanos, y el mercado de consumo creciente más grande del mundo crearía un desastre social, político y económico, dejando hecho pedazos el concepto del "sueño californiano."[18]

La película presentó un fuerte argumento para cualquiera que quisiera escuchar, pero muchas personas aun así se niegan a considerar la cuestión seriamente. Que nadie dude que un solo factor explica el completo fracaso del gobierno estadounidense para evitar que los inmigrantes crucen la frontera mexicana. El mismo factor explica por qué el Departamento de Seguridad Doméstica no deporta a todos los inmigrantes indocumentados. ¿La simple verdad? Detener la inmigración infligiría un grave daño a la economía estadounidense.

ESPÍRITU EMPRENDEDOR

Los inmigrantes desempeñan un importante papel en la fuente más importante de renovación económica: el espíritu emprendedor. "Desde Sergey Brin de Google hasta Pierre Omidyar de Ebay hasta miles de negocios locales y de barrio, no hay modo de negar la influencia de los emprendedores inmigrantes", dice la columnista de la revista *Forbes* Cheryl Conner.[19] "Según la Cámara de Comercio de los

Estados Unidos, las empresas cuyos dueños son inmigrantes crearon casi medio millón de empleos y más de 50 mil millones en ingresos públicos en 2012."[20] Como ilustran las historias de Brin, Omigyar y Celis, los inmigrantes en industrias de alta tecnología y la empresa estadounidense han desempeñado importantes papeles en la revitalización de la economía estadounidense a lo largo de los últimos veinte años.

De hecho, los inmigrantes han fundado más del 25 por ciento de las empresas científicas y tecnológicas en los Estados Unidos.[21] Thomas Donahue, director general de la Cámara de Comercio de los Estados Unidos, afirmó una verdad obvia en una conferencia sobre el estado de los negocios estadounidenses en 2012:

> Deberíamos permitir que los emprendedores más creativos del mundo se queden en nuestro país. Ellos van a contribuir y a tener éxito en algún lugar; ¿por qué no debería ser en los Estados Unidos? La prosperidad del país siempre ha dependido del trabajo duro, el sacrificio, el impulso y los sueños de los inmigrantes. Nuestro futuro dependerá de ellos aún más.[22]

A veces surge la queja entre quienes se oponen a la inmigración de que los científicos de la computación extranjeros ocupan empleos de alta tecnología que deberían tener estadounidenses. Nadie ha demostrado aún si ellos realmente disminuyen el número de tales empleos disponibles para los estadounidenses. Pero apenas se puede argumentar que los emprendedores roban empleos a los estadounidenses. Por definición, ellos crean empleos para los estadounidenses.

Quienes supondrían que la única influencia sobre la formación de negocios viene de los genios de primera categoría no ven el cuadro verdadero. De hecho, los inmigrantes hacen también una gran aportación a la formación de negocios pequeños y medianos. Yo siempre observo la ironía cuando visito un restaurante mexicano u otro fundado por inmigrantes y veo a empleados estadounidenses nativos de otro origen étnico. Como observa Conner: "Los datos del Censo también dicen que los inmigrantes tienen más probabilidad que los ciudadanos nativos de escoger el autoempleo; un 5,1 por ciento son autoempleados en sus propios negocios constituidos comparado con solamente el 3,7 por ciento de emprendedores estadounidenses nativos."[23] En otras palabras, los inmigrantes tienen un 38 por ciento más de probabilidad de comenzar negocios que los estadounidenses nativos.

Andrés Panasiuk, un inmigrante argentino a los Estados Unidos, ha alcanzado fama mediante su organización sin ánimo de lucro para el alfabetismo financiero *Cultura Financiera*. Siguiendo los pasos del difunto Dr. Larry Burkett, Panasiuk proporciona educación financiera mediante libros y programas en medios de comunicación a inmigrantes de habla española en los Estados Unidos, alcanzando también a una audiencia mundial. Él explica por su experiencia y observación personal lo que la teoría académica sobre la inmigración ha sostenido por mucho tiempo: los inmigrantes se autoeligen para el éxito económico.[24]

> Creo que cuando uno está dispuesto a dejar su casa, a dejar su comunidad, a dejar la red de seguridad de los amigos y la familia, a dejar su cultura, su idioma y su país; y entonces, está dispuesto a arriesgar su tiempo, su dinero y a veces incluso su vida para llegar a los Estados Unidos, entonces está formado de una pasta muy especial. ¡Es un emprendedor en todos los aspectos hasta el nivel de su propio ADN! No se comportará

de ningún otro modo: riesgo y espíritu emprendedor están en su perfil personal.[25]

La vida personal de Panasiuk ilustra de manera hermosa el impulso emprendedor de los inmigrantes. Sus padres ucranianos habían migrado a Argentina, donde asistían a una iglesia de habla rusa en un barrio italiano. En 1985 su familia vendió una propiedad a fin de enviarlo a él a los Estados Unidos para estudiar una licenciatura universitaria. Ya que tenía un tío en Chicago que pastoreaba una de las iglesias de habla española más grandes de la ciudad, él siguió en las sendas de su familia, el patrón de migración que los inmigrantes han preferido a través de la historia, y se matriculó en el famoso Instituto Bíblico Moody en Chicago.

Mediante una combinación de ahorro, duro trabajo, y el apoyo de su familia, Panasiuk pudo graduarse de Moody y terminar una licenciatura en comunicación en Trinity International University solamente con mínimos préstamos estudiantiles. Aunque había tenido intención de regresar a Argentina, llegó a amar los barrios de Chicago donde había ministrado junto con su tío, y terminó aceptando ser pastor de una iglesia puertorriqueña en Humboldt Park. La iglesia no podía pagarle un salario, así que aceptó un puesto como administrador de una estación de radio para sostener a su esposa y a su hija recién nacida. Como la mayoría de estadounidenses, él y su esposa cayeron en un patrón de deuda, y después de tres años se habían hundido en una deuda de 65 mil dólares. Él explica: "Nuestra falta de entendimiento de la economía estadounidense, de una sensata toma de decisiones financiera, y de los peligros relacionados con el endeudamiento nos condujeron a caer en la esclavitud financiera."

A medida que Panasiuk y su esposa aprendieron a administrar sus propias finanzas y a salir de una deuda paralizante, descubrieron que muchas familias inmigrantes en los Estados Unidos compartían su situación. Su estilo de vida de ministrar a otros les condujo en 1996 a comenzar a enseñar a otros inmigrantes los principios de la administración financiera que les habían ayudado a alcanzar la libertad financiera. Él explica:

> Enseñar y servir a nuestra comunidad en los sectores más extremos de nuestra sociedad nos ayudó a mi esposa y a mí a identificarnos con los más pobres entre los pobres y nos dio un entendimiento único de los retos y las dinámicas de la vida financiera del inmigrante.[26]

Actualmente, su ministerio ha enseñado mayordomía bíblica a más de veintiún millones de personas de habla española en todo el mundo mediante sus escritos, sus conferencias, programas para pastores y desarrollo de liderazgo, y apariciones en radio y televisión. Sin ninguna duda, su emprendimiento sin ánimo de lucro ha contribuido a la libertad financiera y el ascenso social de incontables números de inmigrantes que adoptan sus principios de responsabilidad financiera.

EMPRENDEDORES INMIGRANTES Y RECESIÓN

En tiempos económicos difíciles, como la reciente recesión económica, los inmigrantes tienen incluso más probabilidad de comenzar nuevos negocios. Según CNNMoney, en 2011 "los inmigrantes crearon el 28% de todas las firmas nuevas" y tuvieron "el doble de probabilidad de comenzar un nuevo negocio cuando se compara con los nacidos en los Estados Unidos."[27] Los inmigrantes hispanos especialmente destacan entre los emprendedores inmigrantes que tomaron la delantera en sustituir empleos que eliminó la recesión, ya que "están creando nuevos negocios a un ritmo más rápido que cualquier otro grupo étnico.

Los hispanos constituyen más de la mitad de los cuarenta millones del país nacidos en el extranjero, y están comenzando negocios a un ritmo que excede incluso al crecimiento de su población."[28] Según DeVere Kutscher, de la Cámara de Comercio Hispana de los Estados Unidos, "los emprendedores hispanos están impulsando el desarrollo económico, y sus empresas están creando empleos y ayudando a sacar al país de la recesión."[29]

El impulso emprendedor de los inmigrantes resplandece ante el hecho de que aunque constituyen sólo el 16 por ciento de los trabajadores estadounidenses, poseen el 28 por ciento de los negocios ubicados en los distritos centrales de las ciudades, un fenómeno que destaca aún más en zonas urbanas.[30] Por todo el país, según datos de 2013,

> los inmigrantes constituyen el 61 por ciento de todos los dueños de gasolineras, el 58 por ciento de los dueños de tintorerías, el 53 por ciento de los dueños de supermercados, el 45 por ciento de los dueños de salones de manicura… el 38 por ciento de los dueños de restaurantes, y el 32 por ciento de los dueños de joyerías y tiendas de ropa.[31]

Una visita casual a hoteles pequeños e independientes también dará a los consumidores una probable oportunidad de conocer a dueños de negocios inmigrantes, con frecuencia renovando la vida de negocios que anteriormente habían sufrido declive.

Cuando yo vivía en Nueva York y Nueva Jersey, el hogar de Ellis Island y un principal punto de entrada para los inmigrantes estadounidenses desde hace siglos, con frecuencia observaba el modo en que los inmigrantes entran a vivir en tugurios y pronto se ponen a trabajar para crear empleo y revitalizar las comunidades en las que viven. Según Borges-Mendez, Liu y Watanabe:

> Los inmigrantes con frecuencia van a barrios de renta baja que tienen poca actividad económica y condiciones físicas en deterioro. Muchos establecen negocios como una alternativa a trabajar en empleos con bajos salarios, normalmente entre 3 y 10 años después de su llegada a los Estados Unidos. Esos negocios son por lo general pequeños a moderados en tamaño e incluyen agencias inmobiliarias, restaurantes, supermercados, salones de manicura y tiendas de regalos. Muchos de esos negocios ofrecen servicios a minoristas o personales que los grupos étnicos del barrio necesitan.[32]

Sería un error suponer que los negocios de inmigrantes no disfrutan de éxito financiero. Según Robert Fairlie de la Administración de Pequeños Negocios: "Las firmas con dueños inmigrantes tienen unas ventas y recibos anuales de 435.000 dólares en promedio, lo cual es aproximadamente el 70 por ciento del nivel de las firmas con dueños no inmigrantes, en 609.000 dólares."[33] Dados los obstáculos que afrontan los inmigrantes para ajustarse a una nueva cultura, idioma, sistema legal y práctica empresarial, el 70 por ciento parece un rendimiento admirablemente fuerte.

¿CÓMO FINANCIAN LOS INMIGRANTES NUEVOS NEGOCIOS?

Entre estadounidenses nativos, dos de las fuentes más importantes de capital para comenzar nuevos negocios han sido tradicionalmente pequeños préstamos de negocios y préstamos de segunda hipoteca de bancos y otras instituciones financieras tradicionales.[34] Esas fuentes se secaron considerablemente durante la reciente recesión, a pesar de que los inmigrantes aumentaron su impulso y su rendimiento emprendedor. ¿Cómo lo hicieron? La mayoría de capital inicial de los inmigrantes, como con todos los emprendedores, viene de los ahorros personales.

Durante un total de nueve años viviendo en Costa Rica, El Salvador y Ecuador, años de viajar a todos los países de Latinoamérica excepto Venezuela, y cuarenta años de estrecho contacto con latinos, con frecuencia me he maravillado del modo en que personas aparentemente pobres se las arreglan para ahorrar dinero. A menudo, cuando les he preguntado de dónde obtuvieron el dinero para algo que necesitaban o querían, ellos han sonreído con orgullo y han dicho: "Siempre tengo mis ahorritos." El uso del diminutivo de la palabra ahorros no sólo sugiere las cantidades relativamente pequeñas de los ahorros, sino también un cierto cariño que el ahorrador siente hacia ellas. Muchos latinos ahorran con orgullo su dinero para así poder viajar, ayudar a un miembro de la familia, o *salvar la situación* cuando las cosas van mal.

Obviamente, no todos en Latinoamérica (ni tampoco en otros lugares) han desarrollado el hábito de ahorrar dinero. Todas las culturas incluyen a personas de distintos tipos de personalidad, y con frecuencia las personas en cualquier cultura gastan todo lo que ganan en sus necesidades inmediatas. Según Andrés Panasiuk, esa es la realidad para la mayoría de inmigrantes.

Mi experiencia es que los inmigrantes son ahorradores, pero no saben cómo ahorrar, especialmente para el largo plazo. Pueden enviar sus ahorros a su país de origen para sostener a familiares o pueden ahorrar invirtiendo en negocios o en bienes raíces. Ahorrar para el futuro es un tema para el que tengo que tomar tiempo para enseñar en mis conferencias.[35]

Sin embargo, esos inmigrantes que no saben cómo ahorrar dinero también tienden a reinvertir esos ahorros en nuevos negocios, propiedades de renta, u otras estrategias rentables.

La cultura de la deuda por tarjeta de crédito que gobierna las finanzas de muchos estadounidenses ha llegado a difundirse bastante en Latinoamérica, y no he encontrado ningunos datos que sugieran que los latinos ahorran más que los estadounidenses.[36] Pero sí existen razones que sostienen la observación casual de que muchos inmigrantes muestran especial diligencia para ahorrar.

En primer lugar, los inmigrantes actuales, como siempre, representan a los más ahorrativos de todos los estadounidenses. Muchos de ellos provienen de países pobres donde han sobrevivido casi con pura frugalidad, y cuando llegan a los Estados Unidos, viven vidas increíblemente frugales. Con frecuencia, tales inmigrantes se han acostumbrado a sobrevivir comiendo arroz y frijoles, una dieta muy nutritiva pero igualmente barata, y no comen "comida festiva" cada día del modo en que lo hacen muchos estadounidenses. En los días festivos, festejan; pero la mayoría de los días comen alimentos sencillos y baratos. Con frecuencia residen en las viviendas más baratas que sean disponibles, y apiñan a muchas personas en sus apartamentos. Visten la misma ropa con más frecuencia, remendándola cuando es necesario para utilizarla al máximo antes de regalársela a otro inmigrante menos afortunado que ellos.

No sólo practican la frugalidad; también trabajan constantemente. Los inmigrantes con frecuencia trabajan en tantos empleos como puedan conseguir, empleando ochenta horas semanales si pueden conseguir el trabajo suficiente para hacerlo. Les gusta trabajar, porque el trabajo les aporta un sentimiento de orgullo y les permite adoptar un enfoque proactivo para resolver sus problemas. Llegaron a los Estados Unidos en busca de oportunidad, arriesgándolo todo. Ahora que están aquí, saben que es momento de sacar el máximo partido.

Una motivación muy sencilla y a la vez apasionada con frecuencia dirige su frugalidad y su diligencia. Envían elevados porcentajes de sus ganancias a su país natal para sus familias, donde el aumento de la inmigración a los Estados Unidos en la década de 1990 y posteriormente ha creado un modelo económico totalmente nuevo basado en los giros de dinero desde los Estados Unidos. Según el Banco Mundial: "Los giros de dinero sobrepasan las reservas de divisa extranjera al menos en 15 países en desarrollo, y son equivalentes como mínimo a la mitad del nivel de reservas en más de 50 países en desarrollo."[37] Sin tales giros de dinero, las economías de muchos países en desarrollo se derrumbarían de la noche a la mañana, junto con las familias de inmigrantes que dependen de ellos.

> En muchos casos, las familias han decidido qué miembro inmigrará y enviará dinero para sostenerlos. Tales miembros sienten un enorme orgullo al ser el sustentador de la familia.

En muchos casos, las familias han decidido qué miembro inmigrará y enviará dinero para sostenerlos. Tales miembros sienten un enorme orgullo al ser el sustentador de la familia; sin embargo, tienen una responsabilidad que va más allá de los meros envíos de dinero. También tienen que ahorrar dinero que más adelante les permitirá llevar a otros miembros de la familia a los Estados Unidos con ellos. Este patrón se aplica a los inmigrantes en todo el mundo, al igual que a los latinos.

No todos los inmigrantes logran tener ahorros impresionantes, pero quienes sí lo logran, llegan a ser emprendedores o accionistas en esfuerzos empresariales por parte de otros inmigrantes. En el caso de Pedro Celis, su éxito financiero en la industria de la computación le condujo a comenzar Plaza Bank junto con otros inmigrantes. Tales bancos tienen una larga tradición en los Estados Unidos, mejor ejemplificada quizá por el epónimo Emigrant Savings Bank, el banco más antiguo y el noveno más grande en la ciudad de Nueva York, el cual fue fundado por inmigrantes irlandeses en 1850. Pero los bancos formales sólo representan una de las maneras en que los inmigrantes crean fondos mancomunados para financiar los comienzos. Los círculos informales de préstamos, "llamados *tandas* en Latinoamérica, *susu* en el África occidental, y *hui* en China… ofrecen préstamos con riesgos mancomunados de grupos informales con el honor familiar como aval."[38] Tales fuentes de capital, especialmente cruciales para emprendedores indocumentados, subrayan los valores comunitarios de los inmigrantes al igual que las virtudes morales tradicionales que hicieron grande a los Estados Unidos a lo largo de su historia.

La renovación de la fe de los Estados Unidos incluye la formación de capital social (es decir, confianza mutua) entre inmigrantes, que sostienen fuertemente valores comunitarios. Al no recibir crédito de personas e instituciones fuera de sus comunidades, recurren unos a otros para obtener ayuda y apoyo mutuos. A medida que aumenta el capital social, el dinero llega a nuevas aventuras empresariales, y el crecimiento del capital financiero sigue como consecuencia directa. No hay nada que tenga mayor importancia para la renovación de las comunidades en zonas marginales.

TRASLADO AL NÚCLEO

He observado con frecuencia que tales familias inmigrantes salen de los barrios urbanos en las generaciones que nacen en los Estados Unidos, integrándose en el núcleo de los Estados Unidos. Tal integración representa una de las mayores glorias de los Estados Unidos, y la entrada de estadounidenses de segunda y tercera generación al núcleo aporta sangre nueva, perspectivas nuevas y, con frecuencia, nuevos negocios a pueblos y ciudades envejecidos.

Hace treinta años yo solía visitar el barrio de Trenton en el distrito de Chambersburg, que gozaba de una amplia fama por sus espectaculares restaurantes italianos. Nunca he comido en restaurantes mejores, algunos de los cuales costaban cien dólares por cubierto debido a la alta calidad de la comida y la elegancia del ambiente. Actualmente esos restaurantes están todos cerrados. Los prósperos inmigrantes italianos se han mudado a vecindarios más cómodos fuera de la ciudad, aun migrando al otro lado del país. En su lugar, inmigrantes mexicanos han tomado el relevo para reconstruir y renovar el centro de las ciudades. Desde los barrios más empobrecidos de nuestras ciudades más antiguas de la costa este hasta las nuevas torres resplandecientes de Silicon Valley, California y Bellevue, Washington, por todos los lugares del país, de océano a océano radiante y por olas ámbar de trigo, los nuevos Peregrinos están renovando la economía de los Estados Unidos y emitiendo al mundo el mensaje de que, en esta ciudad brillante de alabastro, cualquiera puede tener éxito. Libertad, prosperidad, dignidad y fe siguen resplandeciendo por todo el mundo desde el monte de los Estados Unidos.

11

RENOVAR LA
EDUCACIÓN SUPERIOR

El Dr. Jesse Miranda, a los setenta y ocho años de edad, figura como el apóstol de la educación superior en las mentes de muchos inmigrantes cristianos hispanos en los Estados Unidos. Jesse comenzó la vida como hispanoamericano en Nuevo México, donde miembros de la familia de su madre se enorgullecían de haber llegado a los Estados Unidos desde España antes de la conquista estadounidense del sudoeste durante la Guerra de Estados Unidos-México (1846-47), conocida en México como la Intervención estadounidense en México. "Yo no crucé la frontera; la frontera me cruzó a mí", decía siempre su madre.[1] Los estadounidenses en el sudoeste podrían considerar que el concepto de "inmigración ilegal" no parecía molestar a los soldados estadounidenses que tomaron por la fuerza Arizona, Nuevo México, Colorado, Nevada, California y Utah a México por la fuerza hace solamente unas cuantas generaciones atrás.

Los ancestros por parte materna del Dr. Miranda encajan en la categoría propuesta por John Ogbu de minoría involuntaria en lugar de inmigrante voluntario, de modo que su perspectiva de la identidad estadounidense hizo del éxito en los Estados Unidos un concepto más complicado.[2] Los "Spanish-Americans", la descripción étnica preferida antes de la década de 1960, que vivían en el sudoeste en el momento de la conquista estadounidense, han batallado históricamente por prosperar en la educación superior estadounidense y en la sociedad en general. Un amigo mío recientemente me habló de un caso en el que un estadounidense confrontó con enojo a una mujer después de que ella terminara su conversación telefónica en un idioma que él supuso que era español. "¡Usted debería aprender a hablar inglés!", le dijo. "El idioma de los Estados Unidos de América es el inglés, y usted debería adaptarse a hablar el idioma nativo de la nación donde vive."

"Señor", respondió ella, "estaba hablando en navajo." Mi amigo no sabía si el hombre entendió la ironía. Las personas con mentalidad de conquista no consideran con frecuencia los motivos por los que otros no se rinden a sus esfuerzos por eliminar la diversidad. Por consiguiente, las minorías involuntarias que se resisten a la presión a integrarse tienden a enfrentarse a obstáculos y hostilidad en la búsqueda del éxito, incluido en el campo de la educación superior.

El propio deseo del Dr. Miranda de seguir una educación formal a pesar de la pobreza de su familia y su aislamiento de la corriente general estadounidense comenzó en su iglesia pentecostal cuando él tenía nueve o diez años de edad. En lo que los pentecostales llaman "el resplandor" del culto de la iglesia, cuando los miembros se ponen de pie, se arrodillan y se tumban en posiciones boca abajo o de espaldas orando en el frente de la iglesia después del sermón, su madre se acercó a él y se sentó a su lado. Le dijo: "Hijo, cuando tú seas hombre, quiero que seas un hombre educado."

"Sí, mamá", respondió él.

"Allí está un hombre educado", le explicó, señalando a un hombre que estaba tumbado en el piso: el director de jóvenes y solista del programa de radio de la iglesia, que también servía como diácono. El

Dr. Joe Martínez era joven y brillante, profesor en la Universidad de Nuevo México que tenía una licenciatura en ingeniería. Pero estaba tumbado semiinconsciente en oración en éxtasis delante del altar de la iglesia.

"Lo que pensé era que un hombre educado era un hombre con un corazón encendido y una mente iluminada: porque él tenía ambas cosas. Él estaba tumbado en el piso, y aun así tenía un puesto académico. De modo que esa fue la imagen que obtuve. Él era mi mentor. Esa fue la imagen que tomé de allí", recordaba el Dr. Miranda.

Nadie en la familia de Jesse había estudiado nunca en la universidad. Su padre, inmigrante desde México, había pasado seis semanas en la escuela cuando era niño, pero siempre señalaba que el maestro estuvo enfermo y ausente durante tres de aquellas semanas. Como contraste, Jesse siempre tuvo planes de estudiar en la universidad como había hecho el Dr. Martínez. Como muchos alumnos de minorías étnicas, su plan se enfrentaba a obstáculos culturales, sociales e incluso religiosos.

Los amigos de Jesse en la iglesia le dieron su ventaja más importante para vencer los obstáculos adolescentes.

Yo vivía en el *barrio*, con muchachos duros, y podría haber seguido también ese camino, pero Joe Martínez ayudó a llegar a un buen grupo de jóvenes a la iglesia y fue un buen mentor para nosotros. El hierro con otro hierro se aguza. Solíamos orar juntos, hacer cosas diferentes a otros jóvenes que hacen cosas extrañas. No, teníamos sesiones de oración nosotros mismos y, por lo tanto, yo tenía 16 años cuando estaba en undécimo grado, y mis amigos eran mayores que yo. Clovis y Richard, dos jóvenes de la iglesia, y hubo otros, fueron a la escuela bíblica. Así que allí estaba yo, cinco de mis amigos de la iglesia se habían ido a estudiar a la escuela bíblica, y yo los extrañaba. Regresaron diciendo que la escuela bíblica es esto, es aquello… de modo que acudí al hermano Girón, el superintendente [del Distrito Hispano de las Asambleas de Dios] en ese tiempo, y le dije: "Hermano, mire, el Señor me está llamando a ir a la escuela bíblica." Él me preguntó: "¿Terminaste la escuela?." Le dije que me quedaba un año más, y él me dijo: "Hijo, si eso es lo que sientes, deberías hacerlo. Ve. Pero quiero que prometas una cosa. Que vas a terminar la secundaria de alguna manera, más adelante."[3]

Efectivamente, Jesse fue al Instituto Bíblico Latinoamericano (LABI) en El Paso (ahora en San Antonio). Después de graduarse de LABI con un diploma de tres años, pasó a ser pastor de una iglesia en Chama, Nuevo México, a la madura edad de veinte años.

Tras comenzar su trabajo como pastor, Miranda acudió al director de la secundaria local y le dijo: "Necesito terminar mi título." Él dijo: "Reverendo, no puedo verlo sentado en un salón de clase con los miembros de su iglesia. Aquí…", y el director le dio una dirección en Santa Fe, la capital del estado de Nuevo México. "Vaya a ver a esta persona, y él le hará un examen, y usted obtendrá su diploma GED", y por lo tanto, Miranda continúo su educación.

Tras dos años en el pastorado, Miranda recibió una invitación del Instituto Bíblico Latinoamericano en La Puente, California, para unirse a su profesorado. Aunque no tenía título universitario, se había fraguado una reputación como líder en su escuela bíblica y como un pastor inteligente. Las escuelas bíblicas en aquellos tiempos, al igual que en el presente, tendían a interesarse más por las habilidades prácticas del maestro y su madurez espiritual que por sus calificaciones formales. Por lo tanto, Miranda se mudó a La Puente y se presentó como estudiante en el instituto Mount San Antonio, un colegio comunitario cercano de nivel posecundario.

Miranda recordaba que inmediatamente se encontró con obstáculos. Después de estar en la fila para matricularse, le informaron que no podía ser admitido con un diploma GED.

Así que me iba, pero un compañero que estaba también en la cola salió detrás de mí y me dijo: "Escucha, escucha, oí lo que te dijeron, y no tires la toalla", porque yo iba a irme y decir que no podía matricularme. Pero él me dijo: "Esto es lo que tienes que hacer. Yo hice lo mismo. Ve y toma las clases en la noche, no en el programa regular sino en la noche, y saca buenas calificaciones y después regresa y diles: "Miren, puedo hacer el trabajo." Así que yo hice eso, y realicé el primer ciclo universitario.[5]

Después de terminar su título de asociado, Miranda continuó en la Universidad Vanguard y se graduó con su bachillerato universitario en Biblia. Desde ahí, siguió hacia una maestría en educación religiosa en el Seminario Teológico Talbot (Universidad Biola). Poco después llegó a ser el director de una escuela diurna cristiana y el copastor de una iglesia de Asambleas de Dios en el Distrito del sur de California, no en el Distrito Hispano. Durante sus dos años en esas posiciones vio la necesidad de tener una maestría en administración educativa de la Universidad Estatal de California, Fullerton.

Después de sacar dos maestrías, Miranda se matriculó en la Universidad del Sur de California en un programa de licenciatura en ética social. Difícilmente un estudiante profesional, había recorrido sus cuatro primeras carreras y había entrado en su quinto programa académico a la vez que criaba a una familia y trabajaba en dos empleos a jornada completa. Los inmigrantes en general, como los otros estudiantes adultos, tienden a adoptar un enfoque muy pragmático del aprendizaje.[6] Cuando Miranda terminó su segundo año en el programa de doctorado, se dio cuenta de que las cosas en las que se enfocaba la escuela carecían de relevancia para su gente. "Estaban hablando acerca de la fertilización *in vitro*, y yo dije: eso no predicará en nuestra comunidad; es lo último que necesita nuestra gente."[7] De modo que se trasladó al primer programa de doctorado ministerial en el Seminario Teológico Fuller y terminó su título allí.

La educación del Dr. Miranda, combinada con su experiencia administrativa, su don de gentes superior, y sus destacados talentos ministeriales le ayudaron a ascender por las filas eclesiales rápidamente, y sirvió como secretario ejecutivo, superintendente asistente y después finalmente como superintendente (durante ocho años), del distrito latino del Pacífico de las Asambleas de Dios. Como líder clave de las iglesias hispanas en todos los Estados Unidos, y especialmente en California, Miranda constantemente alentaba a los líderes jóvenes a estudiar en la universidad y el seminario.

> Mi método de alentar es modelar. Jesús dijo: "Ven y ve", y yo he usado ese modelo. A nuestra gente le gusta ver modelos en lugar de escuchar ideas. Yo "muestro y cuento" mi historia para alentar a las personas. Más adelante, el superintendente general de las Asambleas de Dios investigó y descubrió que el distrito latino del Pacífico tenía los ministros con mayor educación de todas las AD. Uno se gradúa, después otros, y entonces otros siguen y modelan.[8]

Para cualquiera que esté familiarizado con la inmigración y las iglesias pentecostales, tal modelo destaca como verdaderamente distintivo. A lo largo de los años, Miranda ha inspirado a incontables números de ministros a proseguir hacia la educación superior, con muchos de sus alumnos y discípulos que lograron maestrías y doctorados en universidades como Harvard, Yale, Princeton, y otras escuelas de primera categoría.

A medida que la carrera de Miranda como líder eclesiástico continuó, surgieron disturbios raciales en Los Ángeles, y sintió la necesidad de involucrarse más en abordar las necesidades de la sociedad. Por lo tanto, dejó su posición ejecutiva para formar pastores y líderes como miembro del profesorado y rector asociado de la Facultad de Teología en la Universidad Azusa Pacific (APU). En respuesta a la agitación social, la APU se había comprometido a trabajar con comunidades minoritarias para levantar líderes, y Miranda por mucho tiempo había demostrado sus habilidades de liderazgo.

En su nueva posición, Miranda abrió sedes de extensión de la APU para formar líderes en comunidades afroamericanas, asiáticas y latinas. Él dijo:

> Cuando trabajé en esas comunidades, vi la necesidad de organizar a la unidad hispana. Durante la amnistía de Reagan, muchos latinos llegaron a los Estados Unidos y se convirtieron en el tema de discusión en todas las instituciones: escuelas, gobierno, la iglesia. Por lo tanto, la Fundación Pew tuvo cierto interés respecto a cómo ayudar a los hispanos.[9]

El Pew Charitable Trusts había contratado a Luis Lugo de Calvin College para dirigir proyectos de investigación y, junto con Danny Cortés, un ministro en Filadelfia, reunieron a líderes latinos escogidos para hablar de las necesidades de la población latina. El grupo llegó a la conclusión de que organización y unidad constituían las mayores necesidades, de modo que Pew ofreció fondos para ayudar en la formación de una nueva asociación para ayudar a reunir líderes hispanos. En la reunión organizacional en Long Beach, California, en 1992, emergió un nuevo grupo nacional con Miranda como su presidente: la *Asociación de Ministerios Evangélicos Nacionales* o AMEN. Como acrónimo de la organización, AMEN tenía especial relevancia para los líderes latinos. Como en inglés, la palabra *amén* significa "sí" o "estoy de acuerdo", recordando el famoso clamor de César Chávez: "Sí se puede." Los cristianos latinos dicen "amén" a todo lo que les gusta. La organización convocó a líderes hispanos de toda la nación: jóvenes y viejos, de todas las denominaciones evangélicas y rincones solitarios, entre los hispanos de todas las naciones latinoamericanas, y les dio un punto focal.

Durante diez años, Miranda dirigió la organización, patrocinando cuatro convenciones nacionales y muchos seminarios y reuniones regionales. Ellos patrocinaron el primer desayuno de oración presidencial hispano, una reunión que continúa hasta la fecha. Miranda se reunió con los presidentes Reagan (antes de que se formara AMEN), Bush y Clinton, y cuando George W. Bush se convirtió en presidente, presentó AMEN en una conferencia de prensa nacional relacionada con su Oficina de Iniciativas Basadas en al Fe y Comunitarias. Después de diez años, en busca de un líder más joven, Miranda condujo a AMEN a fusionarse con la Conferencia Nacional de Liderazgo Hispano (NHCLC), con el reverendo Samuel Rodríguez como presidente del esfuerzo combinado. Actualmente, NHCLC es la organización hispana más grande del país.

NUEVA GENERACIÓN DE HISPANOS
EN LOS ESTADOS UNIDOS

Jesse Miranda modeló el camino para los nuevos Peregrinos actuales, quienes creen con fuerza en el valor de la educación superior. Líderes cristianos con una gran educación como Isaac Canales, Wilfredo de Jesús, Samuel Rodríguez y Gaston Espinoza siguen en la penumbra de su liderazgo. Pero ellos no son únicos en buscar aprovechar las oportunidades que proporciona nuestro sistema de obtener una educación superior. Jessica Domínguez, una destacada abogada de inmigración en la zona de Los Ángeles, proporciona un estupendo ejemplo que está a la altura del de Jesse Miranda. Nacida en Iquitos, Perú, Domínguez llegó a los Estados Unidos a los catorce años de edad para reunirse con su madre, una inmigrante indocumentada. Como muchos inmigrantes, Jessica llegó a los Estados Unidos con un visado legal de turista pero se quedó en el país después de la fecha de expiración.[10] Como muchos inmigrantes adolescentes de su generación, tuvo que dejar la secundaria para trabajar y sostener a su familia. Apenas sabía hablar una palabra de inglés, pero consiguió un empleo en una fábrica de galletas en Nueva Jersey y comenzó a tomar clases de inglés como segundo idioma (ESL), decidida a aprender el idioma lo antes posible.

> Jessica Domínguez, una destacada abogada de inmigración en la zona de Los Ángeles, llegó a los Estados Unidos con un visado legal de turista pero se quedó en el país después de la fecha de expiración.

Después de un tiempo, su posición en la fábrica de galletas fue eliminada, pero encontró rápidamente otros empleos, trabajando en Burger King y en una fábrica de cosméticos. Su inteligencia natural y sus habilidades de liderazgo se mostraron, y dos semanas después de comenzar su nuevo empleo en la fábrica de cosméticos, obtuvo un ascenso a un trabajo de supervisora: ¡a los quince años de edad! Más avanzado ese mismo año, ella y su madre se mudaron a Los Ángeles, donde ella intentó asistir a la escuela secundaria, pero vio que era necesario dejarlo y trabajar a jornada completa. Levantándose a las 3:00 de la mañana cada día para abrir su ventana de comida para llevar en un McDonald′s local, servía a los clientes con tal encanto y eficiencia que no pudo evitar que se fijaran en ella. Antes de que hubiera pasado mucho tiempo, un hombre de la tercera edad que pasaba cada día para comprar su café de la mañana, le dijo: "Deberías trabajar en una oficina. Ven y trabaja para mí en mi agencia de seguros y te enseñaré todo lo que necesitas saber sobre seguros."[11]

Como la típica familia inmigrante de la que hablamos en el capítulo 9, la familia de Jessica se preocupó de que el hombre pudiera intentar aprovecharse de la muchacha de diecisiete años, así que ¡ocho miembros de la familia la acompañaron a la entrevista para su nuevo empleo! Jessica aprendió enseguida sobre el negocio de los seguros y obtuvo habilidades administrativas, y después aceptó un segundo empleo trabajando para otro agente de seguros. Tras ocho meses, una tercera agencia le ofreció más dinero para que trabajara para ellos.

A pesar de su gran éxito en el negocio de los seguros, Jessica tenía sueños que perseguir. Cuando era una niña en Perú, su familia de clase media siempre había esperado que ella llegara a ser médico o abogado, pero ella comenzó a soñar seriamente en ser abogada cuando experimentó el caso de divorcio de sus padres. "El último día en el tribunal", decía ella, "me dijeron que el juez me haría preguntas, pero eso no sucedió. ¡Yo debería haber tenido una oportunidad de hablar!." Decepcionada por la injusticia que sufrían los hijos en casos de divorcio, decidió luchar por la justicia para los hijos en la ley doméstica. Llegar a los Estados Unidos realmente hizo que ese sueño fuera más difícil de cumplir, ya que la pobreza hacía muy difícil para ella seguir en la escuela.

"Cuando llegué a este país, no tenía nada excepto una mochila llena de sueños", decía ella, pero a pesar de los retos de la supervivencia como inmigrante indocumentada, ella nunca soltó sus sueños. "Tengo mucha esperanza en mi vida. Pensaba que algún día, de algún modo, iba a suceder. No tenía [un plan con pasos] A, B, C. Uno hace lo que tiene que hacer. Pero siempre creí que habría algo mayor."[12]

El trabajo administrativo de Jessica resultó en conocer y casarse con su esposo, Javier Domínguez, a los dieciocho años de edad. Cuando él acudió a su madre para pedir la mano de Jessica, un requisito imprescindible en las familias latinas, su madre le pidió que se asegurara de que Jessica podría estudiar en la facultad de derecho. Pero las cosas se pusieron más difíciles antes de ponerse más fáciles. Ella tuvo pronto su primer bebé, y cuando un segundo hijo vino al mundo con necesidades especiales, ella tuvo que dejar el trabajo para quedarse en casa y cuidar de él. Irónicamente, esta dificultad también le proporcionó el tiempo suficiente para regresar a la escuela, y se propuso trabajar en obtener un diploma GED lo antes posible.

Los colegios comunitarios posecundarios desempeñan un papel muy importante en hacer un camino para que los inmigrantes lleguen a la educación superior, y Domínguez se matriculó en Pierce College en cuanto terminó su programa GED. "No sé lo que me dio las agallas para matricularme en clases de honores en Pierce College", decía ella, "pero lo hice, y resultó que eso me consiguió una beca para terminar mi carrera en Pepperdine."[13] Después de terminar una licenciatura en sociología de una escuela muy prestigiosa, pasó a obtener su doctorado en derecho estudiando a tiempo parcial en la facultad de derecho de la Universidad de Laverne.

Como estudiante en Laverne, Domínguez impresionó al decano, Robert Ackrich, quien la contrató como secretaria de juzgado después de su graduación en 2000. "Yo iba a ser abogada de familia, pero cada vez que iba al tribunal, regresaba llorando. El cónyuge que tenía más dinero siempre obtenía la mejor decisión, y no los hijos. Mi familia era muy consciente de que yo me sentía fracasada. No estaba obteniendo justicia para los hijos. Así que mi madre me dijo que debería de especializarme en las leyes de inmigración. Yo no sabía nada al respecto, así que le pregunté al señor Ackrich: ¿podría recomendarme con un abogado de inmigración, porque me gustaría aprender sobre eso?'."[14]

Su mentor llamó inmediatamente a un amigo, y dos días después ella fue a los tribunales con un caso de inmigración. Le encantaba: el hecho de que pudiera conseguir justicia para sus clientes. La nueva agencia la contrató como secretaria del juzgado, y esa decisión puso en movimiento su llamado. Ella es ahora "uno de los abogados de inmigración más cotizados en Los Ángeles."[15]

> Más que nunca antes, los inmigrantes cristianos actuales creen en el valor de la educación superior. Los inmigrantes están representados en la población estudiantil universitaria con los mismos índices que los blancos.

Domínguez rápidamente comenzó a alcanzar notoriedad como abogada que era telegénica y elocuente para explicar la ley de inmigración estadounidense en español. Su gran salto llegó en 2013 cuando descubrió sobre María Suárez, una esclava sexual mexicana que estaba siendo deportada de los Estados Unidos. Cuando un vecino del hombre que había comprado a María y abusado de ella mató a su atormentador golpeándolo hasta la muerte con la pata de una mesa, ella fue arrestada por conspiración para cometer asesinato.[16] La mujer inocente había pasado veinte años en la cárcel, y ahora se enfrentaba a la deportación.

Horrorizada por la injusticia que había sufrido la mujer, Domínguez adoptó la causa de la mujer y "ayudó a organizar encuentros, comenzó una campaña para escribir cartas, y asedió a los representantes electos."[17] A medida que su campaña captó la atención internacional, Marta Sahagun de Fox, la primera dama de México en ese momento, se involucró, al igual que la congresista estadounidense Hilda Solis. Finalmente, los abogados de María tuvieron éxito en conseguir un visado para ella como víctima de tráfico humano, y cuando ella celebraba su liberación junto con su familia, dijo de Domínguez: "Ella es mi ángel."[18] Desde ese momento, Domínguez llegó a ser conocida como el ángel de la justicia. Su aguda inteligencia y atractiva personalidad han abierto oportunidades como contribuidora frecuente en los medios de comunicación como Fox News, *The Huffington Post* y *Univisión*, donde presenta una sección semanal llamada "Ángel de justicia" en el programa ¡Despierta, América![19]

El Dr. Miranda observó que, más que nunca antes, los inmigrantes cristianos actuales creen en el valor de la educación superior. Los hechos le dan la razón. Por primera vez en la historia, los inmigrantes están representados en la población estudiantil universitaria con los mismos índices que los blancos. En otras palabras, los blancos van a la universidad con un índice casi igual al de su porcentaje de población. De manera similar, el 23 por ciento de los estudiantes universitarios son inmigrantes o estadounidenses de primera generación, igual al porcentaje de jóvenes en ese grupo.[20] Los porcentajes de titulados medios provenientes de familias inmigrantes son incluso más elevados en los populosos estados de California (45 por ciento) y Nueva York (35 por ciento).[21]

Cuando yo estaba estudiando en mi programa doctoral en 1996, recuerdo que salió un informe que decía que el 50 por ciento de graduados de secundaria hispanos ingresaron a la universidad dentro de los cuatro años de haberse graduado, comparado con el 67 por ciento de graduados de raza blanca. Menos de 15 años después, la asistencia universitaria de los hispanos se ha remontado, junto con el elevado índice de graduados de secundaria. Según Pew Research en 2013,

> Un récord de siete de cada diez (69 por ciento) de graduados de secundaria hispanos en la clase de 2012 se matricularon en la universidad ese otoño, dos puntos porcentuales más elevados que el índice (67 por ciento) entre sus homólogos blancos.[22]

Usted leyó eso correctamente. El porcentaje de bachilleres latinos que se matricula a la universidad es mayor, más que el de los graduados blancos. Además, el porcentaje de graduados de secundaria entre latinos ha aumentado mucho. Pew observaba que "en 2011 solamente el 14 por ciento de los hispanos entre dieciséis y veinticuatro años de edad habían abandonado la escuela, la mitad del nivel registrado en 2000 (28 por ciento)."[23] La mayor parte de esta mejora se ha producido en los seis últimos años a medida que las actitudes han cambiado de manera dramática desde la recesión del año 2008.

Durante años, eruditos escribieron sobre el modo en que la cultura latina daba un valor muy bajo a la educación superior. Anteriores generaciones de hispanos en los Estados Unidos con frecuencia descendían de las primeras poblaciones que se convirtieron en minorías mediante la conquista en lugar de la inmigración, y su estatus social afectaba directamente a su confianza y su deseo de seguir una educación universitaria. Ogbu y Simons escribieron que, a pesar de su reconocimiento de que el éxito en los Estados Unidos requiere educación y trabajo duro, las minorías involuntarias desarrollan, a lo largo del curso de varias generaciones, un punto de vista de que su estatus los expone a una discriminación injusta y también a otras barreras para tener éxito. En consonancia:

> Han llegado a creer que (1) la discriminación en los empleos y los salarios está más o menos institucionalizada y es permanente, y (2) el esfuerzo individual, la educación y el trabajo duro son importantes pero no suficientes para vencer el racismo y la discriminación.[24]

Su creencia en que la sociedad ha impuesto condiciones de desigualdad contra ellos puede que no sea incluso consciente, pero afecta poderosamente a sus vidas.

Incluso mientras alientan a sus hijos a permanecer en la escuela, prometiéndoles que eso les permitirá tener éxito más adelante en la vida,

> por sus experiencias personales y de grupo con la discriminación en el empleo, saben demasiado bien que el éxito escolar con frecuencia no conduce a un buen empleo. Además, con frecuencia participan en diversas formas de "lucha colectiva" con los blancos para tener más oportunidad de trabajo. Los hijos de minorías involuntarias se ven afectados por esta actual textura de las vidas de sus padres: observan y oyen de las experiencias de sus padres. Finalmente, ellos comparten la ambivalencia de sus padres. Así, las minorías involuntarias están menos seguras de que la educación conduce al éxito o ayuda a vencer barreras o el ascenso social.[25]

Ogbu y Simons contrastaron a las minorías involuntarias con los inmigrantes voluntarios, quienes

> consideran el éxito escolar una importante ruta para tener éxito en los Estados Unidos. La comunidad, la familia y los estudiantes creen con fuerza en que las mismas estrategias que emplean los estadounidenses blancos de clase media para obtener el éxito, es decir, el trabajo duro, seguir las reglas y obtener buenas calificaciones, también funcionarán para ellos en la escuela y en el futuro mercado laboral.[26]

Parecería que los latinos actuales en los Estados Unidos han adoptado cada vez más la mentalidad inmigrante.

Todo ha cambiado ahora, como ha sucedido para otras minorías étnicas. *The Chronicle of Higher Education* ha reportado: "A lo largo de la última generación, estudiantes de todos los grupos raciales y étnicos aumentaron sus índices de asistencia a la universidad en puntos porcentuales de doble dígito."[27] Pero recientemente, el crecimiento de grupos minoritarios ha sobrepasado al de estadounidenses blancos en asistencia a la universidad. "Los índices de matriculación de negros y asiáticos también aumentaron desde 2009 a 2010, con 88.000 y 43.000 estudiantes más negros y asiáticos matriculándose, respectivamente. Los estudiantes blancos eran el único grupo étnico para los cuales el Pew Hispanic Center reportó crecimiento negativo… una caída del 4 por ciento."[28]

The Chronicle nota especialmente la "importancia que las familias latinas dan a la educación universitaria":

> Según un sondeo en 2009 de Pew Hispanic Center, el 88 por ciento de latinos de 16 años de edad en adelante estaba de

acuerdo en que un título universitario es necesario para avanzar en la vida en la actualidad. Como contraste, un sondeo separado en 2009 de todos los estadounidenses de 16 años en adelante descubrió que un porcentaje menor (74 por ciento) decía lo mismo. *The Huffington Post* nota el cambio de valores pasados, pues el 94 por ciento de padres hispanos "dicen que esperan que sus hijos realmente estudien en la universidad; más del doble de la cifra que dice que sus propios padres esperaban que lo hicieran."[29]

Los inmigrantes cristianos han sido especialmente sabios respecto al valor de la educación superior. Según el Dr. Miranda:

Han visto los resultados de la educación y lo que ha hecho por otras personas. Aquí está un muchacho del *barrio*, que dejó la secundaria y obtuvo un GED. Los estudiantes ven los resultados de ello en mi vida, y ven a otros graduándose y convirtiéndose en un bien positivo en nuestro movimiento. Los inmigrantes actuales tienen un mayor deseo de educación de la que tenían los anteriores. Llegan aquí, sí, para sobrevivir, pero también ven los beneficios de una educación: que puede llevarlos más lejos, que su inversión de tiempo y dinero [en educación] les lleva más lejos a la larga. Debido a que los estudiantes hoy día están más informados mediante los medios de comunicación, la Internet y las computadoras, las noticias sobre educación superior pueden llegar a más personas. Ya no están en un *barrio* mental, sino que están oyendo las historias de éxito de otros, y eso es alentador.[30]

Según Associated Press, el semestre de otoño de 2014 marca la primera vez en la historia que una mayoría de estudiantes en las escuelas de primaria y secundaria de los Estados Unidos no provenían de familias de raza blanca.[31] El crecimiento de la población latina, con un pico tanto en inmigración como en índices de natalidad, ha desempeñado un importante papel en esta nueva realidad. En cuanto al progreso de los estudiantes actuales en K-12 por el sistema y hasta la universidad, los estudiantes que no son blancos marcarán una impresión cada vez mayor en los cuerpos estudiantiles colegiados. Entre ellos, los hijos de inmigrantes cristianos marcarán un impacto, pues llevan con ellos un compromiso religioso más intenso y valores familiares más fuertes. El Dr. Miranda dice: "Creo que llegarán con mucho fuego, mucha esperanza, y creo que si nosotros como nación, si nosotros como iglesia, abrimos las puertas y les damos una oportunidad, no hay límite en cuanto a lo que ellos pueden hacer."

> Los hijos de inmigrantes cristianos marcarán un impacto, pues llevan con ellos un compromiso religioso más intenso y valores familiares más fuertes.

Un modo en que los hijos de los nuevos Peregrinos influenciarán universidades, como hemos visto en el ejemplo de Ilona Trofimovich, implica su mayor compromiso a sus familias y a la comunidad que los rodea. Mientras que muchos estudiantes estadounidenses tradicionales han tenido tendencia a evaluar las universidades en términos de sus fiestas, y aun sus bacanales, muchos inmigrantes y estadounidenses de primera generación van a la universidad con un sentimiento mucho más profundo de la seriedad del asunto, de lo que sus padres se han sacrificado para llevarlos hasta allí, y de lo que les deben a sus familias. El Dr. Miranda sugería:

Creo que su experiencia, la necesidad de sus familias quizá, hará que no sólo busquen avance para ellos mismos sino también lleven a su familia con ellos. Ellos crecen con la mentalidad de familia, de modo que no es el individualismo que vemos en los Estados Unidos. Ellos quieren que las vidas de sus familias mejoren, no sólo sus propias vidas individuales. También llegan a la escuela siendo padres, y no sólo hijos, y eso marcará una gran diferencia.[32]

ESTRATEGIA DE RECLUTAMIENTO
PARA UNIVERSIDADES

A medida que las universidades busquen atraer a los nuevos Peregrinos a sus campus, harían bien en tomarse en serio a las familias. Miranda comentaba:

La familia estadounidense dice que uno es su propia persona, es un individuo, mientras que una familia hispana dice: no, tú eres parte de la familia, y la familia toma la decisión. Por lo tanto, no vas a la universidad debido al bonito catálogo o dónde está situada en la educación superior estadounidense, si está entre las 10 mejores o entre las 100 mejores. No creo que ellos miren esas cosas. Ellos preguntan: "¿cuál es el beneficio y que va a suceder después de la educación?." Yo siempre digo que para convencer a un niño para que vaya a la escuela, hay que hablar con los padres y hablar con el pastor. Esas son las dos pautas.[33]

Miranda recordaba la historia de una estudiante cuyo padre era presbítero de zona y pastor en Fresno. El padre acudió a él y le dijo: "No sé por qué ella quiere ir a la escuela en el este cuando puede ir precisamente aquí en la universidad estatal de Fresno. Quiere ir al este y eso está muy lejos de nuestra familia, y en segundo lugar, no sé qué tipo de iglesia hay allí, y ella se ha criado en la iglesia. Ella es hija de pastor, y se alejará de la iglesia si no tenemos cuidado. ¿Podría decirle que se quede aquí y vaya a la Fresno State, porque yo sé que usted conoce la educación?."

Miranda dijo: "Bien, hablaré con ella." Así que le preguntó: "¿Por qué quieres ir al este? Tu padre quiere que te quedes aquí en Fresno; quiere que sigas asistiendo a la iglesia."

La joven respondió: "Hermano, tengo una beca completa de cuatro años para Harvard, y no puedo rechazarla."

Miranda se rió a sabiendas y dijo: "Muy bien, déjame hablar con tu papá." Regresando al padre, le dijo: "Hermano, usted no sabe lo que le han ofrecido a ella. No sólo son miles de dólares, sino que también es la mejor educación del país. No, si ella se va y usted me lo permite, me mantendré en contacto. Le escribiré cada mes y me enteraré de dónde hay una iglesia allí, y le haré responsable de que vaya, y yo le informaré a usted."[34]

Cuatro años después, ella se graduó de Harvard y llegó a ser oficial del Departamento de Estado en Costa Rica. Actualmente trabaja como vicepresidenta de un banco en Los Ángeles. Su historia ilustra, sin embargo, que padres y pastores desempeñan un importante papel en las decisiones universitarias de jóvenes inmigrantes latinos y otros cristianos. "Ella me tomó como un obispo, un superintendente, y dijo: 'Bien, hagamos que esto funcione'", resumió Miranda.[35] Lo mismo es cierto entre asiáticos y otros grupos inmigrantes. Los padres y los pastores pueden desempeñar papeles cruciales en las decisiones educativas de los jóvenes. Tener a hispanos en el profesorado y en el cuerpo estudiantil solamente suma una pequeña parte de un programa exitoso. Un ambiente multicultural exitoso requiere una combinación de reclutamiento, retención, asuntos de clima, pedagogía y el programa de estudios, valores organizacionales, cultura, estructura y desarrollo del personal.

LA VIDA ENTREMEDIAS

Como Pew Charitable Trusts ha descrito en un informe de investigación titulado "Entre dos mundos: cómo los jóvenes latinos llegan a la mayoría de edad en los Estados Unidos", los inmigrantes latinos y sus hijos, como todos los otros grupos de inmigrantes, viven en la tensión de dos mundos diferentes.[36] Hablan varios idiomas y viven entre dos o más ambientes culturales diferentes. Con frecuencia, los hijos de inmigrantes de clase trabajadora cubren diferentes clases sociales a medida que se convierten en profesionales con educación universitaria. Barajan diferentes comunidades y lealtades. Al contar la historia de su vida, Miranda sacó una y otra vez el concepto de *nepantla*.[37]

Como observaba Miranda, los indios aztecas, durante la conquista española de México, utilizaban la palabra *nepantla* para describir las dinámicas que estaban experimentando. La palabra se refiere a "estar entremedias" o "tanto uno como otro." Él explicaba:

Los españoles preguntaban: "¿vas a ser leal a nosotros o a ellos?", y ellos decían: "*Nepantla*": tanto uno como otro. Lo que sucedió es que tienes una reconfiguración de tu ser, porque ves lo negativo y lo positivo. Y de ese modo eres capaz de quitar los mitos de tu propia cultura o los temores a otra sociedad conquistadora, y eres capaz de verte a ti mismo en una realidad diferente, y va a haber un cambio, y quieres ser parte de ese cambio. Por lo tanto, es bastante sabio por su parte optar por "estar entremedias" y decir: "Me pondré de tu parte y también me pondré de mi parte a medida que avancen las cosas." Y creo que esa es una clave con respecto a la educación. La educación abre tus ojos a una realidad y ves esas cosas en tu vida que son mitos y ficciones.[38]

Pew reconocía la tensión en la comunidad hispana actual al observar las contradicciones en la comunidad:

> Los jóvenes latinos están satisfechos con sus vidas, son optimistas respecto a su futuro, y dan un elevado valor a la educación, el trabajo duro y el éxito en la carrera. Sin embargo, tienen mucha más probabilidad que otros jóvenes estadounidenses de dejar la escuela y convertirse en padres adolescentes. Tienen mayor probabilidad que los jóvenes blancos y asiáticos de vivir en la pobreza. Y tienen los niveles más elevados de exposición a las pandillas. Estas son actitudes y conductas que, a lo largo de la historia, con frecuencia se han relacionado con la experiencia inmigrante.[39]

Cuando la comunidad hispana trata la misma *anomia* que todos los grupos inmigrantes han afrontado en la historia estadounidense, iglesias y universidades tienen una tarea que realizar.

VENCER PREJUICIOS BASADOS EN LA RELIGIÓN

Pese a lo mucho que la *anomia* contribuye al índice de abandono de los estudios entre inmigrantes, otros factores más allá de la conducta disoluta también conducen a ese abandono. Aunque la investigación ha demostrado por mucho tiempo que los cristianos evangélicos se enfrentan a retos especiales en su educación superior y están en riesgo en términos de abandono escolar,[40] las revistas profesionales que publican investigación sobre los esfuerzos de especialistas en asuntos escolares para retener a otras categorías de estudiantes en riesgo prácticamente no muestran interés alguno en la cuestión de cómo ayudar a los estudiantes evangélicos a tener éxito en la universidad. El problema se deriva del prejuicio no reconocido contra los estudiantes que toman en serio su religión.

Si los investigadores en educación superior abordan el asunto, descubrirán que los evangélicos con frecuencia enfrentan hostilidad contra su fe por parte de profesores, administradores y otros estudiantes. Quienes se interesan por los estudiantes latinos deberían considerar cómo defenderlos de la persecución religiosa y crear ambientes sanos para que ellos se preparen para carreras profesionales y una ciudadanía participativa. Deberían especialmente abrir espacios para que los ministerios en campus operen con libertad. Los nuevos Peregrinos y sus hijos merecen ayuda por parte de comunidades universitarias que reconozcan las muchas dimensiones de su "estar entremedias" y que les den espacio para ser ellos mismos en todos los aspectos, y no sólo en términos de su color y su cultura.

Cuando Miranda era un hombre joven, su madre invitaba con frecuencia a Demetrio Bazán a su casa para cenar. Como Bazán servía como superintendente de su distrito hispano de las Asambleas de Dios, Miranda preguntó: "¿Por qué estamos nosotros con Springfield [las oficinas nacionales con base en Missouri de las Asambleas de Dios]? Nosotros somos asambleistas, ellos son asambleistas, pero nosotros hablamos español y ellos hablan inglés. Ellos están en Springfield y

> Quienes se interesan por los estudiantes latinos deberían considerar cómo defenderlos de la persecución religiosa y crear ambientes sanos para que ellos se preparen para carreras profesionales y una ciudadanía participativa.

nosotros estamos en Nuevo México." Bazán respondió: "Hijito, estamos con Springfield, cerca de ellos para aprender de ellos, pero lejos para ser lo nuestro."[41] Como resultado, Miranda siempre ha trabajado para ayudar a las iglesias hispanas a mantenerse en comunión con la organización nacional de su iglesia, y los hispanos ahora constituyen el 20 por ciento de todos los miembros de AD en los Estados Unidos.[42]

Ni las iglesias ni las universidades disfrutan de inmunidad a las divisiones raciales y étnicas que la sociedad en general experimenta. Las organizaciones religiosas exitosas en el futuro, al igual que las universidades exitosas, tendrán que llegar a sentirse cómodas con la realidad de *nepantla*. Cuando los inmigrantes son marginados y empujados a permanecer en guetos y comunidades balcanizadas, gobierna la *anomia*. Un liderazgo intercultural sabio se toma en serio *nepantla*, dando a las personas espacio para ser ellas mismas a la vez que también hacen espacio dentro de las organizaciones (no sólo haciéndoles sentirse como invitados sino haciendo que se sientan co-anfitriones de la institución). La mejor manera de aprender hacia dónde discurre la cultura prevaleciente es sumergirse en ella.

12

RENOVAR LA POLÍTICA ESTADOUNIDENSE

En el capítulo 5 hablamos del tema de la inmigración y el estado de derecho. En una entrevista con el Dr. Varun Laohaprasit, le pregunté por qué algunos cristianos inmigrantes se sienten justificados al violar las leyes estadounidenses para entrar al país. Su respuesta me dejó asombrado. Él dijo:

> He viajado por todo el mundo, a muchos países. El sistema estadounidense es muy organizado y seguro para su familia. No hay perfección aquí, pero en general, el ambiente es más seguro, la ley es más… cómo podré decirlo: la gente respeta la ley en los Estados Unidos. La sociedad realmente respeta la ley; te respalda con la ley. En un país del Tercer Mundo no hay ley. Sí, se tiene la ley, pero a la gente no le importa.[1]

Yo respondí: "Entonces, ¿usted me está diciendo que la gente viola la ley a fin de situarse bajo la seguridad de la ley?."

"Sí, eso es", reconoció. "Porque saben que será más seguro aquí, vivir aquí, para sus hijos y para ellos mismos."

"¿Las personas violan la ley para obtener el imperio de ley?", verifiqué yo, asombrado por la ironía.

"Correcto. Porque en su país, la gente puede dispararte y mueres, y a nadie le importa, porque no se protege la ley. Hay mucha corrupción. Así que si tienes dinero, pagas a alguien para que haga algo."[2] Mientras él hablaba, recordé un tiempo en Quito, Ecuador, cuando un amigo me dijo que el precio normal para contratar a un sicario era sólo de cincuenta dólares estadounidenses. Como dijo el capitán Strasser, un vil nazi en la película *Casablanca*: "Quizá ya haya usted observado que en Casablanca la vida humana es barata."[3] En naciones subdesarrolladas en todo el mundo se mantienen condiciones similares.

El dilema moral que los inmigrantes afrontan en la actualidad los sitúa en una situación en la que nadie gana. No existe para ellos ningún modo legal realista de entrar en el país, de modo que viven expuestos a la ilegalidad en sus países de origen. Para obtener justicia igualitaria bajo la ley, deben violar la ley una vez y entonces vivir en sus sombras. Como consecuencia, los inmigrantes se convierten entonces en las personas que más cumplen con la ley en la sociedad. Los inmigrantes indocumentados llegan a los Estados Unidos para trabajar, y sabiendo que cometer aunque sea una mínima infracción de la ley conducirá a una posible deportación, hacen todo lo posible para evitar cualquier violación de la ley después de llegar. El sociólogo Rubén G. Rumbaut de la Universidad de California-Irvine descubrió en 2007 que los índices de encarcelamiento entre inmigrantes eran más bajos que los de cualquier grupo étnico en los Estados Unidos, incluidos blancos y otros grupos indígenas.[4] Por ejemplo, en 2000 el índice de encarcelamientos de los oriundos era cinco veces superior al de los nacidos en el extranjero entre hombres de edades entre los dieciocho y los treinta y nueve años.

Como misionero que vivió en Latinoamérica, con frecuencia he oído a latinos maravillarse del hecho que los estadounidenses generalmente obedecen la ley, incluidas leyes menores como detenerse por completo ante un semáforo en rojo o la ley contra tirar basura en la calle. Como contraste, el evangelista argentino Alberto Mottesi, en un libro observando el 500 aniversario del descubrimiento de América por Colón, llamó la atención a una frase que los conquistadores españoles hicieron famosa en los tiempos coloniales: "Acato la ley, pero no la cumplo." Él observaba cómo esa actitud ha contribuido a una cultura de ingobernabilidad e ilegalidad en la cultura latinoamericana en la actualidad.[5] Sin duda, el tema de la ingobernabilidad representa uno de los problemas más fastidiosos en el desarrollo económico y social de la región.[6]

El político peruano Ricardo Palma describió el origen de la frase "acato la ley pero no la cumplo" en tiempos coloniales, en los cuales el virrey tenía su manera de no cumplir las leyes dictadas por el Rey de España:

Después de dar cuenta de la cédula en el Real Acuerdo, poníase sobre sus puntales, cogía el papel o pegamento que la contenía, lo besaba si en antojo le venía, y luego, elevándolo a la altura de la cabeza, decía con voz robusta: Acato y no cumplo.[7]

Como explicó el político peruano del siglo XX Carlos Torres y Torres-Lara, tal conducta ilustraba que (1) había leyes, sin la institucionalidad para hacer que se ejecutaran, y (2) no había institucionalidad porque la ley era inaplicable. Él concluyó que bajo tales condiciones, "sería preferible que no haya ley, a que habiéndola todos la incumplan, pues esto fomenta otra 'institucionalidad': la del incumplimiento de las normas."[8]

La irónica situación de los inmigrantes indocumentados actuales, teniendo que violar la ley a fin de situarse bajo su protección, habla de modo análogo al dilema gubernamental al que se enfrentan los ciudadanos estadounidenses al intentar tratar con los doce a trece millones de extranjeros desautorizados en el país. Si no ejecutamos la ley ni la cambiamos para legalizar su situación, erosionaremos y potencialmente destruiremos el marco mismo de justicia que los atrajo a los Estados Unidos en un principio. Si el estado de derecho no sobrevive en los Estados Unidos, ¿dónde puede mantenerse? Como dijo Ronald Reagan en 1964:

> Si no ejecutamos la ley ni la cambiamos para legalizar su situación, erosionaremos y potencialmente destruiremos el marco mismo de justicia que los atrajo a los Estados Unidos en un principio.

> Si perdemos la libertad aquí, no hay ningún lugar a donde escapar. Este es su último bastión en la tierra. Y esta idea de que el gobierno está comprometido con el pueblo, que no tiene ninguna otra fuente de poder excepto el pueblo soberano, sigue siendo la idea más novedosa y más única en toda la larga historia de la relación del hombre con el hombre.[9]

La injusticia suprema que los Estados Unidos podría posiblemente infligir a los inmigrantes sería extinguir el faro del estado de derecho.

ÓRDENES EJECUTIVAS Y REFORMA
DE LA LEY POR EL CONGRESO

En 2011 el Presidente Obama describió de manera elocuente sus obligaciones de ejecutar las leyes aprobadas por el Congreso en una reunión en la municipalidad en la red televisiva en idioma español *Univisión*. Siguiendo una pregunta de un estudiante universitario indocumentado, el presentador Jorge Ramos preguntó al Presidente Obama si él podía firmar una orden ejecutiva que evitara las deportaciones. El presidente respondió adecuadamente:

> Con respecto a la idea de que yo puedo sencillamente suspender las deportaciones mediante orden ejecutiva, ese no es el caso, porque hay leyes en los libros que el Congreso ha aprobado… Tenemos tres brazos de gobierno. El Congreso aprueba la ley. La tarea del brazo ejecutivo es ejecutar e implementar esas leyes. Y entonces la judicatura tiene que interpretar las leyes. Hay suficientes leyes en los libros del Congreso que son muy claras en términos de cómo tenemos que ejecutar nuestro sistema de inmigración, que el que yo simplemente mediante orden ejecutiva pasara por alto esos mandatos del Congreso sería no conformarme a mi apropiado papel como Presidente.[10]

Obama prometió, sin embargo, que su administración seguiría proponiendo "legislación que cambie la ley a fin de hacer que sea más igual, más justa."

El compromiso del Presidente Obama con el estado de derecho en ese discurso representa un factor crucial en la preservación del país en el cual los inmigrantes llegaron para participar, y desde ese momento, ambos partidos y ambas cámaras del Congreso han hecho esfuerzos para aprobar un proyecto de ley de reforma de la inmigración. Nadie considera adecuadas las actuales leyes de inmigración, y todos entienden el reto político de reformar la ley en un momento en que el país está dividido en esos asuntos. La lucha partidista sobre el asunto, sin embargo, ha impedido el progreso tanto en lograr control de la entrada de nuevos inmigrantes en nuestras fronteras y aeropuertos, como en reformar la ley para hacer que sea beneficiosa y también ejecutable.

Como resultado, el Presidente Obama amenazó con abordar el asunto mediante órdenes ejecutivas, una posibilidad que agitó mucho a sus enemigos políticos. Pero como observa la abogada Jessica Domínguez:

El Presidente Obama no es el primer presidente en usar acciones ejecutivas para intentar tratar un sistema de inmigración que está roto, un sistema que el Congreso se niega a cambiar porque están demasiado ocupados jugando al fútbol político.[11]

Domínguez explica que la historia de las órdenes ejecutivas presidenciales sobre inmigración

dejan claro que los presidentes tienen amplia autoridad legal, y abundante precedente histórico, que apoya su criterio para emprender acciones sobre asuntos de inmigración. Desde al menos 1956, cada presidente estadounidense ha otorgado ayuda temporal a la inmigración a uno o más grupos en necesidad de ella.[12]

Al mismo tiempo, las órdenes ejecutivas presidenciales no abordan problemas de manera tan sistemática y permanente como lo hacen las leyes aprobadas por el Congreso y un proceso ordenado de ajustes de ambos partidos a leyes que no funcionan como se planearon. Por ejemplo, la orden erróneamente llamada Acción Diferida para los Llegados en la Infancia (DACA, por sus siglas en inglés)[13] cumplió su propósito de contribuir a la seguridad a corto plazo de los inmigrantes indocumentados de larga estancia que acompañaron a sus padres cuando eran niños y no conocen ningún otro hogar sino los Estados Unidos, pero puede que también haya provocado el resultado no intencionado de sugerir a los niños que serán bienvenidos a los Estados Unidos y que "Obama cuidará de ellos."[14]

Con toda justicia para el Presidente Obama, DACA no creó el fenómeno de los niños que cruzan la frontera de los Estados Unidos solos. Ellos han llegado a miles por muchos años, pero la reciente explosión de niños migrantes surgió mediante una interpretación distorsionada de DACA promovida por *coyotes* (traficantes de seres humanos) sin escrúpulos y consecuencias no intencionadas de una ley de 2008 aprobada por el Congreso durante la administración George W. Bush. Bajo la ley de reautorización de protección de víctimas del tráfico humano, los niños centroamericanos "deben tener una audiencia judicial antes de ser deportados (o que se les permita quedarse)."[15] El hecho de que no hayamos provisto fondos adecuados para nombrar a suficientes jueces para manejar sus casos con celeridad significa que se requiere por ley a la administración Obama que les den un "permiso", un documento que les permite quedarse hasta que obtengan la audiencia legalmente requerida. Obama no tienen ninguna opción legal excepto la de "cuidar de ellos", y eso es también lo correcto.

Bajo la estructura de la Constitución de los Estados Unidos, el presidente tiene la responsabilidad de asegurar que el brazo ejecutivo del gobierno ejecute los proyectos de ley aprobados por el Congreso y sean firmados por el presidente para que se conviertan en leyes. Sin embargo, el presidente no controla el proceso de presupuestos. Si el Congreso aprueba leyes sin suficientes fondos aprobados para ejecutarlas, como es el caso ahora con respecto a las leyes de inmigración, el presidente no puede garantizar el pleno cumplimiento de las leyes. En tales casos, el presidente no tiene otra opción sino ejercer su criterio en términos de cuáles violaciones constituyen el mayor peligro para la sociedad estadounidense y dirigir los esfuerzos del cumplimiento de la ley en esos tipos de casos mediante órdenes ejecutivas legales.

Yo personalmente soy republicano y tengo muy pocos elogios que ofrecer a la administración Obama en general. No admiro la reticencia del Presidente Obama en el pasado a ofrecer un verdadero liderazgo sobre reforma de la legislación sobre inmigración. Su negativa a invertir capital político en el asunto hasta que ya no pudiera afectarle políticamente dio como resultado una cifra récord de deportaciones y una trágica separación de familias inmigrantes. Él ha carecido del coraje moral durante seis años al permitir que la situación llegue hasta donde ha llegado. Pero en el asunto de Acción Diferida para los Llegados en la Infancia, el Presidente Obama tomó una decisión justificada de que los niños inmigrantes criados en los Estados Unidos y educados en nuestro sistema escolar suponían una amenaza mínima para el bienestar de la nación.

Al definir formalmente a un grupo particular como merecedor de acción diferida, Obama no hizo nada que los oficiales de inmigración no hayan hecho durante mucho tiempo. Como destaca Jessica Domínguez:

La acción diferida ha estado en los libros durante años. Permite a los oficiales de ICE y CIS utilizar su criterio para hacer precisamente eso: "diferir la acción", la acción de deportar a individuos que están en el país sin el estatus legal de inmigración. Los oficiales del gobierno han aplicado durante años la acción diferida a familias que demuestran que merecen la oportunidad de quedarse en el país.[16]

La ayuda que tales acciones proporcionan no da a los inmigrantes ningún estatus legal o amnistía; tan sólo les proporciona alivio temporal de la deportación. Las órdenes ejecutivas que autorizan masivas acciones diferidas que proporcionan alivio solamente temporal sustituyen de modo imperfecto a una solución permanente. Para ajustar nuestras leyes, necesitaremos las mejores mentes en nuestro gobierno que trabajen juntas, comprometiéndose y demostrando valentía política para unir al país.

Como reconoció el Presidente Obama al ser preguntado en la reunión en *Univisión,* una orden ejecutiva presidencial que otorgara lo que su audiencia requería, un final a todas las deportaciones, daría como resultado la anulación de las actuales leyes de inmigración y una amnistía *de facto* para los millones de trabajadores inmigrantes que se han convertido en una parte integral de la economía estadounidense, e incuestionablemente produciría para ellos alivio y libertad del temor. Obama entiende que adoptar una política presidencial de "acato la ley pero no la cumplo" pondría en movimiento una retirada de la tradición misma de legalidad y protección igualitaria bajo la ley que trae a los inmigrantes a los Estados Unidos en un principio. Ningún presidente estadounidense puede rendir nunca la dignidad de servir bajo la Constitución de los Estados Unidos adoptando la filosofía de

> Las órdenes ejecutivas que autorizan masivas acciones diferidas que proporcionan alivio solamente temporal sustituyen de modo imperfecto a una solución permanente.

gobierno de los virreyes coloniales que se situaban a sí mismos por encima del estado de derecho y contribuían a una cultura política que creó gran parte del Tercer Mundo tal como lo conocemos en la actualidad. Nosotros también podríamos convertirnos fácilmente en el Tercer Mundo del futuro.

Excepto un clima gubernamental cooperativo en el cual los tres brazos del gobierno trabajen juntos para reformar nuestras leyes de inmigración, el presidente tiene que establecer prioridades para utilizar fondos escasos para abordar necesidades abrumadoras. El 20 de noviembre de 2014 el Presidente Obama anunció una nueva orden ejecutiva que proporcionaba una mínima ayuda y precario estatus cuasi legal a millones de personas identificando nuevas categorías de inmigrantes que él no pretendería deportar. Como se esperaba, esto produjo consuelo a muchos inmigrantes y enfureció a sus oponentes políticos. Solamente el tiempo revelará las consecuencias no intencionadas que esta acción unilateral y muy temporal producirá. La mejor respuesta, como ha destacado repetidamente el Presidente Obama, requiere que el Congreso se ponga a trabajar y reforme nuestras leyes de inmigración de una manera que asegure los mejores resultados posibles para nuestro país y asegure el establecimiento de justicia a largo plazo.

Mientras tanto, el asunto de la legalidad de la acción ejecutiva del Presidente Obama al final terminará en las manos de la Corte Suprema. Las órdenes ejecutivas nunca deberían anular la ley, sino más bien proporcionar la administración más sabia y más eficaz de ella. Por esa razón, es inquietante que el Presidente Obama respondiera a un grupo de agitadores pro-inmigración un par de días después de anunciar su orden, diciendo:

Ahora bien, tienen toda la razón en que ha habido importantes cifras de deportaciones. Eso es cierto. Pero a lo que no están prestando atención es al hecho de que *yo acabo de emprender una acción para cambiar la ley.*[17]

Hablando improvisadamente, el Presidente Obama probablemente no quiso decir que él había literalmente "cambiado la ley." Pero al hacer tal afirmación, al menos contradijo superficialmente su propia explicación anterior de su posición legal durante la entrevista en *Univisión*. De hecho, las órdenes ejecutivas no cambian la ley. Solamente el Congreso y la Corte Suprema pueden verdaderamente hacer eso. Pero en toda justicia, la actual situación tiene al presidente en una posición imposible, en la cual hay un gran abismo entre lo que la ley actual permite y lo que él cree que es correcto. Carece de dignidad que el Congreso esté en compás de espera y lo critique en su dilema o escudriñe su técnica de equilibrista mientras él va caminando por una cuerda floja política.

Parte del papel del presidente implica representar al pueblo estadounidense. La frustración del Presidente Obama representa de manera precisa nuestra realidad nacional en términos de política de inmigración. Como Obama, nos hemos convertido, como país, en una contradicción andante, insistiendo en el imperio de leyes que no podemos ejecutar, declarando justicia para todos mientras la negamos a muchos. Hasta que el Congreso dé un paso y reforme nuestras leyes de inmigración, la luz desde la Ciudad de América brilla con poca fuerza ciertamente.

LA CIUDAD SOBRE UN MONTE

Como discutimos anteriormente, la visión de John Winthrop para los Estados Unidos de América anunciaba una nación que destacaría como una resplandeciente ciudad sobre un monte, reflejando al mundo un ejemplo del reino de Dios en acción y demostrando que "el Dios de Israel está entre nosotros."[18] Con el curso de los siglos, a medida que la Religión Civil Americana y un estado secular se establecieron adecuadamente bajo la cláusula de libre ejercicio de la Constitución de los Estados Unidos de América, la visión de Winthrop se convirtió en una búsqueda de liderazgo estadounidense como un faro de libertad y democracia para el resto del mundo. Si los Estados Unidos quería establecer verdadera libertad religiosa, no podría tomar ningún otro camino.

Un amigo latinoamericano en una ocasión me mencionó que personajes de tiras cómicas estadounidenses como Mickey Mouse y Superman actuaban como misioneros mundiales por la "verdad, justicia y el camino americano." Enemigos de las virtudes estadounidenses alrededor del mundo denigran nuestro papel como policías del mundo, incluso cuando muchos de nuestros propios ciudadanos se han cansado del papel tras más de una década de guerra en Oriente Medio. Pero amigos y admiradores de los Estados Unidos alrededor del mundo se maravillan de la disposición de nuestros soldados a obedecer órdenes, a veces marchando a una muerte segura en batalla a fin de asegurar las bendiciones de libertad y democracia para naciones extranjeras. Un paseo por los cementerios de Normandía siempre provoca asombro entre los amantes de la libertad. Año tras año, miembros del ejército estadounidense ofrecen sus vidas como misioneros de libertad dondequiera que nuestra nación pueda enviarlos.

> Un amigo latinoamericano en una ocasión me mencionó que personajes de tiras cómicas estadounidenses como Mickey Mouse y Superman actuaban como misioneros mundiales por la "verdad, justicia y el camino americano."

El Presidente Woodrow Wilson declaró el destino manifiesto de los Estados Unidos, dado por Dios, de defender la democracia en su octavo "Mensaje anual al Congreso" en 1920, dos años después del final de la Primera Guerra Mundial. Él afirmó:

Es sin duda el destino manifiesto de los Estados Unidos liderar en un intento por hacer prevalecer este espíritu. Hay dos maneras en que los Estados Unidos pueden ayudar a logar este gran objetivo. *Primero, ofreciendo el ejemplo dentro de sus propias fronteras de la voluntad y el poder de la Democracia para hacer y ejecutar leyes que sean incuestionablemente justas y que sean igualitarias en su administración*; leyes que aseguren su pleno derecho al trabajo y aun así al mismo tiempo salvaguarden la integridad de la propiedad, y particularmente de esa propiedad que está dedicada al desarrollo de la industria y el aumento de la riqueza necesaria del mundo. *Segundo, al defender el derecho y la justicia como hacia naciones individuales.* La ley de la Democracia es para la protección del débil, y la influencia de cada democracia en el mundo debería ser para la protección de la nación débil, la nación que está luchando hacia su derecho y hacia su adecuado reconocimiento y privilegio en la familia de naciones.[19]

América haría brillar la luz de la democracia alrededor del mundo mediante su propio ejemplo doméstico y mediante la fuerza de su ejército y su influencia diplomática, como Theodore Roosevelt había dicho anteriormente, "hablando suavemente y llevando un gran bastón."

Nuestras actuales realidades políticas domésticas y nuestra política exterior han situado esa misión histórica en un importante peligro de fracaso. Este libro no ha pretendido tratar la política exterior estadounidense y debe renunciar a la tentación de discutirla más ampliamente aquí, porque la mayor amenaza para nuestra misión nacional en el presente implica nuestra política interior. El actual estancamiento entre el brazo ejecutivo del gobierno y el brazo legislativo da ayuda y consuelo a los enemigos de la doctrina estadounidense de libertad y democracia en todo el mundo. Si la luz de "el camino americano" no brilla con fuerza aquí, ninguna fuerza militar, ni tampoco ningún cuerpo diplomático, puede proyectarla al mundo.

LA AGENDA DEL CORDERO

John Winthrop advirtió, en su famoso sermón tocante a la Ciudad sobre un Monte: "La única manera de evitar este naufragio, y de proveer para nuestra posteridad, es seguir el consejo de Miqueas, de hacer justicia, amar la misericordia y caminar humildemente con nuestro Dios." El "naufragio" al que se refería implicaba el juicio de Dios sobre el pueblo de Massachusetts si no vivía a la altura de las leyes que había acordado:

> Ahora, si el Señor se agrada en oírnos, y nos lleva en paz al lugar que deseamos, entonces Él ha ratificado su pacto y ha sellado nuestra comisión, y *esperaremos un desempeño estricto de los artículos contenidos en él.*[20]

El pacto nacional de los Estados Unidos requiere el estado de derecho y la justicia, guiados por el ejercicio de la misericordia. Ningún asunto en política doméstica sitúa los asuntos de derecho, justicia y misericordia en contraste más marcado que nuestro actual debate sobre las leyes de inmigración.

Una de las cuestiones que preocupan a los estadounidenses hoy en términos de la legalización a mediano plazo de la residencia y eventual ciudadanía de los inmigrantes actuales, y el tema de este capítulo, se dirige al futuro impacto de los inmigrantes cristianos en la vida política de nuestra nación. Recordemos que aproximadamente el 70 por ciento de inmigrantes llegan a los Estados Unidos como cristianos o se convierten al cristianismo después de llegar (abrumadoramente en iglesias evangélicas). Emerge una clara respuesta del análisis del discurso público de defensores de la inmigración cristiana, de entrevistas a inmigrantes cristianos, y del análisis de los problemas que les llevaron desde sus propios países a los Estados Unidos. Los inmigrantes cristianos adoptan posiciones conservadoras sobre asuntos sociales/morales tales como valores familiares, aborto y moralidad sexual. Mantienen perspectivas liberales sobre el asunto de la responsabilidad del gobierno de proporcionar una red de seguridad para los pobres. A medida que los inmigrantes se establecen y se unen a la clase media, con frecuencia tiende a adoptar perspectivas más conservadoras sobre el gobierno. Ningún componente genético influencia sus perspectivas políticas.

Obviamente, los inmigrantes piensan por sí mismos, al igual que todos los demás seres humanos, y no votarán de la misma manera. Los cubanos y los inmigrantes de Europa del este que vivieron bajo la opresión comunista con frecuencia votan por los republicanos, mientras que los inmigrantes de Latinoamérica tal vez sigan votando por los demócratas en tanto crean que los republicanos tienen prejuicios contra los latinos. Los inmigrantes, al igual que los estadounidenses nacidos, "votarán según sus bolsillos" cuando llegue la hora de la verdad. Llegaron aquí para que sus familias prosperaran económicamente y espiritualmente, y votarán por el partido que les ofrezca la mejor oportunidad de hacerlo. Nadie debería olvidar nunca que la oportunidad trajo a los inmigrantes a este país, y coherentemente buscarán maximizarla.

El voto inmigrante puede ser ganado por los demócratas o por los republicanos, dependiendo de quién haga la campaña más eficaz para obtenerlo y ofrezca a los inmigrantes la mejor oportunidad de éxito. La inmigración significa lucha, y los inmigrantes tienden a resultar heridos en el proceso de ajuste a la vida estadounidense. De modo figurado, los políticos no deberían verlos ni como "Rojos" ni como "Azules" sino más bien como "Morados."

Saturnino González, pastor de una iglesia de cinco mil miembros *El Calvario* en Orlando, Florida, reta a los republicanos en particular a echar otra mirada a los votantes hispanos:

> Los republicanos necesitan hacer una buena lectura de nosotros. Creo que nos están leyendo erróneamente... Ellos suponen automáticamente que los hispanos son demócratas automáticos, y no saben que está surgiendo una nueva estirpe, que es la de los evangélicos latinos. Ellos no saben quiénes somos; y ni siquiera estamos en su radar. Tan sólo ponen una etiqueta sobre nosotros: "Bien, latino. Así que cambiemos de página." Nos están leyendo erróneamente. No sé cuánto tiempo será necesario para que observen que hay un grupo que está surgiendo, que tiene una mentalidad completamente distinta a la del demócrata común (latino)... Por eso no invierten en nosotros... Tenemos una estación de radio en Orlando, una estación cristiana evangélica, y hemos estado diciendo a los políticos: "Oigan, ¿saben qué? Pueden poner un anuncio aquí. Invertir en nuestra comunidad. Invertir en nuestra estación de radio." Los republicanos no hacen eso. No quieren hacer eso porque automáticamente suponen: "No podemos ganarlos." He estado sentado con ellos, y nos están leyendo erróneamente.[21]

Los republicanos, sin embargo, han observado a Samuel Rodríguez y su esposa, Eva, cada uno de los cuales ha ofrecido oraciones en las Convenciones Nacionales de ambos partidos, demócratas y republicanas por igual.[22]

Ninguno de los partidos puede permitirse ignorar el creciente poder electoral de los inmigrantes, especialmente los latinos. El Desayuno de Oración Nacional Hispano anualmente reúne a más de 700 líderes latinos de fe y de comunidad en Washington, D.C. El evento, patrocinado por el reverendo Luis Cortés y Esperanza, consiste en una de las redes mayores y más activas de ministerios latinos en los Estados Unidos y "presenta a destacados oradores tanto del partido republicano como del partido demócrata, y en seis ocasiones ha sido inaugurado por el Presidente George W. Bush, en dos ocasiones por el Presidente Barack Obama, y por el vicepresidente Joe Biden."[23] El trabajo de Esperanza se enfoca en asuntos que sacan de la pobreza a los latinos, incluyendo desde proyectos educativos hasta bienes raíces y otros asuntos de desarrollo económico. La organización valora las soluciones reales a los problemas que debilitan las personas, y no las afiliaciones de los partidos.

> Ninguno de los partidos puede permitirse ignorar el creciente poder electoral de los inmigrantes, especialmente los latinos.

Rodríguez resume la política de los inmigrantes cristianos actuales como "no el asno, ni el elefante, sino el Cordero."[24] Él explica: "Hay muchos cristianos buenos, que aman a Cristo y creen en la Biblia, que se identifican a sí mismos como demócratas... No es nada difícil encontrar un gran número de afroamericanos e hispanos que están a favor de la vida y de la familia y que votan al partido demócrata."[25] Tal minoría étnica de demócratas, sin embargo, se irrita gravemente por la agenda moral liberal del Partido Demócrata liberal. Rodríguez advierte: "A menos que el asno se reconcilie con el Cordero, el asno puede que termine este siglo en el circo del oscurantismo político."[26]

Por otro lado, los republicanos tienen una significativa oportunidad de obtener el apoyo de inmigrantes cristianos. Él aconseja:

> El elefante debe decidir si el conservadurismo sigue siendo definido como la preservación y el avance de la vida, la libertad, la familia, la libertad religiosa, el gobierno limitado y los mercados libres o la preservación de un electorado votante monolítico. En otras palabras, el elefante realizará importantes avances si internamente sigue adelante con la misión de justicia de Lincoln y el optimismo moral de Ronald Reagan.[27]

Rodríguez hace hincapié en el hecho de que los inmigrantes cristianos no quieren estar divididos entre rectitud bíblica (definida como rectitud moral) y justicia bíblica (definida como misericordia hacia los pobres).

CAMBIO EN LA POLÍTICA

A Rodríguez le gusta enmarcar los asuntos políticos como verticales y horizontales, implicando una dimensión vertical espiritual al igual que una dimensión social horizontal. Él considera la intersección en forma de cruz de lo vertical y horizontal como el hogar natural de los cristianos inmigrantes. Él establece un sólido punto, pero la realidad tiene más que solamente dimensiones verticales y horizontales. De hecho, la realidad refleja una esfera más que ningún otro tipo de esquema lineal. La realidad desafía la unidimensionalidad. Como Rodríguez entiende, reducir la política a una lucha entre la derecha y la izquierda deja sin respuesta la mayoría de cuestiones importantes.

Por ejemplo, el asunto de la compasión por los pobres no pertenece a la izquierda ni a la derecha. La cuestión no estriba en ayudar o no a los necesitados, sino más bien cómo ayudarlos. Los demócratas intentan actualmente ayudarlos con grandes programas controlados por el gobierno, mientras que los republicanos por lo general intentan ayudar con programas que incentivan a los pobres que muestran iniciativa propia. Los inmigrantes tienden a mostrar una notable ética de trabajo y autosuficiencia, en especial quienes han llegado sin autorización legal. Sus lealtades políticas serán determinadas más con base a los beneficios que puedan percibir, por sobre cualquier ideología.

La historia de la política estadounidense demuestra un hecho indisputable: los partidos políticos cambian. En la memoria reciente, los republicanos se opusieron con fuerza al uso del ejército estadounidense para participar en la construcción de naciones durante la administración Clinton y después se convirtieron en los defensores de esa práctica durante la administración Bush. Mi abuela solía decir: "Nunca votes por los demócratas, porque ellos nos llevarán a una guerra", ofreciendo las presidencias de Roosevelt (Segunda Guerra Mundial), Truman (Guerra de Corea) y Kennedy (Vietnam) como evidencia. En la actualidad, los republicanos se han ganado la reputación de halcones, con Reagan invadiendo Granada y George H. W. Bush llevándonos a la invasión de Panamá y la liberación de Kuwait, y George W. Bush llevando al país a la guerra en Irak y Afganistán.

> Durante la mayor parte de su historia, los republicanos se mantuvieron como los defensores de los afroamericanos, Lincoln habiendo liberado a los esclavos, con los demócratas del "Sólido Sur" manteniéndose contra la legislación de los derechos civiles.

Durante la mayor parte de su historia, los republicanos se mantuvieron como los defensores de los afroamericanos, Lincoln habiendo liberado a los esclavos, con los demócratas del "Sólido Sur" manteniéndose contra la legislación de los derechos civiles. Los demócratas en la época de Teddy Roosevelt permanecieron al lado de millonarios e industrialistas, mientras que el republicano Roosevelt condujo a "los progresistas" a defender la protección del consumidor de los monopolios empresariales y los fabricantes. ¿Qué camino es de derechas? ¿Qué camino es de izquierdas?

Nadie pudo ni siquiera simular sorpresa cuando la Conferencia de Obispos Católicos de los Estados Unidos llamó a una completa reforma migratoria en un documento saturado por el evangelio sobre su posición en 2013.[29] Los católicos romanos siempre han desafiado la caracterización como liberales conservadores en sus políticas, y los seis católicos romanos que sirven en la Corte Suprema de los Estados Unidos representan lados opuestos de la división izquierda-derecha. Las cuestiones políticas para los verdaderos pensadores católico romanos no giran en torno tanto a las etiquetas como "conservadores" y "liberales", sino más bien su perspectiva en torno a la verdad, la rectitud y la justicia.

Muchas personas suponen que los cristianos evangélicos apoyan una agenda política derechista, pero la historia no sostiene tal clasificación. Como argumentó Donald Dayton en un poderoso libro en 1976, *Discovering an Evangelical Heritage* [Descubriendo una herencia evangélica], los evangélicos dirigieron la cruzada contra la esclavitud y la pobreza y a favor de los derechos de las mujeres en el siglo XIX.[30] En el actual clima, las iglesias evangélicas mantienen un fuerte apoyo a los inmigrantes, viendo su responsabilidad como ministerio hacia ellos, y no como control de fronteras. La Asociación Nacional de Evangélicos (NAE por sus siglas en inglés), la voz política más importante del movimiento evangélico y partidario fiel y leal a la política pro-vida y otros asuntos considerados como pertenecientes al ala derecha, emitió una fuerte declaración llamando a la reforma de la inmigración en 2009.[31]

Destacadas denominaciones evangélicas en el país también han hecho fuertes afirmaciones en favor de los inmigrantes y de la reforma de las leyes de inmigración.[32] Los bautistas del Sur, representando a dieciséis millones de miembros en cincuenta mil iglesias, aprobaron una resolución detalladamente matizada pero a favor del inmigrante:

> Pedimos a nuestras autoridades gobernantes que implementen, con las fronteras aseguradas, un camino justo y compasivo hacia el estatus legal, con apropiadas medidas de restitución, para aquellos inmigrantes indocumentados que ya viven en nuestro país; y además quede determinado: que esta resolución no debe ser interpretada como un apoyo a la amnistía para ningún inmigrante indocumentado.[33]

De manera similar, la denominación Asambleas de Dios llamó a "una completa reforma inmigratoria", (en inglés, "comprehensive immigration reform"), un término de los más cargados en la política estadounidense actual, afirmando:

> Es adecuado que las fronteras de los Estados Unidos de Norteamérica sean protegidas para que la inmigración sea conforme a las leyes de los Estados Unidos. Como pueblo de fe, respaldamos la completa reforma inmigratoria que refleja la dignidad humana, la compasión, y la justicia, esenciales en una "nación bajo Dios." Excepto de los asuntos relacionados con la jurisdicción gubernamental, creemos que el evangelio de Jesucristo nos compele a ministrar a todos los que viven o trabajan en nuestro país.[34]

La mayoría de miembros de Asambleas de Dios han apoyado tradicionalmente a candidatos republicanos, remontándonos al principio de la Revolución Reagan, y el miembro de AD y ex senador y fiscal general John Ashcroft ha representado una figura heroica en el conservadurismo estadounidense. Sin embargo, ha ofrecido un apoyo incondicional a los inmigrantes, apoyando los esfuerzos del Presidente George W. Bush para lograr una reforma completa de la inmigración hace una década.[35]

Los republicanos pueden cuestionar la *bona fides* conservadora de los evangélicos, pero permanece la pregunta: ¿qué hace que la hostilidad a la inmigración sea "conservadora?" Mientras más religiosos sean los conservadores, más probabilidad tienen de apoyar el trato misericordioso a los inmigrantes. La inmigración es a los Estados Unidos como el pastel de manzana, y siempre lo ha sido.

En 2012, la NAE y muchas denominaciones evangélicas, junto con una impresionante lista de luminarias individuales de instituciones evangélicas, se unieron a la Mesa Evangélica de Inmigración: "una amplia coalición de organizaciones y líderes evangélicos que defendían una reforma de la inmigración coherente con los valores bíblicos."[36] Desafiando la caracterización de que representaran a la derecha o la izquierda, la Mesa promueve un conjunto de principios bíblicos para dirigir al Congreso de los Estados Unidos en la legislación para una amplia reforma de la inmigración. Su declaración dice:

Como líderes cristianos evangélicos, llamamos a una solución bipartidista sobre la inmigración que:

- Respete la dignidad dada por Dios a cada persona
- Proteja la unidad de la familia inmediata
- Respete el estado de derecho

- Garantice fronteras nacionales seguras
- Asegure justicia a los contribuyentes
- Establezca un camino hacia el estatus legal y/o la ciudadanía para aquellos que se califiquen y que deseen llegar a ser residentes permanentes.[37]

Su posición no representa al elefante ni al asno, sino más bien una consideración sensata y juiciosa de lo que su fe requiere de ellos, lo que sirve mejor a la nación, lo que resuelve los problemas que afrontamos juntos, y lo que pone fin a un problema innecesariamente divisivo en una nación de inmigrantes.

En el futuro, las mareas siempre cambiantes de la vida estadounidense cambiarán los temas de nuestro debate de partidos políticos. La política puede que no surja como las misericordias de Dios, que son "nuevas cada mañana", pero los asuntos que están en un segundo plano tienden a cambiar continuamente. Los inmigrantes actuales desempeñarán un importante papel en la futura renovación de la política estadounidense, pero su afiliación a partidos, ya sea demócrata, republicana, o a un tercer partido posterior, dependerá de los asuntos que surjan y el modo en que los partidos actuales se ajusten a ellos.

Los inmigrantes religiosamente identificados, el 80 por ciento de todos los inmigrantes, votarán por el partido político que ofrezca las mejores soluciones a los problemas de los Estados Unidos.[38] Ya que nadie puede predecir cómo los partidos mismos cambiarán en el futuro cercano, no existe ninguna razón válida para suponer que ellos preferirán automáticamente a un partido o al otro. Cuando ellos tengan documentos legales, seguridad, oportunidad de trabajo, una familia amorosa a su alrededor, y una iglesia u otra comunidad religiosa que les ofrezca la diestra en señal de compañerismo, cuando tengan una participación real en el bienestar nacional, los Estados Unidos puede contar con que ellos votarán por políticas que apoyen la oportunidad y el interés nacional.

13

LA BIBLIA Y NUESTRA
CRISIS DE INMIGRACIÓN

Un amigo mío en la zona de Washington, D.C. me envió recientemente un enlace a un sitio web que pretende explicar "Lo que la Biblia dice sobre nuestro problema de inmigración ilegal."[1] El estudio, preparado para un "Estudio bíblico para miembros" ofrecido al Congreso de los Estados Unidos, tiene intención de dar guía bíblica a los legisladores. El título en sí implica que la Biblia tiene algo que decir *directamente* sobre nuestro "problema de inmigración ilegal." De hecho, la Biblia no habla directamente a nuestra situación, la cual difiere tremendamente de la de la nación de Israel de antaño, sino que ofrece principios que pueden guiar nuestros pensamientos acerca del problema.

Los ciudadanos no religiosos pueden objetar a la idea misma de que la Biblia debiera tener alguna influencia sobre las funciones legislativas y otras funciones gubernamentales en los Estados Unidos, creyendo que nuestros asuntos públicos deberían ser puramente seculares. Recuerdo un miniescándalo en particular de la década de 1980 que implicaba acusaciones de que Ronald Reagan tomó decisiones de política exterior y militares basándose en las expectativas bíblicas para el apocalipsis.[2] También surgieron objeciones cuando salió la noticia de que Nancy Reagan había consultado a astrólogos para la planificación del calendario del presidente después de que un asesino en potencia hubiera herido a su esposo.[3] Por mucho que los evangélicos se quejaron de la idea de la posible confianza de Reagan en la astrología, y por mucho que los secularistas puedan objetar al uso evangélico de la Biblia para obtener guía, las personas tienen creencias religiosas, y la "cláusula del libre ejercicio" de la Primera Enmienda garantiza su derecho a participar en la sociedad como seres religiosos. Si a los votantes no les gusta la religiosidad particular de un político, tienen todo el derecho a votar para que esa persona cese de su puesto.

Cuando los cristianos han determinado lo que la enseñanza de la Biblia dice sobre los asuntos de la vida humana, se lo toman muy en serio. Por esa razón, la teología cristiana obliga a los cristianos no sólo a leer la Biblia sino también a considerar atentamente su significado para nuestro contexto. En todas las tradiciones teológicas cristianas, se espera que los creyentes no sólo identifiquen referencias y precedentes bíblicos, sino que también participen en un proceso de razonamiento moral en oración para permitir que el Espíritu Santo les guíe en entender la voluntad de Dios para situaciones particulares. Nuestros propios prejuicios y conclusiones predeterminadas nos favorecen a nosotros a la vez que desfavorecen a otras personas. Desgraciadamente, el documento del Estudio bíblico para miembros sobre inmigración carece del rigor que merece la consideración teológica cristiana de problemas complejos, y saca conclusiones infundadas sobre lo que la Biblia dice realmente sobre los inmigrantes.

EL *GER* Y EL *NEKHAR*

El estudio señala que la Biblia hebrea reconoce dos tipos de no israelitas en la antigua Israel: el *ger* y el *nekhar*. Sin duda, la palabra *ger* en hebreo se refiere a extranjeros, residentes temporales o inmigrantes, mientras que la palabra *nehkar* se refiere a forasteros o literalmente "extraños." La cuestión en juego implica la diferencia exacta entre las dos palabras. Con respecto a las dos palabras, el estudio afirma:

> Se hace referencia a un ciudadano israelita como un "conciudadano" *ach* en la Escritura, mientras que se hace referencia a un inmigrante legal como un "residente temporal" *ger*..., y un forastero se denomina un *nekhar* ilegal. Importante para este estudio, y evidente en el AT, es que un ilegal no poseía los mismos beneficios o privilegios que un residente temporal o un conciudadano.[4]

En efecto, el estudio traza una equivalencia infundada y directa entre el *nekhar* en el antiguo Israel y el inmigrante ilegal en los Estados Unidos actualmente.

El estudio pasa a ilustrar el uso de la palabra *nekhar* en el caso de Rut, la abuela del rey David:

> Notemos por ejemplo las palabras de Rut la moabita, y su respuesta a Booz el israelita en Rut 2:10: "Rut se inclinó hacia la tierra, se postró sobre su rostro y exclamó: —¿Cómo es que le he caído tan bien a usted, hasta el punto de fijarse en mí, siendo sólo una extranjera?." Rut no sólo era una *extranjera* (nekhar), una inmigrante ilegal, era una moabita ilegal, quien según Deuteronomio 23:3 ¡tenía prohibido migrar a Israel! Que el *ciudadano* Booz entretuviera a Rut fue notablemente generoso y amable por su parte, y posiblemente incluso ilegal. (Quizá Booz ya tenía en mente legalizar el estatus de ella mediante matrimonio). El punto es que la autodeclaración

de Rut sirve para subrayar la clasificación de las personas en y por la antigua Israel.[5]

Tal interpretación de Rut sorprende a cualquier lector que tenga conocimiento bíblico, ya que acusa a la abuela del mayor rey de Israel, el icónico rey David, ¡de inmigrar ilegalmente a Israel!

Consideremos los detalles de la migración de Rut a Israel. Su esposo fallecido, aparentemente llamado Quilión, había migrado desde Israel a Moab durante una hambruna, y ella había regresado a Israel como la única fuente de sustento para su suegra Noemí. Ella fue a Israel, donde tomó los derechos otorgados a un *ger* y espigó los campos sin que nadie pusiera objeciones a su presencia o desafiara sus derechos. Booz la vio claramente como parte de su familia extendida y ofreció casarse con ella en el papel de pariente-redentor, según las oportunidades provistas en la ley (Levítico 25:25). Sin embargo, debido a que ella se refiere a sí misma como un *nekhar* o extranjera, y ya que los autores del estudio "saben" que *nekhar* se refiere a un *inmigrante ilegal*, llegan a la conclusión de que Rut carecía de autorización legal para vivir y trabajar en Israel.

Pretender saber cosas que uno no sabe ¡realmente puede conducir a graves errores! Parafraseando un viejo refrán en inglés, Palos y piedras y estudios de palabras aparentemente pueden hacer daño a personas de verdad, especialmente quienes son los más vulnerables.[1]

Tal interpretación de la situación de Rut proyecta tácitamente una semejanza muy extraña pero a la vez muy interesante en Israel durante la época de Rut y la de los inmigrantes a los Estados Unidos hoy; es decir, que aparentemente nadie prestaba atención alguna a las leyes concernientes a la inmigración. El Estudio para miembros cree que Rut desobedeció la ley cuando sostenía a su suegra israelita económicamente mediante el trabajo agotador. También tiene poca consideración por Booz como un ciudadano cumplidor de la ley, ya que le acusa de violar la ley (Deuteronomio 7:3-4) al casarse con una *nekhar*. Además, reconoce tácitamente que la nación entera ignoraba la ley cuando aceptó a David como rey dos generaciones después, ya que Deuteronomio 23:3, el código legal putativo primario para la antigua Israel, afirma que "no podrán entrar en la asamblea del Señor los amonitas ni los moabitas, ni ninguno de sus descendientes, hasta la décima generación." El gobierno de David sobre Israel aparentemente constituye una flagrante violación de esa ley.

IGNORANCIA DE LA LEY

Tales violaciones de la ley puede que no constituyan tanto una negativa a obedecer la ley mosaica sino más bien ignorancia de ella. Aunque elementos de la ley mosaica (o quizá tradiciones culturales del antiguo Oriente Próximo) como la provisión del pariente-redentor se producen en el relato bíblico de la historia de Israel, la Biblia no ofrece ninguna evidencia clara de que Israel ejecutara nunca las leyes mosaicas estrictamente antes del reinado de Josías, siglos después de la época de Rut, y cerca del final de la posesión soberana de Israel y Judá de la Tierra Santa.[6] Independientemente de cualquier grado de fuerza que la ley mosaica pueda haber tenido en diferentes épocas en la historia de Israel, el libro de Jueces deja inminentemente claro que el derecho de la ley mosaica no varió en Israel durante la época de Rut, repitiendo la frase: "En aquella época no había rey en Israel; cada uno hacía lo que le parecía mejor" (Jueces 17:6; 21:25).

En lugar de obedecer las leyes (como el Estudio para miembros las postularía), todos en la historia de Rut hicieron lo que consideraron justo. Pese a estos hechos, el estudio trata la autodescripción de Rut como una *nekhar* de modo diferente a como lo hace el texto fuente del que saca sus definiciones. La fuente principal para el estudio, James

K. Hoffmeier, afirma: "Es curioso que ella se denomine una 'forastera' (*nokhariah*, literalmente 'una mujer forastera') cuando parece encajar en la definición clásica de una extranjera (*ger*)." Él pasa a añadir: "Ella quizás usara el término de manera autodespectiva a fin de acentuar la generosidad de Booz."[7] Por lo tanto, ¿era Rut o no una inmigrante ilegal?

La teología cristiana demanda el mayor cuidado al manejar las Escrituras. Las vidas de personas preciosas están literalmente colgando en la balanza. El estudio que fue preparado con el propósito de orientar a miembros del Congreso basaba sus argumentos en la investigación más informada de Hoffmeier, pero incluso Hoffmeier, por lo demás un erudito bien formado del Antiguo Testamento con una licenciatura de la prestigiosa Universidad de Toronto, comete dos errores anacrónicos: el primero al suponer el vigor de la ley mosaica durante el periodo premonárquico de la historia de Israel, y el segundo al importar categorías estadounidenses modernas, como inmigrantes "legales" e "ilegales", al significado de las palabras *ger* y *nekhar*.

> La teología cristiana demanda el mayor cuidado al manejar las Escrituras.
>
> Las vidas de personas preciosas están literalmente colgando en la balanza.

Hoffmeier hace bien en reconocer que la diferencia entre un *ger* y un *nekhar* no implica un elemento esencial sino más bien un elemento situacional. No todo el mundo ha hecho esa distinción, y al menos un intérprete añade feos matices raciales a la cuestión sugiriendo que *nekhar* siempre se refería a personas de otras razas.[8] Hoffmeier reconoce la diferencia como sigue: el extranjero (*ger*) llegaba a Israel para convertirse en residente permanente. El forastero (*nekhar*) supuestamente no lo hacía. Él observa:

En varios pasajes se utilizan los términos de manera paralela (Éxodo 30:33; Isaías 28:21; Lamentaciones 5:2), mostrando que tenían *un significado casi idéntico*. La diferencia radicaba en la permanencia. El *nokharim* pasaba "por la tierra sin intención alguna de residir, o quizá estaría empleado temporalmente o para una temporada."[9]

Como contraste, Hoffmeier alega que el extranjero (*ger*) "entraba en Israel y seguía procedimientos legales para obtener estatus reconocido como extranjero residente."[10] Desafortunadamente para Hoffmeier, no puede ser de las dos maneras. O las palabras conllevan o no conllevan la distinción técnica que él desea darles. De hecho, el uso contextual en el Antiguo Testamento de las palabras *ger* y *nekhar* tienen significados prácticamente sinónimos. Hoffmeier habría hecho mejor en limitarse a la correcta observación de que las dos palabras son tratadas como sinónimos en muchos pasajes poéticos del Antiguo Testamento, como Job 19:15: "Mis huéspedes y mis criadas me ven como a un extraño [*ger*], me miran como a un desconocido [*nekhar*]."

Al usar categorías estadounidenses modernas del control de la inmigración para explicar una antigua práctica israelita, Hoffmeier pretende poseer más conocimiento de las costumbres legales de la antigua Israel de la que cualquier evidencia existente puede ofrecer. Él mina su propio argumento más adelante en su libro cuando escribe que un *ger* es "uno que deja su hogar para establecer una nueva residencia permanente con la aprobación de un anfitrión ciudadano."[11] Aunque Hoffmeier afirma en la misma página que para llegar a ser un *ger*, un *nekhar* tenía que "recibir el acuerdo formal del líder o representante oficial de esa nación", lo hace sobre la endeble evidencia de que Abraham e Isaac, ricos rancheros nómadas con grandes rebaños y muchos sirvientes y esclavos, buscaron el permiso de varios reyes en

Génesis para vivir en su territorio. Él no considera si los inmigrantes individuales o en pequeñas familias necesitarían obtener tal permiso de alto nivel, y no tiene evidencia alguna de sus pretensiones de conocimiento sobre los procedimientos oficiales de inmigración en tiempos del Antiguo Testamento. Tampoco considera si las costumbres en efecto durante la época de los patriarcas seguirían en efecto cientos de años más adelante. Además, ignora toda evidencia que contradice su opinión.

Rut representa el caso perfecto ilustrativo: ella sin duda llegó a Israel como *nekhar*. A pesar de la desestimación de Hoffmeier del autoreconocimiento de Rut, ninguna persona encaja mejor en la descripción de *nekhar* que los despreciados moabitas. Sin embargo, Rut solamente necesitaba un "ciudadano-mecenas" (como Hoffmeier mismo observa) a fin de obtener reconocimiento como *ger*. Tal mecenas le permitiría espigar en sus campos o, en el feliz caso de encontrar a una *nekhar* joven, hermosa y casadera como Rut, tomarla como su esposa. Cuando toda la evidencia bíblica se tiene en cuenta, vemos que los reyes podían ofrecer permiso para que un *nekhar* residiera en su territorio, al igual que patrones o incluso propietarios de una casa. La ley mosaica, al igual que el trasfondo cultural más determinante del antiguo Oriente Próximo, requería que los israelitas ofrecieran al menos hospitalidad temporal a los viajeros, ya tuvieran intención de quedarse o meramente de cruzar el territorio. Mientras la oferta de hospitalidad siguiera en efecto, el *nekhar* tenía los privilegios de un *ger*.

LA ANTIGUA ISRAEL Y EL
MODERNO ESTADOS UNIDOS

Las culturas y leyes de inmigración de la antigua Israel y el moderno Estados Unidos no podrían ofrecer un contraste más marcado. Comparar al antiguo *nekhar* con los inmigrantes indocumentados actuales suspende el examen de la justicia más elemental. La cuestión en el caso de Rut, ciertamente, dependía de la igualdad: lo que la justicia demandaba. La actual situación en los Estados Unidos depende de leyes no aplicables e injustas que nuestro pueblo tiene el poder de cambiar, y debería hacerlo.

Si hacemos que categorías bíblicas como *ger* y *nekhar* sean aplicables a los inmigrantes estadounidenses, entonces quizá deberíamos adoptar el marco bíblico completo. Una acusación medio bíblica a trabajadores del campo débiles e indefensos y a otros trabajadores manuales con bajo salario sin duda no puede reflejar ninguna norma de justicia razonable. Si, por otro lado, los Estados Unidos hubiera de adoptar la práctica bíblica de permitir que no sólo reyes sino también jefes y familias anfitrionas pidieran y recibieran prontamente visados de residencia temporal o permanente para extranjeros (y fueran responsables de la conducta de ellos), entonces las categorías de *ger* y *nehkar* encajarían perfectamente. Algo en esos términos podría realmente funcionar, aunque las actuales realidades políticas no sugieren una alta probabilidad de la aprobación de tales leyes.

A la vista de la diferencia muy fluida en las categorías de *ger* y *nekhar, una* ética cristiana de inmigración demanda algo más que solamente un estudio lingüístico ideológicamente parcial para guiar a cristianos contemporáneos en sus actitudes y acciones hacia inmigrantes indocumentados. En el contexto actual, un extranjero cuya presencia en los Estados Unidos incluya perversas intenciones y violaciones de la ley criminal merece un duro trato, incluida la deportación o la encarcelación. Los inmigrantes, sean sancionados legalmente o no, que han entrado en los Estados Unidos para establecerse, trabajar y contribuir a la sociedad, merecen las consideraciones otorgadas al *ger*.

MÁS ALLÁ DE MEROS ESTUDIOS DE PALABRAS

El Antiguo Testamento habla inequívocamente sobre las obligaciones de los israelitas hacia el *ger* o inmigrante. El libro de Génesis, como mencionamos anteriormente, sigue la migración de la humanidad desde Edén hasta el llamado de Abraham a migrar de Ur y hasta los caminos de las familias de Isaac y Jacob y el tráfico humano de José como un esclavo hasta su reunión con su familia extendida de refugiados en Egipto. Los sufrimientos de los israelitas bajo la opresión egipcia marcaron el modo en que Dios esperaría que ellos trataran a los inmigrantes en la Tierra Prometida.

En Éxodo 22:21-22 Dios le dice lo siguiente a Israel: "No maltrates ni oprimas a los extranjeros, pues también tú y tu pueblo fueron extranjeros en Egipto. No explotes a las viudas ni a los huérfanos." En ese mandato, el amor de Dios por los débiles y vulnerables se muestra como la base de su provisión para inmigrantes, viudas y huérfanos. Éxodo 23:9 repite el mandato, apelando directamente a la empatía que los israelitas se habían ganado durante su propio sufrimiento: "No opriman al extranjero, pues ya lo han experimentado en carne propia: ustedes mismos fueron extranjeros en Egipto."

La Biblia repite este mismo mandato una y otra vez. Sin duda, se erige como una de las normas éticas repetidas con mayor frecuencia para Israel.[12] Deuteronomio 10:19 dice: "Así mismo debes tú mostrar amor por los extranjeros, porque también tú fuiste extranjero en Egipto." Levítico 19:33-34 lleva el mandato un paso más allá: "Cuando algún extranjero se establezca en el país de ustedes, no lo traten mal. Al contrario, trátenlo como si fuera uno de ustedes. Ámenlo como a ustedes mismos, porque también ustedes fueron extranjeros en Egipto. Yo soy el Señor y Dios de Israel." El lector no debería pasar rápidamente por este último mandamiento sin reconocer la progresión de su gravedad y la complejidad de sus implicaciones:

1. El buen trato solamente comienza a cumplir con la obligación de los israelitas hacia los inmigrantes en su tierra.

2. Los israelitas no debían perder la empatía que obtuvieron durante su propia experiencia como extranjeros en una tierra distante.

3. Los plenos derechos humanos y la dignidad de los inmigrantes deben permanecer intactos, con los mismos privilegios que los nacidos en la tierra.

4. Los inmigrantes merecían no sólo justicia, sino también amor por parte de los israelitas.

5. El amor que los inmigrantes reciben debe igualarse al amor a uno mismo.

6. Este mandamiento fluye de la propia identidad de Dios. El mandamiento se sitúa bajo la invocación del nombre divino sobre él: "Yo soy el Señor y Dios de Israel."

Israel se enorgullecía de su elección como el pueblo de Dios, pero Salmos 94:5-6 menciona otros tipos de pueblos como propios. Al describir a los opresores del pueblo de Israel, el salmo dice: "A tu pueblo, Señor, lo pisotean; ¡oprimen a tu herencia! Matan a las viudas y a los extranjeros; a los huérfanos los asesinan." Al prometer la venganza de Dios contra tales enemigos, el texto incluye a israelitas, viudas, huérfanos, inmigrantes, y otras personas vulnerables como pueblo de Dios.

El Antiguo Testamento repite una y otra vez la equivalencia moral delante de Dios de viudas, huérfanos e inmigrantes. Deuteronomio 24:17-18 dice: "No le niegues sus derechos al extranjero ni al huérfano, ni tomes en prenda el manto de la viuda. Recuerda que fuiste esclavo en Egipto, y que el Señor tu Dios te sacó de allí. Por eso te ordeno que actúes con justicia." El mismo texto pasa a prometer las bendiciones de Dios sobre aquellos que muestren voluntad al débil:

"Cuando recojas la cosecha de tu campo y olvides una gavilla, no vuelvas por ella. Déjala para el extranjero, el huérfano y la viuda. Así el Señor tu Dios bendecirá todo el trabajo de tus manos" (versículos 19-20). Estos versículos no sólo sugieren que Dios bendecirá tal generosidad, también implican que no mostrar bondad evita que Dios bendiga "el trabajo de tus manos."

Sirve de poco propósito seguir citando todos los otros versículos que hacen entender esto una y otra vez en el Antiguo Testamento. La historia de los israelitas como inmigrantes oprimidos los dejó con una obligación moral de ofrecer una sobresaliente hospitalidad a los inmigrantes que tuvieran buenas intenciones en su tierra. Sus obligaciones iban más allá de las de otras naciones. Ellos debían su libertad al Dios cuya naturaleza misma prometió liberación del cautivo y un nuevo hogar para los huérfanos y desplazados. Ningún otro tipo de Dios merecería su adoración, y el cielo permanece como el símbolo supremo de la Biblia y el cumplimiento final de la naturaleza receptora de Dios, amante de la libertad y que abre un lugar.

Ya sea que un estadounidense confiese la fe cristiana, cualquier otra fe o ninguna en absoluto, el principio que está detrás de la obligación de Israel hacia los inmigrantes puede servir para informar nuestras propias prácticas personales y leyes nacionales. El principio en juego aquí es la reciprocidad laboral. Los israelitas tenían la deuda con sus ancestros inmigrantes de recordar sus luchas y tratar a los inmigrantes contemporáneos con bondad, justicia y hospitalidad. De la misma manera, los estadounidenses hoy día tienen una deuda con sus ancestros inmigrantes que solamente pueden pagar mediante bondad hacia los inmigrantes actuales. Aparte de los americanos indígenas cuyos ancestros cruzaron el Pacífico para poblar un continente virgen hace muchos milenios, el resto de nosotros descubrimos América mediante la inmigración como descendientes de inmigrantes. Como nación, siempre hemos batallado con el reto de dar la bienvenida a nuevos inmigrantes, pero los mejores agentes morales y héroes de nuestro pasado han defendido los derechos de los inmigrantes. La herencia de los Estados Unidos demanda que no hagamos menos en nuestra época.

INMIGRACIÓN Y EL NUEVO TESTAMENTO

Algunos cristianos pueden sentir la tentación de decir: "Eso era en el Antiguo Testamento." De hecho, los cristianos han considerado el rechazo del Antiguo Testamento a la vez falso y herético desde los días de Jesús y los apóstoles. Aunque los apóstoles reconocían que los cristianos no comparten las obligaciones rituales de los judíos bajo el pacto sinaítico, las historias del Antiguo Testamento les sucedieron "para servir de ejemplo, y quedó escrito para advertencia nuestra, pues a nosotros nos ha llegado el fin de los tiempos."[13] La confesión de la fe cristiana histórica no puede incluir un rechazo del Antiguo Testamento, y los adeptos de cualquier fe o de ninguna en absoluto pueden todos ellos sacar enseñanzas de sus preceptos morales, como siempre han reconocido públicamente líderes de los Estados Unidos desde Washington hasta Obama.

En cualquier caso, el Nuevo Testamento sigue en la tradición de la Biblia hebrea al instar a una ética de hospitalidad. En el primer capítulo del Nuevo Testamento, Mateo demostró que el árbol genealógico de Jesús ilustraba un amor por los extranjeros. De hecho, todas las mujeres mencionadas por nombre en la genealogía de Jesús eran o bien extranjeras ellas mismas o estaban casadas con extranjeros. No sólo eran las mujeres extranjeras, sino extranjeras con una reputación cuestionable.[14] Tamar, la madre de Perez, era una cananea que tuvo que prostituirse con Judá a fin de obtener lo que él le debía. Rahab, también cananea, dejó una vida de prostitución para casarse con un israelita. Rut, la moabita descrita a sí misma como *nehkar*, participó en actividades nocturnas muy sospechosas en su romance con Booz. Betsabé, cuyo adulterio con un lujurioso rey David marcó su memoria para siempre, primero se casó con Urías heteo, un extranjero en Israel. El segundo capítulo del Nuevo Testamento pasa a relatar la historia de emigración de la familia nuclear de Jesús, en la cual María se convirtió en una extranjera en Egipto, una refugiada política que huía de los planes de asesinato del rey Herodes.[15]

Como los israelitas, Jesús mismo pasó tiempo como un extranjero en Egipto, y obedeció el mandato del Antiguo Testamento de tratar con amor a los extranjeros. Al igual que el Antiguo Testamento ordenaba a los israelitas amar a los extranjeros como se amaban a sí mismos, Jesús enseñó a sus discípulos que los dos mayores mandamientos requieren que amemos a Dios con todo nuestro corazón... y a nuestro prójimo *como a nosotros mismos*.[16] Como respuesta a este mandato, un hombre preguntó a Jesús: "¿Quién es mi prójimo?".[17] Jesús respondió escandalosamente con la parábola del buen samaritano, la cual termina con la pregunta: "¿Cuál de estos tres piensas que demostró ser el prójimo del que cayó en manos de los ladrones?".[18] ¿La respuesta? El odiado extranjero, el samaritano, se comportó como prójimo. Claramente, Jesús dio un giro a la parábola. En lugar de un judío amando al prójimo samaritano, el samaritano *nehkar/*extranjero en Israel amó al hombre judío como su prójimo. Si un despreciado samaritano tenía la capacidad de amar a su prójimo judío como a sí mismo, los seguidores de Cristo no podrían tener una obligación menor.

Jesús siguió el asunto de amar al prójimo cuando les dijo a sus discípulos que en el recibimiento de los justos en el cielo, el Rey dirá:

Porque tuve hambre, y ustedes me dieron de comer; tuve sed, y me dieron de beber; fui forastero, y me dieron alojamiento; necesité ropa, y me vistieron; estuve enfermo, y me atendieron; estuve en la cárcel, y me visitaron.[2]

La palabra *forastero* en este versículo traduce la palabra *xenos* en la versión original griega, una palabra que significa "extranjero." En el idioma moderno, la palabra *xenofobia* significa "el temor o el odio a los extranjeros." Al igual que la ley mosaica incluía a los extranjeros junto con viudas y huérfanos como receptores del amor y la protección de Dios, Jesús incluye a los forasteros junto con los hambrientos, los desnudos y los cautivos, y Él llama a los cristianos a defender su causa.

La parábola pasa a afirmar que los justos responderán al Rey, preguntando cuándo le habían visto hambriento, sediento o forastero, desnudo o en la cárcel. Jesús dijo: "Les aseguro que todo lo que hicieron por uno de mis hermanos, aun por el más pequeño, lo hicieron por mí" (versículo 40). Jesús consideraba a los débiles y vulnerables sus propios hermanos y hermanas, hijos de Dios que merecen nuestro amor y compasión al igual que hizo Jesús mismo. Algunos podrían protestar: "Pero cuando Él dice 'el más pequeño', se refiere al cristiano pobre. Esa interpretación no se sostendría, pero vamos a darle el beneficio de la duda por un momento. Si Jesús se refería a que los cristianos deberían prestar atención especial al inmigrante cristiano, los inmigrantes actuales en los Estados Unidos se califican notablemente.

Pero los inmigrantes no cristianos pueden ciertamente merecer una consideración aún mayor por parte de los cristianos estadounidenses de la que reciben los inmigrantes cristianos. Un amigo mío dijo en una ocasión de los inmigrantes de los Estados Unidos: "O bien llegaron aquí a evangelizar, o a ser evangelizados." Compartir las buenas nuevas del amor de Dios en Jesucristo constituye la obligación ética evangélica esencial, y no puede tener ningún otro lugar de comienzo que el de tratar a toda persona vulnerable con el mismo amor y cuidado que Jesús mismo le ofrecería si estuviera en medio de nosotros. Y cada cristiano cree que Él ciertamente está en medio de nosotros. Pero eso pasa por alto el punto que Jesús establece en la parábola: la presencia de Jesús permanece con el inmigrante, el pobre, el vulnerable; y lo que hacemos por ellos, lo hacemos por Él.

HOSPITALIDAD BÍBLICA

El Nuevo Testamento llama a los cristianos a mostrar hospitalidad en muchos pasajes, pero Hebreos 13:2-3 aplicaba especialmente la norma moral del Antiguo Testamento a los cristianos: "No se olviden de practicar la hospitalidad [en griego, *filoxenia*, literalmente amor hacia los extranjeros], pues gracias a ella algunos, sin saberlo, hospedaron ángeles. Acuérdense... de los que son maltratados, como si fueran ustedes mismos los que sufren." Este versículo no sólo alude a las enseñanzas del Antiguo Testamento sobre el amor de Dios por los débiles y vulnerables y el llamado de Jesús a amar a nuestro prójimo, sino que recuerda un evento específico en la vida de Abraham, quien recibió a visitantes angélicos en Génesis 18.

Muchas personas, incluso cristianos devotos, dudan de que existan los ángeles o que visitan a personas en nuestra época. Los nuevos Peregrinos no lo dudan, pues frecuentemente dan testimonio de intervenciones milagrosas que los llevaron con seguridad atravesando muchos peligros y dificultades hasta los Estados Unidos. Yo nunca he visto a un ángel, pero cuando era joven y trabajaba en México, mis compañeros de viaje estadounidenses y yo nos perdimos de camino a Tampico. Se formó una fila de tráfico aparentemente interminable y no sabíamos dónde estábamos; tampoco sabíamos hacia dónde se dirigía el tráfico. A medida que avanzábamos, nos dábamos cuenta de que todos tenían que subirse a un transbordador que los transportaría al otro lado de un gran lago. No podíamos dar la vuelta, ni tampoco entendíamos cómo poder hacer abordar nuestro auto en el ferry en medio de lo que parecía un caos total, con cada conductor esforzándose por avanzar para subir a bordo.

De repente, apareció un hombre que se ocupó de nosotros. Aunque yo apenas sabía hablar español en aquel tiempo, él amablemente me ayudó a entender que íbamos por el camino correcto y que no teníamos otra opción excepto la de cruzar el lago. Nos ayudó a subir al ferry, protegiéndonos del terrible desorden y de las muchas personas que competían con nosotros para abordar. Nos mostró en un mapa dónde ir para llegar a nuestro destino. Cuando llegamos al otro lado, él se fue en su automóvil, y nunca más volví a verlo. Lo único que me convenció de que él no era un ángel fue la tarjeta de visita que me dio y que indicaba su ocupación como comercial de repuestos automotrices.

Como el mexicano que me ayudó a cruzar el agua, el inmigrante que se cruza en su camino podría ser precisamente el ángel que Dios le ha enviado, su propio buen samaritano. Pero una vez más, el tema ha cambiado. Comencé hablando de ayudar a los inmigrantes, y de repente me encuentro hablando de un desconocido que me ayudó en su propio país. Como la antigua fábula del león y el ratón enseña, a veces la persona débil puede pasar a ayudar a la fuerte. En México yo desempeñaba el papel de la persona débil. En los Estados Unidos, espero ofrecer tanta ayuda a las personas en crisis como la que yo recibí una vez en ese ferry mexicano. Los papeles tienden a alternarse en cuanto a quién ayuda a quién.

La ética bíblica de ofrecer ayuda al débil y vulnerable, especialmente a viudas y huérfanos como requiere "la religión pura y sin tacha", también se aplica a ayudar a nuestros iguales inmigrantes.[20] La Biblia no nos dice exactamente cómo dar forma a la política de inmigración estadounidense para lograr la justicia óptima. Los principios de la Mesa Evangélica sobre Inmigración ofrecen un buen punto de partida para la reforma legal, pero la nación en conjunto tendrá que reunirse para pensar en la mejor estrategia posible para restaurar el estado de derecho en nuestro país trazando un código de inmigración realista, justo y ejecutable que no aplaste a las "masas cansadas, pobres y apiñadas."

La Biblia enseña claramente que tenemos una responsabilidad ética de ofrecer ayuda a quienes han renunciado a todo lo que conocían y a menudo han arriesgado sus propias vidas para llegar a los Estados Unidos. Pero este libro presenta el argumento inverso. Los nuevos Peregrinos han llegado a los Estados Unidos *para ayudarnos*: para renovar nuestra fe, fortalecer nuestras familias, transformar nuestras iglesias, y llenar nuestras escuelas y universidades de esperanza en forma de ambiciosos aprendices que sueñan con un futuro mejor. A medida que cada vez más cristianos estadounidenses se están sintiendo como extranjeros en nuestra propia tierra ante la oposición a la iglesia y el ataque a la moralidad bíblica, ¿no es irónico que estos inmigrantes evangélicos bien puedan mover la balanza de nuevo hacia una nación conservadora en algún momento?

14

LA CIUDAD SOBRE
UN MONTE

Ronald Reagan, uno de los más grandes presidentes de los Estados Unidos, con frecuencia se refería a la visión de Winthrop de los Estados Unidos como "una resplandeciente ciudad sobre un monte." Muchas personas actualmente suponen que cuando Reagan firmó la ley de reforma y control de la inmigración en 1986 para crear un camino hacia la ciudadanía para millones de inmigrantes indocumentados, actuó por mera necesidad política. Pero de hecho, su decisión de firmar esa legislación se mantuvo en perfecta integridad con la filosofía y visión política de toda su vida. En su discurso presidencial de despedida en enero de 1989, él dijo:

> He hablado de la resplandeciente ciudad durante toda mi vida política, pero no sé si alguna vez llegué a comunicar lo que veía cuando lo decía. En mi mente era una ciudad alta y orgullosa construida sobre rocas más fuertes que océanos, barrida por el viento, bendecida por Dios, y abundando de personas de todo tipo viviendo en armonía y paz, una ciudad con puertos libres rebosantes de comercio y creatividad,

y si tuviera que haber muros de la ciudad, los muros tendrían puertas y las puertas serían abiertas a cualquiera que tuviera la voluntad y el corazón de entrar aquí. Así es como la veía y como la sigo viendo.[1]

Abierta a cualquiera que tuviera la voluntad y el corazón de entrar aquí: esa era la visión de Reagan de la postura ideal de los Estados Unidos hacia los inmigrantes.

La visión de Reagan de los Estados Unidos se mantenía en la tradición del Peregrino, dependiente de la bendición de Dios para coronar los esfuerzos de una ciudadanía virtuosa y un flujo regular de inmigrantes diligentes en un reinado interminable de libertad.

Los inmigrantes de la actualidad ofrecen nuestra mejor esperanza de restaurar los valores que una vez la establecieron y sin los cuales no puede mantenerse.

> "Cuando era un muchacho, leía acerca de los Estados Unidos: que todos tenían la misma oportunidad de ir a la escuela y practicar su fe. Yo deseaba ese tipo de libertad, pero no parecía posible."

En la misma época en que Reagan pronunció esas palabras como presidente, Ben Sterciuc sufría persecución por su fe en la Rumanía comunista. "Me crié en un pequeño pueblecito en Rumanía en una familia pentecostal", recuerda. "Cuando era un muchacho, leía acerca de los Estados Unidos: que todos tenían la misma oportunidad de ir a la escuela y practicar su fe. Yo deseaba ese tipo de libertad, pero no parecía posible."[2] Debido a su fe en Cristo, Ben se negó a unirse al Partido Comunista, renunciando así a la oportunidad de estudiar en la universidad, de conseguir un trabajo bien remunerado, y de comenzar un negocio. Después de casarse con su esposa,

Lia, nació su hijo Flavius en 1987. Cuando los sueños de Ben de ser padre se hicieron realidad, sin embargo, las responsabilidades a las que se enfrentaba para proporcionar un futuro para su hijo pesaban fuertemente sobre él. ¿Cómo podía someter a su hijo a una vida de opresión? En un instante, supo lo que tenía que hacer.

Ben sabía quién era Ronald Reagan. Él oía a estadounidenses hablar de libertar en Radio Free Europe, tumbado en la cama con las almohadas rodeando la radio para evitar que los vecinos la oyeran, y soñando con un escape hacia la libertad.

> Veíamos a Reagan como el salvador del mundo, la persona o el presidente que tenía todas las respuestas, quien tenía el mayor poder del mundo en sus manos. Decisiones que él tomaba afectaban a todo el planeta, a todo el mundo. Me encantaba esa voz patriarcal, aunque no podía entender su inglés.[3]

En agosto de 1988, Ben intentó marcharse. Junto con un amigo, intentaron cruzar la frontera a Yugoslavia, pero fueron capturados y metidos en la cárcel durante tres meses.

Su celda sin ventana no permitía que entrara luz alguna en la oscuridad tan profunda. Los desalmados guardias apiñaban a doce personas en una celda diseñada para cuatro personas, y cruelmente les negaban agua durante tres días y comida durante siete. Salir de la celda significaba interrogatorios y golpes. "Era un punto bajo para cualquier ser humano." Ben recuerda: "ser metido en la cárcel y ser golpeado hasta obedecer simplemente por querer ser libre, por querer una vida mejor para tu familia. Fue muy difícil de asimilar."[4]

La cárcel solamente profundizó el compromiso de Ben con Cristo. Encontró tiempo allí para reflexionar, orar y ayunar, pero "el ayuno no era siempre por elección", sonreía. "Ese fue el tiempo en que realmente profundicé mi relación con Cristo. Fue allí donde supe: suceda lo que suceda, viva yo o muera, voy a seguir a Jesucristo."[5] Su posterior liberación de la cárcel no significó libertad, pues descubrió que su vida era tan restringida como antes, pero ahora se enfrentaba a una vigilancia adicional, acoso y detenciones por las autoridades. "Ellos querían tener un caso conmigo, mostrar que un cristiano pentecostal se volvería ateo."[6] Pero la opresión severa solamente fortaleció la determinación de Ben de escapar a una nueva vida.

Mientras Reagan se dirigió a los Estados Unidos una última vez desde el otro lado del mundo, Ben hizo sus planes. En junio de 1989 huyó con un grupo de otros dos, dejando atrás a su esposa y a su hijo hasta que pudiera organizar las cosas para que ellos también se marcharan. Aunque uno de sus amigos fue atrapado, dos escaparon, corriendo por un campo de girasoles en medio de una ráfaga de balas, con sus vidas en grave peligro, y perros persiguiéndolos mientras cruzaban a Hungría. "Aquel fue el momento en que más cerca estuve de la muerte", reflexiona Ben.[7] Su entrada a Hungría violaba las leyes tanto de Rumanía como de Hungría, y horas después las autoridades húngaras los arrestaron. Después de tres días y noches de interrogatorios, los húngaros creyeron sus historias de ser refugiados políticos y religiosos y les permitieron quedarse. Ben vivió en las calles, debajo de puentes y en parques durante cinco semanas, buscando monedas olvidadas en cabinas de teléfonos para comprar comida.

Tras decidir que Hungría no tenía nada que ofrecerle, usó su conocimiento como mecánico de ferrocarril para subirse a un tren (en un compartimento secreto por encima del tanque de agua y el aseo en un vagón de pasajeros) y escapar, otra vez ilegalmente, a Austria a finales de julio.

Mediante una increíble serie de acontecimientos, Dios creó un momento en el que pude conectar con alguien. Estaba yo sentado en una esquina, orando a Dios y pidiendo a Dios dirección sobre qué hacer, y un caballero anciano se acercó a mí, como salido de la nada. Yo llevaba puestos los mismos pantalones tejanos que tenía cuando escapé de Rumanía, eso era todo lo que tenía, así que probablemente me veía bastante miserable y bastante distinto a los austríacos limpios y aseados que había en la estación de tren. Así que él se acercó a mí y no dejaba de decir algo, y una palabra como que resaltó de cierta manera de las frases que él decía, y esa palabra era *hilfe*. Más adelante supe que eso significa ayuda.

Sin entender, Ben resistía los intentos del hombre de ayudar, pero finalmente el hombre pudo conectar con Ben mediante un amigo rumano que ayudó a Ben a comunicarse con los servicios para refugiados de las Naciones Unidas en Austria.

¿Era Ben un inmigrante ilegal? Sin duda abandonó Rumanía como un emigrante ilegal, y entró en Hungría como un inmigrante ilegal, doblemente ilegal en su escape hacia la libertad, tan ilegal en sus actos como eso centroamericanos que abandonan su país sin autorización legal, pasan ilegalmente por México, y nadan en las oscuras aguas del Río Bravo para entrar en los Estados Unidos. Ben entró en Austria tan ilegalmente, si no más, como los miles que vuelan a los Estados Unidos con un visado de turista o de estudiante y se quedan pasada la fecha de expiración, considerando que ningún precio es demasiado elevado a fin de adquirir una vida en los Estados Unidos. En el caso de Ben, las leyes de Rumanía y de Hungría eran injustas, y su ilegalidad allí permanece como una insignia de honor, una vergüenza que no es asimilada en la gloria de la ciudadanía estadounidense.

Algunos preguntarían: "¿Por qué no esperan en la cola como todos los demás?." No hay ninguna cola. No pueden esperar. Su situación es demasiado precaria; los peligros que afrontan son demasiado reales. Su pasión por la libertad y la justicia les impulsa a atravesar la oscuridad hacia los Estados Unidos, la tierra de los libres y el hogar de los valientes. Nadie puede argumentar que ellos no cuentan como valientes.

En la primavera de 1990, el régimen comunista rumano había caído, y Ben Sterciuc estaba en una estación de tren en Viena, con flores en la mano para dar la bienvenida a su esposa y su hijo que llegaban de Rumanía. "No puedo expresar con palabras lo que aquel momento significó para nosotros", recordaba Ben. "Fue como si nos dieran una oportunidad de volver a vivir. Fue un renacimiento."[8] Como refugiados protegidos por las Naciones Unidas, Ben y Lia solicitaron visados para establecerse en Canadá, Sudáfrica o los Estados Unidos. Canadá les ofreció visados primero, pero el deseo de su corazón era ir a los Estados Unidos, y esperaron hasta que tuvieron noticias de que los Estados Unidos los recibiría.

Juntándose con parientes lejanos en Olympia, Washington, trabajaron duro para crear una nueva vida en los Estados Unidos. Estudiaron inglés de diez a doce horas diarias y trabajaban en la noche limpiando edificios. Después de manejar bien el idioma, Ben fue a la universidad para estudiar enfermería, y mientras trabajaba como enfermero asistente, concibió una idea de comenzar un negocio que proporcionara referencias de pacientes a hogares de ancianos y otras instalaciones de cuidados. En cuanto terminó los estudios y obtuvo una licencia como enfermero, compró una casa y comenzó un "hogar familiar para adultos" para proporcionar cuidados a ancianos. Más adelante compró otra casa para establecer un segundo centro. Tras terminar una maestría en enfermería en la Universidad de Washington en Bothell, llegó a ser miembro adjunto del profesorado y comenzó a enseñar enfermería en Northwest University. Después se matriculó en la universidad para terminar una segunda licenciatura en ministerio musical, y entonces, junto con su esposa Lia, recientemente terminó una maestría en teología y cultura.

En 2012 Ben plantó la iglesia Elevation Church, un creciente ministerio en Kirkland, Washington, que alcanza a personas de una amplia variedad de grupos étnicos, tanto inmigrantes como estadounidenses criollos.[9] Mediante el trabajo duro, él no sólo dominó el idioma inglés y llegó a ser un ciudadano, sino que también terminó la educación con la que había soñado de niño y obtuvo éxito como hombre de negocios y patrón estadounidense. Él se ha hecho un lugar en los Estados Unidos, un lugar de liderazgo y un lugar de gratitud:

La vida que Dios nos dio aquí es mucho más de lo que jamás soñé. Lo único que queríamos era vivir en un país donde pudiéramos ser libres, donde pudiéramos adorar y no preocuparnos por si nos metían en la cárcel. Pero Dios ha sido muy misericordioso en el modo que Él nos moldeó mediante este proceso. Él nos dio favor cuando lo necesitábamos. Él nos dio vida. Él ha sido fiel con nosotros. No hay palabras para describir nuestra gratitud.[10]

Ben está orgulloso entre los nuevos Peregrinos. Los viejos Peregrinos, ciertamente peregrinos de cada generación estadounidense, lo aceptarían como un igual.

"La tierra de los libres y el hogar de los valientes" nunca puede sobrevivir con base a lo que hombres y mujeres hicieron en las largas sombras de nuestro pasado. Su permanencia depende del esfuerzo constante de quienes se niegan a vivir sin libertad y audazmente corren cualquier riesgo y pagan cualquier precio para lograrla. Sin ellos, no podemos seguir siendo los Estados Unidos, ni tampoco podemos ni siquiera verlo. Aquellos que nacimos aquí, que hemos disfrutado de libertad durante toda nuestra vida, con demasiada frecuencia nos encontramos cegados por la luz, incapaces de percibir las tenues y sencillas glorias detectables sólo por ojos que han conocido la profunda oscuridad de la opresión. Si personas como Ilona Trofimovich, Ben Sterciuc, Varun Laohaprasit y Roberto Tejada no nos prestan continuamente sus ojos al describirnos las sutiles majestades de la tierra que nosotros damos por sentada, nos encontraremos pisoteándolas.

Ronald Reagan pensaba en personas como ellos cuando terminó su servicio como presidente, pasando a concluir su discurso de despedida con estas palabras:

> ¿Y cómo está la ciudad en esta noche de invierno? . . . Después de 200 años, dos siglos, sigue siendo fuerte y sólida sobre la cresta de granito, y su resplandor se ha mantenido firme sin importar cuál fuera la tormenta. Y sigue siendo un faro, sigue siendo un imán para todo aquel que tiene que vivir en libertad, para todos los peregrinos de todos los lugares perdidos que atraviesan a toda velocidad la oscuridad hacia casa...[11]

Al escribir yo esta frase, han pasado veinticinco años, una décima parte de la historia de los Estados Unidos. ¡Que nunca abandonemos la visión de Reagan, ni tampoco la de Winthrop, ni la de Rodríguez, de modo que la luz de los Estados Unidos brille para siempre!

NOTAS

Introducción
1. G. K. (Gilbert Keith) Chesterton, *What I Saw in America* (London: Hodder and Stoughton, Ltd., 1922), p. 7.
2. Ibid, p. 5.
3. Ibid.
4. Ibid.
5. Ibid.
6. Los mismos investigadores que informan de un 70 por ciento de pérdida de juventud también dicen que el 65 por ciento de quienes abandonan la iglesia en la adolescencia y los veintitantos regresan a la iglesia antes de la edad de treinta años, preservando así un mínimo de un 75 por ciento de juventud evangélica. Véase Scott McConnell, "LifeWay Research Finds Reasons 18- to 22-Year-Olds Drop Out of Church", *LifeWay*, 7 de agosto de 2007, http://www.lifeway.com/ArticleView?storeId=10054&catalogId=100 01&langId=-1&article=LifeWay-Research-finds-reasons-18-to-22-year-olds-drop-out- of-church. Para un resumen detallado de literatura sobre el tema del abandono de la fe en la juventud, véase J. Warner Wallace, "Are Young People Really Leaving Christianity?" *Cold Case Christianity*, 27 de septiembre de 2013, http://coldcasechristianity.com/2015/are-young-people- really-leaving-christianity/ (ambos consultados en línea 19 de mayo de 2015).
7. Pew Research Center, "Christians Decline Sharply as Share of Population", The Pew Forum on Religion & Public Life, 12 de mayo de 2015, http://www.pewforum.org/2015/05/12/americas-changing-religious-landscape/ (consultado en línea el 23 de junio de 2015).
8. Pew Research Center, "The Religious Affiliation of U.S. Immigrants: Majority Christian, Rising Share of Other Faiths", The Pew Forum on Religion and Public Life, 17 de mayo de 2013, http://www.pewforum.org/2013/05/17/the-religious-affiliation-of-us-immigrants/ (consultado en línea 19 de mayo de 2015).
9. Pew Research Center, "'Nones' on the Rise."
10. Pew Research Center, "The Religious Affiliation of U.S. Immigrants."
11. Los lectores interesados principalmente en el crecimiento de religiones no cristianas en los Estados Unidos encontrarán esta historia en *A New Religious America* por Diana L. Eck (HarperCollins Publishers, 2009) o en *Parade of Faiths: Immigration and American Religion* por Jenna Weissman Josselit (New York: Oxford University Press, 2011).
12. Robert Neelly Bellah, "Civil Religion in America", *Journal of the American Academy of Arts and Sciences*, invierno de 1967, http://www.robertbellah.com/articles_5.htm (consultado en línea 19 de mayo de 2015). Para saber más sobre la fe de Washington, véase Ron Chernow, *Washington: A Life* (New York: Penguin, 2010).
13. Emma Lazarus, "The New Colossus", http://en.wikipedia.org/wiki/The_New_Colossus (consultado en línea 19 de mayo de 2015).
14. Gillian Flaccus, "Atheist 'Megachurches' Crop Up Around The World", *Huffington Post*, 10 de noviembre de 2013, http://www.huffingtonpost.com/2013/11/10/atheist-mega- church_n_4252360.html (consultado en línea 19 de mayo de 2015).

Capítulo 1
1. George Soule (pasajero del Mayflower), Wikipedia, consultado en línea 6 de julio de 2014, http://en.wikipedia.org/wiki/George_Soule_(Mayflower_passenger) (consultado en línea 19 de mayo de 2015).
2. Roger Finke y Rodney Stark, *The Churching of America, 1776–2005: Winners and Losers in Our Religious Economy* (New Brunswick, NJ: Rutgers University Press, 2005), p. 10.

3. De ninguna manera se puede sostener que judíos o musulmanes, o de hecho, nuevas sectas cristianas (como los Santos de los Últimos Días) prosperaron en un entorno libre de persecución a lo largo de la historia estadounidense, pero sí disfrutaron una medida de tolerancia sin precedente.

4. Pew Research Center, "'Nones' on the Rise: One-in-Five Adults Have No Religious Affiliation", The Pew Forum on Religion and Public Life, 9 de octubre de 2012, http://www.pewforum.org/files/2012/10/NonesOnTheRise-full.pdf (consultado en línea 19 de mayo de 2015); James Emery White, *The Rise of the Nones: Understanding and Reaching the Religiously Unaffiliated* (Grand Rapids, MI: Baker Books, 2014).

5. Scott McConnell, "LifeWay Research Finds Reasons 18- to 22-Year-Olds Drop Out of Church", *LifeWay*,7 de agosto de 2007, http://www.lifeway.com/ArticleView?storeId=10054&catalogId=10 001&langId=-1&article=LifeWay-Research-finds-reasons-18-to-22- year-olds-drop-out-of-church (consultado en línea 19 de mayo de 2015); Todd Hillard, Britt Beemer, y Ken Ham Green, *Already Gone: Why Your Kids Will Quit Church and What You Can Do to Stop It* (Forest, AR: Master Books, 2009). Para una discusión de razones para el abandono de fe entre la juventud cristiana, véase David Kinnamon, *You Lost Me: Why Young Christians Are Leaving Church . . . and Rethinking Faith* (Grand Rapids, MI: Baker, 2011).

6. Robert Wuthnow, *After the Baby Boomers: How Twenty- and Thirty-Somethings Are Shaping the Future of American Religion* (Princeton, NJ: Princeton University Press, 2007).

7. 2 Pedro 3:9.

8. Pew Research Center, "'Nones' on the Rise."

9. T. J. Espenshade, J. C. Guzman, y C. F. Westoff, "The surprising global variation in replacement fertility", *Population Research and Policy Review*, No. 22 (5/6),(2003): 575.

10. En 2002, el índice de natalidad de mujeres inmigrantes indocumentadas era aproximadamente de un 3,1 mientras que el índice de natalidad para inmigrantes legales estaba en el 2,6. Steven A. Camarota, "Birth Rates Among Immigrants in America: Comparing Fertility in the U.S. and Home Countries", Center for Immigration Studies, octubre de 2005, http://www.cis.org/ImmigrantBirthRates-FertilityUS; Associated Press, "Utah fertility rate tops the U.S. charts", *Deseret News*, 7 de noviembre de 2010, http://www.deseretnews.com/article/700079435/Utah-fertility-rate-tops-the- US-charts. html; L. P. Greksa, "Population Growth and Fertility Patterns in an Old Order Amish Settlement", *Annals of Human Biology*, Mar-Abr, 2002, 29(2), pp. 192–201; respecto a índices de natalidad entre judíos ortodoxos, Jack Wertheimer ha escrito: "Un cálculo informado da cifras que varían hacia arriba desde 3.3 hijos en familias 'ortodoxas modernas' hasta el 6,6 en familias haredi o 'ultra-ortodoxas' y un sorprendente 7,9 en familias de hasidim." Jack Wertheimer, "Jews and the Jewish Birthrate", Aish.com, Octubre de 2005, http://www.aish. com/jw/s/48899452.html (todo consultado en línea 19 de mayo de 2015).

11. Erick Kaufmann, *Will the Religious Inherit the Earth* (London: Profile Books, 2010), xi.

12. Asambleas de Dios, "AG U.S. Adherents 1975–2013", http://agchurches.org/Sitefiles/ Default/RSS/AG.org%20TOP/AG%20Statistical%20Reports/2014/Adhs%20Ann%20 2013.pdf (consultado en línea 19 de mayo de 2015).

13. Ibid.

14. U.S. Census Bureau, "The White Population: 2000", *Census 2000 Brief,* agosto de 2001. http://www.census.gov/prod/2001pubs/c2kbr01-4.pdf (consultado en línea 19 de mayo de 2015).

15. Asambleas de Dios, "AG U.S. Adherents by Race 2001–2012." Obtenido de Sherri Doty, Estadística, Oficina Nacional de Recursos de las Asambleas de Dios, Springfield, Missouri, el 25 de junio de 2014.

16. Entrevista a Scott Temple, Springfield, Missouri, 25 de junio de 2014.

17. Luis Carlos Lopez, "Minorities Will Become The Majority In The U.S. By 2043", *Huffington Post*, VOXXI, 25 de marzo de 2013, http://www.huffingtonpost.com/2013/03/25/minorities-will-become-th_n_2948188.html (consultado en línea 19 de mayo de 2015).

18. Asambleas de Dios, "AG Worldwide Churches And Adherents 1987–2013", agchurches.org, http://agchurches.org/Sitefiles/Default/RSS/AG.org%20TOP/AG%20Statistical%20 Reports/2014/AdhWW%202013.pdf (consultado en línea 19 de mayo de 2015).

19. Asambleas de Dios, "AGWM Vital Stats", Assemblies of God World Missions, 31 de diciembre de 2013, http://agwm.com/assets/agwmvitalstats.pdf (consultado en línea 19 de mayo de 2015).

20. William Molenaar, "Intercultural Ministries", *Celebrating 75 Years of Ministry: U.S. Missions . . . that none perish* (Springfield, MO: Gospel Publishing House, 2012), p. 64.

21. Ibid., p. 64.

22. James Kessler, "New Dimensions in Mission America", *Pentecostal Evangel*, 4 de agosto de 1985, p. 26.

23. Entrevista a Scott Temple, Springfield, Missouri, 25 de junio de 2014.

24. Roland Allen, *Missionary Methods: St. Paul's or Ours?* (Grand Rapids: Wm. B. Eerdmans Publishing Company, 1962). Para la clásica articulación de las AD de estos principios en acción en Latinoamérica, véase Melvin L. Hodges, *La Iglesia Autóctona* (Springfield, MO: Gospel Publishing House, 2006).

25. Entrevista a Scott Temple, Springfield, Missouri, 25 de junio de 2014.

26. Entrevista a Saturnino González, Tampa, Florida, 2 de noviembre de 2014.

27. Ibid.

28. Ibid.

29. Ibid.

30. Arzobispo Jose H. Gomez, *Immigration and the Next America: Renewing the Soul of Our Nation* (Huntington, IN: Our Sunday Visitor, 28 de junio de 2013).

31. Pew Research Center, "America's Changing Religious Landscape", The Pew Forum on Religion and Public Life, 12 de mayo de 2015, http://religions.pewforum.org/reports (consultado en línea 19 de mayo de 2015).

32. Archidiócesis de Milwaukee, "Hispanic Ministry in the United States", consultado en línea 10 de julio de 2014, http://www.archmil.org/Resources/HispanicMinistryintheUnitedStates. htm (consultado en línea 19 de mayo de 2015). Obviamente, no todos los estadounidenses hispanos son inmigrantes o hijos de tales, pero los inmigrantes justifican el bocado de león del crecimiento, ya que hispanos nacidos en los Estados Unidos han afirmado tradicionalmente una identidad católicorromana, y como los hispanos nacidos en los Estados Unidos tienen índices de natalidad similares a otros estadounidenses nativos, no justificaría una gran parte del crecimiento.

33. Pew Research Center, "America's Changing Religious Landscape."

34. Pew Research Center, "The Global Catholic Population", The Pew Forum on Religion and Public Life, 13 de febrero de 2013, http://www.pewforum.org/2013/02/13/the-global-catholic-population/ (consultado en línea 15 de junio de 2015).

35. Gretchen Livingston y D'vera Cohn, "U.S. Birth Rate Falls to a Record Low; Decline Is Greatest Among Immigrants", *Pew Research Social and Demographic Trends*, 29 de noviembre de 2012, http://www.pewsocialtrends.org/2012/11/29/u-s-birth-rate-falls-to-a-record-low- decline-is-greatest-among-immigrants/ (consultado en línea 19 de mayo de 2015).

36. Ibid.

37. Elizabeth Dias, "¡Evangélicos!", *Time*, abril de 2013, pp. 20–29. Véase también Pew Research Center, "The Shifting Religious Identity of Latinos in the United States", The Pew Forum on Religion and Public Life, 7 de mayo de 2014, http://www.pewtrusts.org/our_work_report_ detail. aspx?id=85899545262 (consultado en línea 19 de mayo de 2015).

38. Roger Finke y Rodney Stark, *The Churching of America, 1776–2005: Winners and Losers in Our Religious Economy* (New Brunswick, NJ: Rutgers University Press, 2005), p. 241.

39. Ibid.

40. Philip Jenkins, *The Next Christendom: The Coming of Global Christianity* (New York: Oxford University Press, 2011).

41. Pew Research Center, "Global Christianity – A Report on the Size and Distribution of the World's Christian Population", The Pew Forum on Religion and Public Life, 29 de diciembre de 2011, http://www.pewforum.org/2011/12/19/global-christianity-exec/ (consultado en línea 19 de mayo de 2015).

42. Pew Research Center, "The Future of the Global Muslim Population", The Pew Forum on Religion and Public Life, 27 de enero de 2011, http://www.pewforum.org/2011/01/27/the- future-of-the-global-muslim-population/ (consultado en línea 19 de mayo de 2015).

43. Pew Research Center, "The Global Religious Landscape: Hindus", The Pew Forum on Religion and Public Life, 18 de diciembre de 2012, http://www.pewforum.org/2012/12/18/global-religious-landscape-hindu/ (consultado en línea 19 de mayo de 2015).

44. Peter Berger, "Counting Christians in China", The American Interest, 17 de agosto de 2010, http://www.the-american-interest.com/berger/2010/08/17/counting-christians-in-china/ (consultado en línea 19 de mayo de 2015).

45. Peter Berger, "Counting Christians in China." Véase también World Christian Database, http://www.worldchristiandatabase.org/wcd/about/country.asp (consultado en línea 19 de mayo de 2015).

46. Peter Berger, "Counting Christians in China."

47. Berkley Center on Religion, Peace, and World Affairs, George Washington University, "South Korea", *Resources on Faith, Ethics, and Public Life*, http://berkleycenter.georgetown.edu/resources/countries/print?id=south-korea (consultado en línea 19 de mayo de 2015).

48. U.S. Department of State, "Vietnam: International Religious Freedom Report 2006" *Diplomacy in Action*, consultado en línea 6 de agosto de 2014, http://www.state.gov/j/drl/rls/ irf/2006/71363.htm (consultado en línea 19 de mayo de 2015).

49. Staff, "The Explosion of Christianity in Africa", Christianity.com, http://www.christianity.com/church/church-history/timeline/2001-now/the-explosion-of-christianity-in-africa-11630859.html (consultado en línea 19 de mayo de 2015).

50. Robbie Corey-Boulet, "With 176 million Catholics, Africa gains prominence", *USA Today*, 12 de marzo de 2013, http://www.usatoday.com/story/news/world/2013/03/12/catholic-church-africa/1963171/ (consultado en línea 19 de mayo de 2015).

51. Lillian Kwon, "Pew Part Two: Pentecostalism in Africa", *The Christian Post*, 18 de noviembre de 2006, http://www.christianpost.com/news/pew-part-two-pentecostalism-in-africa-23528/ (consultado en línea 19 de mayo de 2015).

52. Pew Research Center, "Overview: Pentecostalism in Latin America", The Pew Forum on Religion and Public Life, 5 de octubre de 2006, http://www.pewforum.org/2006/10/05/overview-pentecostalism-in-latin-america/ (consultado en línea 19 de mayo de 2015).

53. Pew Research Center, "Spirit and Power – A 10-Country Survey of Pentecostals", The Pew Forum on Religion and Public Life, 5, de octubre de 2006, http://www.pewforum.org/2006/10/05/spirit-and-power/ (consultado en línea 19 de mayo de 2015).

54. Pew Research Center, "Global Survey of Evangelical Protestant Leaders", The Pew Forum on Religion and Public Life, 22 de junio de 2011, http://www.pewforum.org/2011/06/22/global-survey-of-evangelical-protestant-leaders/ (consultado en línea 19 de mayo de 2015).

55. Alex Murashko, "Samuel Rodriguez on Mega Merger of Over 500,000 Latino Churches: We're Not Drinking the Kool-Aid, Christianity Is Not in Decline", *The Christian Post*, 27 de junio de 2014, http://www.christianpost.com/news/samuel-rodriguez-on-mega- merger-of-over-500000-churches-were-not-drinking-the-kool-aid-christianity-is-not-in- decline-122252/ (consultado en línea 19 de mayo de 2015).

Capítulo 2

1. "Pilgrim", *Dictionary.com*, http://dictionary.reference.com/browse/pilgrim?s=t (consultado en línea 15 de junio de 2015).

2. David Aikman informa de la extendida creencia en China de que Occidente ha prosperado como resultado de su cosmovisión cristiana en su clásico informe: *Jesus in Beijing: How Christianity Is Transforming China And Changing the Global Balance of Power* (Washington, D.C.: Regnery Publishing, 2003).

3. Entrevista a Edgardo Montano, Orlando, Florida, 1 de agosto de 2014.

4.. Ibid.

5. Ibid.

6. Según Sir William Ramsey, el escritor griego Dion Crisóstomo se refiere a Heracles como el "*archegos*" de la ciudad natal de Pablo, Tarso, notando que el término se refiere a un "líder en una migración." Para una discusión detallada de este concepto, véase Irad Malkin, *Religion and Colonization in Ancient*

Greece, Studies in Greek and Roman Religion, número 3 (New York: Brill, 1987), pp. 241–260 y William Ramsey, *The Cities of St. Paul: Their Influence on His Life and Thought: The Cities of Eastern Asia Minor* (Grand Rapids, MI: Baker, 1960), p. 136. Para mayor discusión sobre el uso de *archegos* en Hebreos, véase David E. Aune, "Heracles and Christ: Heracles Imagery in the Christology of Early Christianity", *Greeks, Romans, and Christians: Essays in Honor of Abraham J. Malherbe* (Minneapolis: Fortress, 1990), pp. 3–19.

7. Hebreos 11:8-10.

8. Hebreos 11:13–16, énfasis del autor.

9. Hebreos 11:39–40.

10. Canción tradicional, "The Wayfaring Stranger", sin fecha.

11. Véase Don Piper y Cecil Murphey, *90 Minutes in Heaven: A True Story of Death & Life* (Grand Rapids, MI: Revell, 2004); Todd Burpo, *Heaven Is for Real: A Little Boy's Astounding Story of His Trip to Heaven and Back* (Nashville, TN: Thomas Nelson, 2011).

12. Génesis 1:26.

13. Génesis 1:27.

14. Tom Rath y Jim Harter, *Wellbeing: The Five Essential Elements* (New York: Gallup Press, 2010).

15. Génesis 1:28.

16. Apocalipsis 7:9–10.

17. Génesis 3:23–25.

18. Génesis 4:13–14.

19. Génesis 9:1.

20. Para más detalles, véase Joseph L. Castleberry, *Inmigrantes de Dios: A Bilingual Blog for Immigrants and People Who Love Them,* http://www.inmigrantesdedios.org.

21. Génesis 11:4.

22. Génesis 12:1–3.

23. Génesis 12:10–20.

24. Génesis 14:1–24.

25. Génesis 16:1–16. La Biblia no protege la reputación de sus héroes de sus peores obras. Abraham disfrutó de la elección de Dios mediante la gracia, no mediante su propia justicia personal y, como nosotros, él era un pecador salvado por gracia.

26. Génesis 20:1–18.

27. Génesis 24:1–66.

28. Para leer más sobre estos episodios, véase Joseph Castleberry, *Immigrants in the Heart of God,* www.inmigrantesdedios.org.

29. Véase Peter Harrison, "Fill the Earth and Subdue It: Biblical Warrants for Colonization in Seventeenth Century England", *Journal of Religious History,* 2005, pp. 3–24. Véase también John White, *A Commentary upon the First Three Chapters of the First Book of Moses called Genesis,* Book 1, (London: 1656), p. 113. Para un comentario de la Era Colonial tardía, véase H. C. Leupold, *Exposition of Genesis, Vol. I* (Grand Rapids, Mich.: Baker Book House, 1942), p. 96.

30. Isaías 49:6.

31. Deuteronomio 26:5; Mateo 1:1–21.

32. Mateo 28:19.

33. "Crop Facts", *Washington Apples,* consultado en línea 25 de agosto de 2014, http://bestapples.com/facts/ facts_crop.aspx (consultado en línea 19 de mayo de 2015).

34. "Washington Apple History", *Washington Apples,* consultado en línea 25 de agosto de 2014, http://www. bestapples.com/facts/facts_washington.aspx (consultado en línea 19 de mayo de 2015).

35. Entrevista telefónica con Jesús De Paz, 25 de agosto de 2014.

36. Ibid.

37. Ibid.

38. Ibid.

39. Ibid.

Capítulo 3

1. Bob Young, "Retail pot to get rolling Tuesday", *Seattle Times*, 6 de julio de 2014, A1.
2. Tamar Lewin, "Coming to U.S. for baby—and womb to carry it", *Seattle Times*, 6 de julio de 2014, A11.
3. Maureen Dowd, "Who Do We Think We Are?" *The New York Times*, 6 de julio de 2014, SR1.
4. Kevin Drum, "Liberals Started the Culture War, and We Should Be Proud of Continuing It", *Mother Jones*, 19 de marzo de 2012, http://www.motherjones.com/kevin-drum/2012/03/liberals-started-culture-war-we-should-proud-continuing-it (consultado en línea 19 de mayo de 2015).
5. Maureen Dowd, "Who Do We Think We Are?" *The New York Times*, 6 de julio de 2014, SR1.
6. Ibid.
7. "Mexican Standoff", Wikipedia, http://en.wikipedia.org/wiki/Mexican_standoff (consultado en línea 6 de julio de 2014).
8. Samuel Rodríguez, *La Agenda del Cordero: Por qué Jesús le llama a una vida de rectitud y justicia* (Nashville: Thomas Nelson, 2013).
9. "The Mayflower Compact", U.S. Constitution, consultado en línea 6 de julio de 2014, http://www. usconstitution.net/mayflower.html.
10. John Winthrop, "A Model of Christian Charity (1630)", The Gilder Lehrman Institute of American History, http://www.gilderlehrman.org/sites/default/files/inline-pdfs/A%20Model%20of%20 Christian%20Charity.pdf (consultado en línea 1 de agosto de 2014).
11. Matt Hansen y Mark Boster, "Protesters in Murrieta block detainees' buses in tense standoff", *Los Angeles Times*, 1 de julio de 2014, http://www.latimes.com/local/lanow/la-me-ln-immigrants-murrieta-20140701-story.html (consultado en línea 15 de junio de 2015).
12. Contrariamente a la creencia popular, Alexis de Tocqueville no fue el autor de la cita. Véase John J. Pitney, Jr., "The Tocqueville Fraud", *The Weekly Standard*, 13 de noviembre de 1995, http://www. weeklystandard.com/Content/Protected/Articles/000/000/006/951lhlhc.asp (consultado en línea 15 de junio de 2015).
13. Samuel Rodríguez, *La Agenda del Cordero: Por qué Jesús le llama a una vida de rectitud y justicia* (Nashville: Thomas Nelson, 2013), xvii–xix.
14. Katharine Lee Bates, "America the Beautiful", 1913, USA Flag Site, http://www.usa-flag- site.org/song-lyrics/america.shtml (consultado en línea 6 de julio de 2014).
15. Bono, "U2's Bono: Budget Cuts Can Impact Social Enterprise, Global Change", Georgetown University, 12 de noviembre de 2012, http://www.georgetown.edu/news/bono- speaks-at-gu.html (consultado en línea 15 de junio de 2015).
16. Bradley R. E. Wright, *Upside: Surprising Good News About the State of Our World* (Minneapolis: Bethany House, 2011); Andrea Palpant Dilley, "The Surprising Discovery about Those Colonialist, Proselytizing Missionaries", *Christianity Today*, 18 de enero de 2014, http://www.christianitytoday. com/ct/2014/january-february/world-missionaries-made. html?paging=off (consultado en línea 15 de junio de 2015).
17. William Butler Yeats, "The Second Coming", *Michael Robartes and the Dancer* (Kuala Press, 1921).
18. Zacarías 4:6.
19. Filipenses 4:13.
20. Randy Hurst, "How Can the Lost Billions Be Reached?" *Today's Pentecostal Evangel, World Missions Edition*, junio de 2008, http://world.ag.org/article/how-1 (consultado en línea 15 de junio de 2015).
21. *Time* Staff, "The 2013 Time 100 Poll: Sammy Rodríguez", *Time*, 22 de marzo de 2013, http:// time100.time.com/2013/03/28/time-100-poll/slide/samuel-Rodríguez/ (consultado en línea 6 de julio de 2014).
22. Rick Warren, "The 2013 Time 100: Wilfredo de Jesús", *Time*, 18 de abril de 2013, http:// time100. time.com/2013/04/18/time-100/slide/wilfredo-de-jesus/ (consultado en línea 6 de julio de 2014).
23. "Rev. Samuel Rodríguez", NHCLC, http://nhclc.org/rev-samuel-Rodríguez/ (consultado en línea 6 de julio de 2014).
24. William Shakespeare, *Romeo y Julieta*, Acto 2, escena 2. http://www.biblioteca.org.ar/libros/88738.pdf
25. Frederick Clarkson, "Rev. Samuel Rodríguez: Not So Moderate", *The Public Eye*, otoño de 2012, http://www.politicalresearch.org/wp-content/uploads/downloads/2012/12/Fall.2012.Public-Eye.pdf (consultado en línea 6 de julio de 2014).

26. Frederick Clarkson, "Rev. Samuel Rodriguez: Not So Moderate", Political Research Associates, 2 de octubre de 2012, consultado en línea 11 de junio de 2015, http://www.politicalresearch. org/2012/10/02/rev-samuel-rodriguez-not-so-moderate/#sthash.ACfiAOSo.KXjeWiY8. dpbs (consultado en línea 6 de julio de 2014).

Capítulo 4
1. Apocalipsis 6:2. Esta apropiación del lenguaje bíblico no implica ninguna afirmación profética, sino una sencilla analogía.
2. Charles C. Mann, *1491: Una nueva historia de las Américas antes de Colón* (New York: Siete Cuentos, 20013).
3. José Casanova, "Religion, European Secular Identities, and European Integration", *Religion in the New Europe*, Vol. 2 (Budapest, Hungary: Central European University Press, 2006), p. 30.
4. Richard F. Kuisel, "Coca-Cola and the Cold War: The French Face Americanization, 1948–1953", *French Historical Studies*, 1991, pp. 96–116.
5. Barry R. Chiswick, "Immigration Policy and Immigrant Quality: Are Immigrants Favorably Self-Selected?" *AEA Papers and Proceedings*, mayo de 1999, p. 181.
6. Entrevista a Hilario Garza, Kirkland, Washington, 8 de julio de 2014.
7. Joseph L. Castleberry, "The Immigrant and the Four Freedoms", *Tú Decides/You Decide: A Bilingual Newspaper*, http://tudecidesmedia.com/our-faith-the-immigrant-and-the-four-freedoms-p4890-128. htm (consultado en línea 25 de julio de 2014).
8. Gabriel García Márquez, *El Coronel No Tiene Quien Le Escriba* (New York, NY: Vintage Español, 2010), p. 64.
9. *Which Way Home*. Dirigido por Rebecca Cammisa. United States: HBO, 2009, https:// www.netflix. com/WiMovie/70117031?trkid=2361637 (consultado en línea 25 de julio de 2014).
10. Ross Douthat, "The Parent Trap," *The New York Times*, 20 de julio de 2014, http://www.nytimes. com/2014/07/20/opinion/sunday/ross-douthat-the-parent-trap.html?_r=0 (consultado en línea 25 de julio de 2014).
11. Joseph L. Castleberry, *Your Deepest Dream: Discovering God's True Vision for Your Life* (Colorado Springs: NavPress, 2012), p. 121.

Capítulo 5
1. Matthew Soerens, "Are There Aliens in the Bible?" *G92*, 26 de septiembre de 2011, http://g92. org/ are-there-aliens-in-the-bible/ (consultado en línea 2 de octubre de 2014)
2. Elizabeth Burnes y Marisa Louie, "THE A-FILES: Finding Your Immigrant Ancestors", *Genealogy Notes*, primavera de 2013, p. 54, http://www.archives.gov/publications/prologue/2013/ spring/a-files. pdf (consultado en línea 2 de octubre de 2014).
3. Hechos 4:19, 5:29; Daniel 3:18.
4. Subcomité sobre Africa, *Global Health, and Human Rights of the Committee on Foreign Affairs, U.S. House of Representatives, China's One Child Policy: The Government's Massive Crime Against Women And Unborn Babies* (Washington, D.C.: U.S. Government Printing Office, 2011).
5. Emma Goldman, "People & Events: Immigration and Deportation at Ellis Island", *American Experience*, Public Broadcasting System, http://www.pbs.org/wgbh/amex/ goldman/peopleevents/e_ ellis.html (consultado en línea 2 de obtubre de 2014).
6. Génesis 26:22 (NTV).
7. Jeremías 29:7.
8. Samuel Rutherford, *Lex Rex, or The Law and the Prince* (London: 1644).
9. Dan Berger y Angélica Cházaro, "What's behind the hunger strike at Northwest Detention Center", *The Seattle Times*, 19 de marzo de 2014, http://seattletimes.com/html/opinion/2023173231_ danbergerangelicachazaroopedprisonhungerstrike20xml.html (consultado en línea 11 de junio de 2015).
10. Alex Altman, "Prison Hunger Strike Puts Spotlight on Immigration Detention", *Time*, 17 de marzo de 2014, http://time.com/27663/prison-hunger-strike-spotlights-on-immigration-detention/ (consultado en línea 11 de junio de 2015).

11. Peter Ferrara, "Reaganomics Vs. Obamanomics: Facts and Figures", *Forbes*, 5 de mayo de 2011, http://www.forbes.com/sites/peterferrara/2011/05/05/reaganomics-vs-obamanomics-facts-and-figures/ (consultado en línea 11 de junio de 2015).

12. Mark Hugo Lopez y Ana Gonzalez-Barrera, "High rate of deportations continue under Obama despite Latino disapproval", Pew Research Center, Fact Tank, 19 de septiembre de 2013, http://www.pewresearch.org/fact-tank/2013/09/19/high-rate-of-deportations- continue-under-obama-despite-latino-disapproval/; Nora Kaplan-Bricker, "Who's the Real Deporter-In-Chief: Bush or Obama?", *The New Republic*, 17 de abril de 2014, http://www. newrepublic.com/article/117412/deportations-under-obama-vs-bush-who-deported-more-immigrants (both consultado en línea 11 de junio de 2015).

13. "Silly Laws", kubik.org, consultado en línea 30 de julio de 2014, http://www.kubik.org/lighter/silly.htm.

14. G. E. Miller, "The U.S. is the Most Overworked Developed Nation in the World–When do we Draw the Line?"*20 Something Finance,* 20 de julio de 2014, http://20somethingfinance.com/american-hours-worked-productivity-vacation/ (consultado en línea 11 de junio de 2015).

15 John Lantigua, "Illegal Immigrants Pay Social Security Tax, Won't Benefit", *The Seattle Times*, 28 de diciembre de 2011, http://seattletimes.com/html/nationworld/2017113852_ immigtaxes29.html (consultado en línea 11 de junio de 2015).

Capítulo 6

1. Emile Durkheim, *The Division of Labour in Society* (New York: The Free Press, 1993), ix.

2. Roger Finke y Rodney Stark, *The Churching of America, 1776–2005: Winners and Losers in Our Religious Economy* (New Brunswick, NJ: Rutgers University Press, 2005), p. 35.

3. Para saber más sobre este tema, véase Oscar Handlin, *The Uprooted: The Epic Story of the Great Migrations that Made the American People* (Boston: Little, Brown and Company, 1952).

4. William G. McLoughlin, *Revivals, Awakenings, and Reform*, Chicago History of American Religion (Chicago: University of Chicago Press, 1978), p. 2.

5. William Fogel, *The Fourth Great Awakening and the Future of Egalitarianism* (Chicago and London: University of Chicago Press, 2000).

6. Thomas Picketty, trans. Arthur Goldhammer, *El Capital en el Siglo XXI* (México, D.F.: Fondo de Cultura Económica, 2014).

7. David Goldman, *How Civilizations Die (and Why Islam is Dying Too)* (Washington, D.C.: Regnery Publishing, 2011).

8. La mayoría de iglesias que son plantadas en Europa actualmente dependen de liderazgo inmigrante/misionero, pero la historia mayor en Europa es la financiación de mezquitas por la creciente población inmigrante musulmana que casi con seguridad llegará a dominar la demografía europea a lo largo del próximo siglo. Véase eds. André Droogers, Cornelis van der Laan, Wout van Laar, *Fruitful in This Land: Pluralism, Dialogue and Healing in Migrant Pentecostalism* (Zoetermeer, Netherlands: Boekencentrum, 2006); Bruce Bawer, *While Europe Slept: How Radical Islam is Destroying the West from Within* (New York: Broadway Books, 2006); Bat Ye'or, *Eurabia: The Euro-Arab Axis* (Madison and Teaneck, N.J.: Farleigh Dickinson University Press, 2005); Bruce S. Thornton, *Decline & Fall: Europe's Slow Motion Suicide* (New York: Encounter Books, 2007). Para una perspectiva opuesta del dominio final musulmán de Europa, véase Pew Research Center, "The Future of the Global Muslim Population", The Pew Forum on Religion and Public Life, 27 de enero de 2011, http://www.Pewforum.Org/2011/01/27/The-Future-Of-The-Global-Muslim-Population/ (consultado en línea 15 de agosto de 2014).

9. Roger Finke y Rodney Stark, *The Churching of America, 1776–2005: Winners and Losers in Our Religious Economy* (New Brunswick, NJ: Rutgers University Press, 2005), p. 88.

10. "History of immigration to the United States", Wikipedia, http://en.wikipedia.org/wiki/ History_of_immigration_to_the_United_States (consultado en línea 15 de agosto de 2014).

11. Roger Finke y Rodney Stark, *The Churching of America, 1776–2005: Winners and Losers in Our Religious Economy* (New Brunswick, NJ: Rutgers University Press, 2005), p. 32.

12. Roger Finke, "The Illusion of Shifting Demand: Supply-Side Interpretations of American Religious History", *Retelling U.S. Religious History* (Berkeley: University of California Press, 1997), pp. 108–126.

13. Mark Noll, *A History of Christianity in the United States and Canada* (Grand Rapids, Mi.: Eerdmans, 1992), p. 90.

14. Ibid., 105; Edward Davis, "Early Advancement Among the Five Civilized Tribes", *Chronicles of Oklahoma*, Junio de 1936, p. 163.

15. Christine Leigh Heyrman, "The First Great Awakening", *Divining America: Religion in American History*, http://nationalhumanitiescenter.org/tserve/eighteen/ekeyinfo/grawaken. htm (consultado en línea 10 de julio de 2014).

16. Jesse Wendell Castleberry y Rosalie Nieft Castleberry, *Castleberry and Allied Families*, vol. 1 (Windermere, Fla.: Jesse Wendell Castleberry, 1966).

17. Roger Finke and Rodney Stark, *The Churching of America, 1776–2005: Winners and Losers in Our Religious Economy* (New Brunswick, NJ: Rutgers University Press, 2005), p. 23.

18. J. Edwin Orr, *Campus Aflame: Dynamic of Student Religious Revolution* (Glendale, CA: Regal Books, 1971), p. 19.

19. Ibid., p. 17.

20. J. Edwin Orr, "The Role of Prayer in Spiritual Awakening", *Anglican Revivalist*, http:// anglicanrevivalist.blogspot.com/2008/01/j-edwin-orr-role-of-prayer-in-spiritual. html (consultado en línea 3/6/2014).

21. Mark Noll, *A History of Christianity in the United States and Canada* (Grand Rapids, Mi.: Eerdmans, 1992), p. 166.

22. Mark Noll, *A History of Christianity in the United States and Canada*, p. 166.

23. Albert Raboteau, *Slave Religion: The "Invisible Institution" in the Antebellum South* (New York: Oxford University Press), p. 132.

24. Mark Noll, *A History of Christianity in the United States and Canada* (Grand Rapids, Mi.: Eerdmans, 1992), p. 167. Para los lectores no iniciados, el "ejercicio del ladrido" implicaba adoradores en estado de éxtasis que literalmente ladraban como perros como un acto de adoración. El fenómeno ha vuelto a ocurrir por todo el mundo y sigue caracterizando algunas de las reuniones de avivamiento más frenéticas en los Estados Unidos y Canadá.

25. Albert Raboteau, *Slave Religion: The "Invisible Institution" in the Antebellum South* (New York: Oxford University Press), p. 132.

26. Mark Noll, *A History of Christianity in the United States and Canada* (Grand Rapids, Mi.: Eerdmans, 1992), p. 167.

27. Ibid.

28. Ibid.

29. Ibid.

30. "History of immigration to the United States", Wikipdedia, http://en.wikipedia.org/wiki/ History_of_immigration_to_the_United_States (consultado en línea 3/6/2014).

31. Jenna Weissman Josselitt, *Parade of Faiths: Immigration and American Religion* (New York: Oxford University Press, 2011), p. 27.

32. Mark Noll, *A History of Christianity in the United States and Canada* (Grand Rapids, Mi.: Eerdmans, 1992), p. 205. Para otra perspectiva más matizada de las estadísticas, véase Roger Finke y Rodney Stark, *The Churching of America, 1776–2005: Winners and Losers in Our Religious Economy* (New Brunswick, NJ: Rutgers University Press, 2005), pp. 118–20.

33. Ibid., p. 207.

34. Ibid., p. 210.

35. Ibid., p. 212; Jenna Weissman Josselitt, *Parade of Faiths: Immigration and American Religion* (New York: Oxford University Press, 2011), 29.

36. Jenna Weissman Josselitt, *Parade of Faiths: Immigration and American Religion* (New York: Oxford University Press, 2011), p. 30.

37. Ibid., p. 36.

38. Ibid., p. 22.

39. Mark Noll, *A History of Christianity in the United States and Canada* (Grand Rapids, Mi.: Eerdmans, 1992), p. 220.

40. William G. McLoughlin, *Revivals, Awakenings, and Reform: Chicago History of American Religion* (Chicago: The University of Chicago Press, 1980), capítulo 4.

41. Pew Research Center, "Global Christianity: A Report on the Size and Distribution of the World's Christian Population", diciembre de 2011, http://www.pewforum.org/files/2011/12/ Christianity-fullreport-web.pdf (consultado en línea 11 de junio de 2015).

42. Mark Noll, *A History of Christianity in the United States and Canada* (Grand Rapids, Mi.: Eerdmans, 1992), pp. 179–180.

43. "A.T. Pierson", Wikipedia, http://en.wikipedia.org/wiki/Arthur_Tappan_Pierson (consultado en línea 1 de agosto de 2014).

44. Michael Parker, "Mobilizing a Generation for Missions", *Christianity History,* 6 de agosto de 2009, http://www.christianitytoday.com/ch/bytopic/missionsworldchristianity/ mobilizinggenerations.html (consultado en línea 1 de agosto de 2014).

45. Ibid.

46. Ibid.

47. Vinson Synan, *The Holiness-Pentecostal Movement in the United States of America* (Grand Rapids, MI: Eerdmans, 1971).

48. Frank Bartleman, *Another Wave Rolls In!: What Really Happened at Azusa Street* (Monroeville, PA: Whitaker Books, 1970), p. 55.

49. Harvey Gallagher Cox, *Fire from Heaven: The Rise of Pentecostal Spirituality and the Reshaping of Religion in the Twenty-first Century* (Cambridge, MA: Da Capo Press, 2001).

50. Douglas Peterson, Murray Dempster, and Byron Klaus, eds., *The Globalization of Pentecostalism: A Religion Made to Travel* (Oxford: Regnum Books, 1999).

51. Andrew Chestnut, "Pope Francis Joins the 'Samba School' of Charismatic Catholicism", *Huffington Post,* 5 de junio de 2014, http://www.huffingtonpost.com/r-andrew-chesnut/ charismatic-pope-francis_b_5444340.html (consultado en línea 1 de agosto de 2014).

52. Robert Crosby, "A New Kind of Pentecostal", *Christianity Today,* 3 de agosto de 2011, http:// www.christianitytoday.com/ct/2011/august/newkindpentecostal.html?paging=off (consultado en línea 1 de agosto de 2014).

53. Asambleas de Dios, "AG Worldwide Churches And Adherents 1987–2013", agchurch.org, http:// agchurches.org/Sitefiles/Default/RSS/AG.org%20TOP/AG%20Statistical%20 Reports/2014/ AdhWW%202013.pdf (consultado en línea 1 de agosto de 2014).

Capítulo 7

1. The Associated Press, "Papal First: Francis Visits Pentecostal Church", *The New York Times,* 28 de julio de 2014, http://www.nytimes.com/aponline/2014/07/28/world/europe/ap-eu-rel-vatican-pentecostals.html?_r=0 (consultado en línea 2 de agosto de 2014).

2. Sarah Eekhoff Zylstra, "Pope Francis Apologizes for Pentecostal Persecution, But Italy's Evangelicals Remain Wary", *Christianity Today,* 30 de julio de 2014, http://www. christianitytoday.com/ gleanings/2014/july/pope-francis-apologizes-for-pentecostal- persecution-italy.html (consultado en línea 2 de agosto de 2014).

3. Cindy Wooden, "Meeting 200 Pentecostals, Pope Renews Friendship, Talks Unity", *Catholic News Service,* 1 de agosto de 2014, http://www.cdom.org/CatholicDiocese. php?op=Article_ Meeting+200+Pentecostals%2C+pope+renews+friendship%2C+talks+unity (consultado en línea t 2 de agosto de 2014).

4. John L. Allen Jr., "The Top Five 'Missing Mega-trends' Shaping Catholicism", *National Catholic Reporter,* 28 de diciembre de 2006, http://ncronline.org/blogs/all-things-catholic/top- five-ëmissing-mega-trends-shaping-catholicism (consultado en línea 2 de agosto de 2014).

5. Ibid.

6. Pew Research Center, "The Shifting Religious Identity of Latinos in the United States", The Pew Forum on Religion and Public Life, 7 de mayo de 2014, http://www.pewforum. org/2014/05/07/the-shifting-religious-identity-of-latinos-in-the-united-states/ (consultado en línea 2 de agosto de 2014).

NOTAS

7. Virginia Garrard-Burnett, "Catholicism Can Win Back Evangelicals in Latin America", *The New York Times*, 15 de marzo de 2013, http://www.nytimes.com/ roomfordebate/2013/03/14/does-pope-franciss-election-signal-a-catholic-comeback-for- latin-america/catholicism-can-win-back-evangelicals-in-latin-america (consultado en línea 2 de agosto de 2014).

8. Ibid.

9. Elizabeth Dias, "¡Evangélicos!", *Time*, Abril de 2013, pp. 20–29. Véase también Pew Research Center, "The Shifting Religious Identity of Latinos in the United States", The Pew Forum on Religion and Public Life, 7 de mayo de 2014, http://www.pewtrusts.org/our_work_report_ detail. aspx?id=85899545262 (consultado en línea 2 de agosto de 2014).

10. Pew Research Center, "The Shifting Religious Identity of Latinos in the United States", The Pew Forum on Religion and Public Life, 7 de mayo de 2014, http://www.pewforum. org/2014/05/07/the-shifting-religious-identity-of-latinos-in-the-united-states/ (consultado en línea 2 de agosto de 2014).

11. "Erwin McManus", Wikipedia, http://en.wikipedia.org/wiki/Erwin_McManus (consultado en línea 2 de agosto de 2014).

12. Thomas Bergler, *The Juvenilization of American Christianity* (Grand Rapids: Eerdmans, 2012).

13. Elizabeth Dias, "¡Evangélicos!."

14. Roger Finke and Rodney Stark, *The Churching of America, 1776–2005: Winners and Losers in Our Religious Economy* (New Brunswick, NJ: Rutgers University Press, 2005), p. 1.

15. Ibid.

16. Elizabeth Dias, "¡Evangélicos!."

17. Para leer más sobre el pentecostalismo como una cultura global, véase Karla Poewe, ed., *Charismatic Christianity as a Global Culture* (Columbia, SC: University of South Carolina Press, 1994).

18. Gálatas 5:1.

19. Para más discusión de estos términos, véase Darrell Guder, ed., *Missional Church: A Vision for the Sending of the Church in North America* (Grand Rapids, MI: Wm. B. Eerdmans Publishing Company, 1998); Billy Hornsby, *The Attractional Church: Growth Through a Refreshing, Relational, and Relevant Church Experience* [Kindle Edition] (New York: FaithWords, 2011).

20. Elizabeth Dias, "¡Evangélicos!."

21. David Briggs, "Fire in the Pews: Pentecostal-Catholic Competition Reviving Religion in Latin America," *Huffington Post*, 4 de noviembre de 2013, http://www.huffingtonpost.com/david-briggs/fire-in-the-pews-pentecos_b_4212677.html (15 de junio de 2015).

22. Pew Research Center, "The Shifting Religious Identity of Latinos in the United States", The Pew Forum on Religion and Public Life, 7 de mayo de 2014, http://www.pewforum. org/2014/05/07/the-shifting-religious-identity-of-latinos-in-the-united-states/ (consultado en línea 2 de agosto de 2014).

Capítulo 8

1. Roger Finke y Rodney Stark, *The Churching of America, 1776–2005: Winners and Losers in Our Religious Economy* (New Brunswick, NJ: Rutgers University Press, 2005), p. 241.

2. Garrison Keillor, *A Prairie Home Companion*, consultado en línea 2 de enero de 2015, http:// prairiehome.org/listen/podcast/ (consultado en línea 25 de julio de 2014)

3. Jenna Weissman Josselitt, *Parade of Faiths: Immigration and American Religion* (New York: Oxford University Press, 2011), p. 30.

4. Ibid., p. 31.

5. Roger Finke y Rodney Stark, *The Churching of America, 1776–2005: Winners and Losers in Our Religious Economy* (New Brunswick, NJ: Rutgers University Press, 2005), p. 241.

6. Para leer más sobre este fenómeno, véase Jaweed Kaleem, "Hispanic Churches, Historically Spanish-Speaking, Adopt More English To Appeal To U.S.-Born Latinos", *Huffington Post*, 26 de diciembre de 2012, http://www.huffingtonpost.com/2012/12/26/hispanic-churches- latinos-spanish-english-language_n_2333178.html (consultado en línea 25 de julio de 2014).

7. Entrevista a Samuel Rodríguez, Sacramento, California, 10 de julio de 2014.

NOTAS

8. William A. Henry III, "Beyond the Melting Pot", *Time*, 9 de abril de 1990, http://content. time.com/ time/magazine/article/0,9171,969770,00.html (consultado en línea 25 de julio de 2014).

9. Entrevista a Varun Laohaprasit, Bellevue, Washington, 24 de julio de 2014.

10. Ibid.

11. Ibid.

12. Ibid.

13. Ibid.

14. Ibid.

15. Ibid.

16. Ibid.

17. Ibid.

18. Martin Luther King, Jr., discurso "Communism's Challenge to Christianity", Atlanta, Georgia, 9 de agosto de 1953, The Martin Luther King, Jr. Papers Project, http://mlk-kpp01. stanford.edu/ primarydocuments/Vol6/9Aug1953Communism%27sChallengetoChristiani ty.pdf (consultado en línea 25 de julio de 2014).

19. Para un listado de algunas iglesias multiétnicas grandes, véase "Multi-ethnic Churches listed in Outreach's 2009 Top 100 & Fastest Growing and Largest Churches", *Unity in Christ*, http:// unityinchristmagazine.com/misc/side-bars/multi-ethnic-churches-listed-in- outreach's-2009-top-100-fastest-growing-and-largest-churches/ (consultado en línea 2 de agosto de 2014).

20. Para una muestra representativa, véase United Church of Christ, "Immigration", United Church of Christ", http://www.ucc.org/justice/immigration/ (consultado en línea 15 de agosto de 2014).

21. Fed Ranches, Marjorie Royle, y Richard Taylor, "Now is the Time for New Church Development: A Report on 50 Years of Church Development in the United Church of Christ", United Church of Christ, 5 de enero de 2008, http://www.ucc.org/newchurch/ pdfs/50-yr-nc-report1.pdf (consultado en línea 15 de agosto de 2014).

22. Presbyterian Mission Agency, "The Top 10 Most Frequently Asked Questions about the PC(USA)", Presbyterian Mission Agency, https://www.presbyterianmission.org/ministries/ research/10faq/#7 (consultado en línea 10 de agosto de 2014).

23. Korean Congregational Support Office, "2013 Directory Korean Congregations", Korean Congregational Support Office, consultado en línea 10 de agosto de 2014, https://www.pcusa.org/site_media/media/uploads/korean/pdf/directory.pdf.

24. Presbyterian Mission Agency, "The Top 10 Most Frequently Asked Questions about the PC(USA)", Presbyterian Mission Agency, consultado en línea 10 de agosto de 2014, https://www.presbyterianmission.org/ministries/research/10faq/#7.

25. "What are the Origins of Hispanic Mennonites in North America", consultado en línea 15 de junio de 2015, *Thirdway: Simply Following Jesus*, http://thirdway.com/faq/what-are-the-origins-of-hispanic-mennonites-in-north-america/ (consultado en línea 15 de junio de 2015)

26. Rafael Falcón, "Hispanic Mennonites", *Global Anabaptist Mennonite Encyclopedia Online*, 1989, http:// gameo.org/index.php?title=Hispanic_Mennonites (consultado en línea 10 de agosto de 2014).

27. Lancaster Mennonite Historical Society, "Statistics", *LMHS.com*, 27 de noviembre de 2010, http:// www.lmhs.org/Home/About/Anabaptist_Statistics (consultado en línea 10 de agosto de 2014).

28. Rafael Falcón, "Hispanic Mennonites", *Global Anabaptist Mennonite Encyclopedia Online*, 1989, http:// gameo.org/index.php?title=Hispanic_Mennonites (consultado en línea 10 de agosto de 2014).

29. "The Mennonites", *Thirdway: Simply Following Jesus*, http://thirdway.com/mennonites/ (consultado en línea 15 de junio de 2015).

30. Thom S. Rainer, "The 15 Largest Protestant Denominations in the United States", *The Christian Post*, 27 de marzo de 2013, http://www.christianpost.com/news/the-15-largest- protestant-denominations-in-the-united-states-92731/ (consultado en línea 15 de junio de 2015).

31. "Ethnic Specific and Multicultural Ministries", *Evangelical Lutheran Church in America*, http:// www.elca.org/Our-Work/Congregations-and-Synods/Ethnic-Specific-and- Multicultural-Ministries (consultado en línea 15 de junio de 2015).

32. "U.S. Religious Landscape Survey: Religious Beliefs and Practices, Diverse and Politically Relevant: Detailed Data Tables Washington D.C.", Pew Forum on Religion and Public Life, Junio de 2008.

33. "Churches of Christ", Wikipedia, http://en.wikipedia.org/wiki/Churches_of_Christ (consultado en línea 10 de agosto de 2014).

34. Martin Marty, "Southern Baptists Waning", *Huffington Post*, 17 de junio de 2014, http://www.huffingtonpost.com/martin-marty/southern-baptists-waning_b_5505166.html (consultado en línea 10 de agosto de 2014).

35. Tobin Perry, "Ethnic Congregations up 66% for Southern Baptists Since '98", *Baptist Press*, 23 de enero de 2013, http://www.bpnews.net/39568/ethnic-congregations-up-66-for- southern-baptists-since-98 (consultado en línea 10 de agosto de 2014).

36. Ibid.

37. Ibid.

38. Melissa Steffan, "African Americans (Not Latinos) Lead Surge in 'Non-Anglo' Southern Baptist Congregations", *Christianity Today*, 30 de enero de 2013, http://www. christianitytoday.com/ gleanings/2013/january/african-americans-not-latinos-lead-surge-in-non-anglo.html?paging=off (consultado en línea 10 de agosto de 2014).

39. Beth Byrd, "Filipinos gather for fellowship & partnership", *Baptist Press*, 18 de junio de 2013, http://www.bpnews.net/40554/filipinos-gather-for-fellowship—partnership (consultado en línea 10 de agosto de 2014).

40. Beth Boyd, "Chinese Baptists set church planting goal", *Baptist Press*, 18 de junio de 2013, http://www.bpnews.net/40555/chinese-baptists-set-church-planting-goal (consultado en línea 10 de agosto de 2014).

41. Karen L. Willoughby, "Koreans to Grow Churches, Increase Giving", *Baptist Press*, 18 de junio de 2013, http://www.bpnews.net/40557/koreans-to-grow-churches-increase-giving (consultado en línea 10 de agosto de 2014).

42. Wayne Clark & Helen Rountree, "The Powhatans and the Maryland Mainland", *Powhatan Foreign Relations, 1500–1722* (University of Virginia Press, 1993), p. 114.

43. Cathy Taylor, *Historic Falls Church: Images of America* (Charleston, SC: Arcadia, 2012); Bradley E. Gernand, Nan Netherton, *Falls Church: A Virginia Village Revisited* (Merceline, MO: Wallsworth Publishing Company, 2000), pp. 7, 19.

44. The Falls Church Anglican, "History", *Tfcanglican.org*, 2012, http://www.tfcanglican.org/ pages/page.asp?page_id=185903 (consultado en línea 21 de mayo de 2014).

45. Steadman, *Falls Church by Fence and Fireside (Falls Church, VA:* Falls Church Public Library,1964), pp. 13–17, 37.

46. "Act for Establishing Religious Freedom, 16, de enero de 1786", *Shaping the Constitution*, Virginia Memory, Library of Virginia, http://www.virginiamemory.com/online_ classroom/shaping_the_constitution/doc/religious_freedom; Joan R. Gundersen, "How 'Historic' Are Truro Church and The Falls Church?", Rutgers, 22 de diciembre de 2006, http:// www.rci.rutgers.edu/~lcrew/dojustice/j392.html (both consultado en línea 14 de agosto de 2014).

47. Leith Anderson, *A Church for the 21st Century* (Grand Rapids: Baker Books, 1992).

48. Mary Frances Schjonberg, "Falls Church Episcopal celebrates past, looks to future: Episcopal congregation may still face at least one more legal hurdle", *Episcopal News Service*, 15 de mayo de 2013, http://episcopaldigitalnetwork.com/ens/2013/05/15/falls-church- episcopal-celebrates-past-looks-to-future/ (consultado en línea 14 de agosto de 2014).

49. John Yates, "Congregation of The Falls Church Must Begin Again", *The Washington Post*, 11 de mayo de 2012, http://www.washingtonpost.com/local/congregation-of-the-falls-church- must-begin-again/2012/05/11/gIQA7zZMJU_story.html (consultado en línea 14 de agosto de 2014).

50. Para leer más sobre estos desarrollos, véase Miranda K. Hassett, *Anglican Communion in Crisis: How Episcopal Dissidents and Their African Allies Are Reshaping Anglicanism* (Princeton, N.J.: Princeton University Press, 2007).

51. Anglican Church in North America, "About the Anglican Church in North America", Anglican Church in North America, http://anglicanchurch.net/?/main/page/abacna (consultado en línea 27 de abril de 2015).

52. "Religious Bodies of the World with at Least 1 Million Adherents", *Adherents.com*, consultado en línea 13 de agosto de 2014, http://www.adherents.com/adh_rb.html (consultado en línea 14 de agosto de 2014).

53. Robert E. Weber y Lester Ruth, *Evangelicals on the Canterbury Trail: Why Evangelicals Are Attracted to the Liturgical Church* (New York: Morehouse Publishing, 2013).

54. Robert Duncan, "Anglican Immigrant Initiative", Anglican Church in North America, http://www. anglicanchurch.net/?/main/page/732 (consultado en línea 13 de agosto de 2014).

55. Ibid.

Capítulo 9

1. Ilona Trofimovich, Northwest University Commencement, Redmond, Washington, 10 de mayo de 2014.

2. Ibid.

3. Josiah Bushnell Grinnell, *Men and Events of Forty Years* (Boston, MA: D. Lothrop Company), p. 87.

4. Herbert Hoover, "Rugged Individualism", discurso dado el 22 de octubre de 1928, *Teaching American History*, consultado en línea 10 de julio de 2014, http://teachingamericanhistory.org/ library/ document/rugged-individualism/.

5. Susan Brown, *The Politics of Individualism: Liberalism, Liberal Feminism, and Anarchism* (Black Rose Books, 1993).

6. George Peter Murdock, *Social Structure* (New York: Macmillan, 1949), pp. 1–22.

7. Jonathan Vespa, Jamie M. Lewis, y Rose M. Kreider, "America's Families and Living Arrangements: 2012", *United States Census Bureau*, agosto de 2012, http://www.census.gov/prod/2013pubs/p20-570. pdf (consultado en línea 10 de julio de 2014).

8. Geert Hofstede, Gert Jan Hofstede, y Michael Minkov, *Cultures and Organizations: Software of the Mind, Intercultural Cooperation and Its Importance for Survival* (New York, NY: McGraw-Hill, 2010).

9. Alan Roland, *In Search of Self in India and Japan: Toward a Cross-Cultural Psychology* (Princeton, NJ: Princeton University Press, 1991).

10. *Star Trek: The Next Generation,* "I Borg", Temporada 5, Episodio 23. Dirigido por Robert Lederman. Escrito por Gene Roddenberry y René Echevarria. Los Angeles, CA: Paramount Studios, 9 de mayo de 1992.

11. *Star Trek, First Contact*. Dirigido por Jonathon Frakes. Hollywood, CA: Paramount Pictures, 1996.

12. Bruce Bretts y Matt Roush, "Baddies to the Bone: The 60 Nastiest Villains of All Time", *TV Guide*, 25 de marzo de 2013, pp. 14–15.

13. R. Stephen Parker, Diana L. Hayko, y Charles M. Hermans, "Individualism and Collectivism: Reconsidering Old Assumptions", *Journal of International Business Research,* enero de 2009, http:// www.freepatentsonline.com/article/Journal-International-Business- Research/208956140.html (consultado en línea 10 de julio de 2014).

14. Entrevista a Hilario Garza, Kirkland, Washington, 8 de julio de 2014.

15. Ibid.

16. Steven A. Camarota, "Illegitimate Nation: An Examination of Out-of-Wedlock Births Among Immigrants and Natives", Center for Immigration Studies, Junio de 2007, http:// www.cis.org/ illegitimate_nation.html (consultado en línea 10 de julio de 2014).

17. Adam Davidson, "It's Official: The Boomerang Kids Won't Leave", *The New York Times*, 20 de junio de 2014, http://www.nytimes.com/2014/06/22/magazine/its-official-the-boomerang-the-kids-wont-leave. html (consultado en línea 10 de julio de 2014).

18. *Born in East LA*. Dirigido por Cheech Marin. United States: Universal Studios, 1987.

19. "Senior Pastor", *The Mission, Ebenezer Family Church*, http://missionebenezer.com/seniorpastor.html (consultado en línea 1 de agosto de 2014).

20. Entrevista telefónica a Isaac Canales, 1 de agosto de 2014.

21. Ibid.
22. Ibid.
23. Ibid.
24. Ibid.
25. Mary Eberstadt. *How the West Really Lost God: A New Theory of Secularization* (West Conshohocken, PA: Templeton Press, 2013), p. 5.
26. Para evidencia histórica, véase David Goldman, *How Civilizations Die (and Why Islam is Dying Too)* (Washington, D.C.: Regnery Publishing, 2011).
27. John Adams, "Quotes of the Founding Fathers: The Importance of a Moral Society", Free to Pray, http://www.free2pray.info/5founderquotes.html (consultado en línea 30 de julio de 2014).
28. Warren D. TenHouten, *Time and Society* (Albany, NY: SUNY Press, 2006), p. 58.

Capítulo 10
1. Ninoska Marcano, "Mexican-American Pedro Celis vies to unseat Democratic Congresswoman in Washington state", Fox News Latino, 21 de octubre de 2014, http://latino. foxnews.com/latino/ politics/2014/10/21/mexican-american-pedro-celis-hopes-to-unseat-republican-representative-for/ (consultado en línea 4 de enero de 2015).
2. "Board of Directors", *Plaza Bank,* http://www.plazabankwa.com/about-plaza-bank/board- of-directors/ (consultado en línea 4 de enero de 2015).
3. Ibid.
4. Ibid.
5. "Meet Pedro Celis", Pedro Celis for Congress, https://pedroforcongress.com/meet-pedro-celis/ (consultado en línea 4 de enero de 2015).
6. Jens Manuel Krogstad, "Visa cap cuts off immigrants with advanced degrees", *USA Today*, 9 de enero de 2013, http://www.usatoday.com/story/money/business/2013/01/09/ immigration-science-technology-engineering-math-jobs/1566164/ (consultado en línea 4 de enero de 2015).
7. Mark Gongloff, "The One Chart That Explains Our Grim Economic Future", *The Huffington Post*, 23 de abril de 2014, http://www.huffingtonpost.com/2014/04/23/population-growth-chart_n_5198251. html (consultado en línea 4 de enero de 2015).
8. Mark Mather, "Fact Sheet: The Decline in U.S. Fertility", *Population Reference Bureau*, julio de 2012, http://www.prb.org/publications/datasheets/2012/world-population-data-sheet/fact-sheet-us-population.aspx (consultado en línea 4 de enero de 2015).
9. Ibid.
10. Justin Fox, "Piketty's 'Capital' in a Lot Less than 696 Pages", *Harvard Business Review*, 24 de abril de 2014, https://hbr.org/2014/04/pikettys-capital-in-a-lot-less-than-696-pages/ (consultado en línea 4 de enero de 2015).
11. La población de los E.U. creció en 105 millones de personas entre 1970 y 2010, desde 203,302,031 hasta 308,745,538. See "History", *U.S. Census Bureau*, 7 de agosto de 2014, https://www.census.gov/ history/www/through_the_decades/fast_facts/ (consultado en línea 4 de enero de 2015).
12. CAP Immigration Team, "The Facts on Immigration Today", *Center for American Progress*, 23 de octubre de 2014, https://www.americanprogress.org/issues/immigration/ report/2014/10/23/59040/ the-facts-on-immigration-today-3/ (consultado en línea 4 de enero de 2015).
13. Ian Urbina, "Short on Drivers, Truckers Offer Perks", *The New York Times*, 28 de febrero de 2006, http://www.nytimes.com/2006/02/28/national/28truckers.html?pagewanted=print (consultado en línea 4 de enero de 2015).
14. Neil Irwin, David Leonhardt editor, "The Trucking Industry Needs More Drivers. Maybe It Needs to Pay More", *The New York Times,* 9 de agosto de 2014, http://www.nytimes. com/2014/08/10/ upshot/the-trucking-industry-needs-more-drivers-it-should-try-paying- more.html?abt=0002&abg=1 (consultado en línea 4 de enero de 2015).
15. Natalia Siniavskaia, "Immigrant Workers in Construction", *National Association of Home Builders*, consultado en línea 7 de diciembre de 2014, http://www.nahb.org/generic. aspx?genericContentID=49216 (consultado en línea 4 de enero de 2015).

16. "Housing Starts", *Investopedia*, consultado en línea 7 de diciembre de 2014, http://www.investopedia. com/ terms/h/housingstarts.asp (consultado en línea 4 de enero de 2015).
17. *A Day Without a Mexican*. Dirigida por Sergio Arau. México, D.F.: Altavista Films, 2004.
18. Tracie Cooper, "A Day Without a Mexican (2004)", *The New York Times*, http://www.nytimes.com/ movies/movie/306597/A-Day-Without-a-Mexican/overview (consultado en línea 20 de mayo de 2015).
19. Cheryl Conner, "Business Lessons From Immigrant Entrepreneurs", *Forbes*, 20 de mayo de 2014, http://www.forbes.com/sites/cherylsnappconner/2014/05/20/business-lessons-from-immigrant-entrepreneurs/ (consultado en línea 4 de enero de 2015).
20. Ibid.
21. Ibid.
22. Thomas J. Donohue, "The State of American Business 2012", U.S. Cámara de Comercio, 12 de enero de 2012, https://www.uschamber.com/speech/state-american- business-2012-address-thomas-j-donohue-president-ceo-us-chamber-commerce (consultado en línea 4 de enero de 2015).
23. Cheryl Conner, "Business Lessons From Immigrant Entrepreneurs", *Forbes*, 20 de mayo de 2014, http://www.forbes.com/sites/cherylsnappconner/2014/05/20/ business-lessons-from-immigrant-entrepreneurs/ (consultado en línea 4 de enero de 2015).
24. Barry Chiswick, "Are Immigrants Favorably Self-Selected", *Migration Theory: Talking across Disciplines* (New York: Routledge, 2000), pp. 61–76.
25. Entrevista a Andrés Panasiuk mediante correo electrónico, 16 de febrero de 2015.
26. Ibid.
27. Jose Pagliery, "On the rise: Immigrant entrepreneurs (New Face of Entrepreneurship)", *CNNMoney*, 8 de mayo de 2012, http://money.cnn.com/2012/05/07/smallbusiness/immigrationentrepreneurs/index. htm?iid=HP_River (consultado en línea 4 de enero de 2015).
28. Ibid.
29. Ibid.
30. "Bringing Vitality to Main Street: How Immigrant Small Businesses Help Local Economies Grow", Fiscal Policy Institute, enero de 2015, http://fiscalpolicy.org/wp- content/uploads/2015/01/Bringing-Vitality-to-Main-Street.pdf (consultado en línea 4 de enero de 2015).
31. Ibid.
32. R. Borges-Mendez, M. Liu, y P. Watanabe, *Immigrant Entrepreneurs and Neighborhood Revitalization* (Malden, MA: The Immigrant Learning Center, Inc., 2005), pp. 4, 8, 20, 32.
33. Robert W. Fairlie, "Immigrant Entrepreneurs and Small Business Owners, and their Access to Financial Capital", *SBA Office of Advocacy*, mayo de 2012, https://www.sba.gov/sites/default/files/rs396tot.pdf (consultado en línea 4 de enero de 2015).
34. Mike Handelsman, "4 Alternative Funding Sources", *Entrepreneur*, 6 de diciembre de 2009, http:// www.entrepreneur.com/article/204238 (consultado en línea 4 de diciembre de 2015).
35. Entrevista a Andrés Panasiuk mediante correo electrónico, 16 de febrero de 2015.
36. Michelle Evans, "Arrival of Financial Cards to Latin America Led to Credit Binge", *Euromonitor International*, 2 de agosto de 2014, http://blog.euromonitor.com/2014/08/arrival-of-financial-cards-to-latin-america-led-to-credit-binge.html (consultado en línea 15 de junio de 2015).
37. "Remittances to Latin America Grow, But Mexico Bucks the Trend Faced with the US Slowdown", *The World Bank News*, 8 de octubre de 2013, http://www.worldbank.org/en/news/ feature/2013/10/04/remesas-latinoamerica-crecimiento-mexico-caida (consultado en línea 4 de enero de 2015).
38. Michael Matza, "Many ways to help immigrant businesses, report says", *Philadelphia Inquirer*, 15 de enero de 2015.

Capítulo 11
1. Entrevista a Jesse Miranda, Springfield, Missouri, 4 de agosto de 2014.
2. John U. Ogbu y Herber D. Simons, "Voluntary Immigrants and Involuntary Minorities: A Cultural-Ecological Theory of School Performance with Some Implications for Education", *Anthropology & Education Quarterly*,1998, pp. 155–188, http://faculty.washington.edu/rsoder/EDUC310/ OgbuSimonsvoluntaryinvoluntary.pdf (consultado en línea 6 de agosto de 2014).

3. Entrevista a Jesse Miranda, Springfield, Missouri, 4 de agosto de 2014.
4. Ibid.
5. Ibid.
6. Malcolm Knowles, E. F. Holton, III, and R. A. Swanson, *The adult learner: The definitive classic in adult education and human resource development*, 6th ed. (Burlington, MA: Elsevier, 2005).
7. Entrevista a Jesse Miranda, Springfield, Missouri, 4 de agosto de 2014.
8. Ibid.
9. Ibid.
10. Entrevista telefónica a Jessica Domínguez, 8 de enero de 2015.
11. Ibid.
12. Ibid.
13. Ibid.
14. Ibid.
15. Paloma Esquivel, "Immigration lawyer known as 'the angel of justice' among Latinos", *Los Angeles Times*, 20 de agosto de 2012, http://articles.latimes.com/2012/aug/20/local/la-me-angel-of-justice-20120820 (consultado en línea 6 de agosto de 2014).
16. Steve Lopez, "When Freedom Rings Hollow", *Los Angeles Times*, 28 de enero de 2004, http:// articles.latimes.com/2004/jan/28/local/me-lopez28.
17. Paloma Esquivel, "Immigration lawyer known as 'the angel of justice' among Latinos", *Los Angeles Times*, 20 de agosto de 2012, http://articles.latimes.com/2012/aug/20/local/la-me-angel-of-justice-20120820 (consultado en línea 6 de agosto de 2014).
18. Ibid.
19. Ibid.
20. Doug Lederman, "Higher Ed's Other Immigrants", *Inside Higher Education*, 18 de julio de 2012, http://www.insidehighered.com/news/2012/07/18/us-study-examines-college-experiences-1st-and-2nd-generation-immigrants (consultado en línea 6 de agosto de 2014).
21. Ibid.
22. Richard Fry and Paul Taylor, "Hispanic High School Graduates Pass Whites in Rate of College Enrollment, High School Drop-out Rate at Record Low", *Pew Research, Hispanic Trends Project*, 9 de mayo de 2013, http://www.pewhispanic.org/2013/05/09/hispanic-high-school-graduates-pass-whites-in-rate-of-college-enrollment/ (consultado en línea 6 de agosto de 2014).
23. Ibid.
24. John U. Ogbu and Herber D. Simons, "Voluntary Immigrants and Involuntary Minorities: A Cultural-Ecological Theory of School Performance with Some Implications for Education", *Anthropology & Education Quarterly*, no.173, (1998), http://faculty.washington.edu/rsoder/EDUC310/OgbuSimonsvoluntaryinvoluntary.pdf (consultado en línea 6 de agosto de 2014).
25. Ibid.
26. Ibid.
27. Andrew Mytelka, "College-Going Rates for All Racial Groups Have Jumped Since 1980", *The Chronicle of Higher Education*, 14 de julio de 2010, http://chronicle.com/blogs/ticker/ college-going-rates-for-all-racial-groups-have-jumped-since-1980/25533 (consultado en línea 6 de agosto de 2014).
28. Molly Redden, "Hispanic Enrollment Jumps 24%, Making Those Students the Largest Campus Minority", *The Chronicle of Higher Education*, 25 de agosto de 2011, http://chronicle.com/article/Hispanic-Enrollment-Jumps-24-/128797/.
29. Alan Fram y Christine Armario, "Hispanics Place Higher Emphasis On Education, Poll Reports", *Huffington Post*, 20 de julio de 2010, http://www.huffingtonpost.com/2010/07/20/ hispanics-place-higher-em_n_652605.html (consultado en línea 6 de agosto de 2014).
30. Entrevista a Jesse Miranda, Springfield, Missouri, 4 de agosto de 2014.
31. Kimberly Hefling y Jesse J. Holland, "White Students To No Longer Be Majority At School", *The Associated Press*, 9 de agosto de 2014, consultado en línea 9 de agosto de 2014, http:// hosted. ap.org/dynamic/stories/U/US_BACK_TO_SCHOOL_MAJORITY_MINORITY_AB RIDGED?SITE=AP&SECTION=HOME&TEMPLATE=DEFAULT&CTI ME=2014-08-09-13-51-17 (consultado en línea 6 de agosto de 2014).

32. Entrevista a Jesse Miranda, Springfield, Missouri, 4 de agosto de 2014.
33. Ibid.
34. Ibid.
35. Ibid.
36. Pew Research, "Between Two Worlds: How Young Latinos Come of Age in America", Hispanic Trends Project, 11 de diciembre de 2009, http://www.pewhispanic.org/2009/12/11/ between-two-worlds-how-young-latinos-come-of-age-in-america/ (consultado en línea 14 de agosto de 2014).
37. "Nepantla Art", *Chicanoart.org*, http://www.chicanoart.org/nepantla.html (consultado en línea 14 de agosto de 2014).
38. Entrevista a Jesse Miranda, Springfield, Missouri, 4 de agosto de 2014.
39. Pew Research, "Between Two Worlds: How Young Latinos Come of Age in America."
40. Alexander W. Astin, *What Matters in College. Four Critical Years Revisited* (San Francisco: Jossey-Bass Publishers, 1993), p. 194.
41. Entrevista a Jesse Miranda, Springfield, Missouri, 4 de agosto de 2014.
42. Asambleas de Dios, "AG U.S. Adherents by Race 2001–2012." Obtenido de Sherri Doty, Statistician, Assemblies of God National Resource Office, Springfield, Missouri, el 25 de junio de 2014.

Capítulo 12
1. Entrevista a Varun Laohaprasit, Bellevue, Washington, 24 de julio de 2014.
2. Ibid.
3. *Casablanca*. Dirigida por Michael Curtiz. Los Angeles: Warner Brothers, 1942.
4. Rubén G. Rumbaut y Walter A. Ewing, *The Myth of Immigrant Criminality and the Paradox of Assimilation: Incarceration Rates among Native and Foreign–Born Men* (Washington, D.C.: Immigration Policy Center, American Immigration Law Foundation, Primavera 2007), pp. 6–10.
5. Alberto Mottesi, *América 500 Años Después: Hacia un Nuevo Liderazgo para el Año 2000* (Fountain Valley, CA: Asociación Alberto Mottesi, 1992).
6. Aarón Sánchez", Ingobernabilidad", El Debate, 17 de agosto de 2014, http://www.debate. com.mx/eldebate/noticias/columnas.asp?IdArt=13509158&IdCat=17502 (consultado en línea 18 de agosto de 2014).
7. Ricardo Palma, *Tradiciones Peruanas, Tomo III* (Lima, Perú: Ediciones Culturales, 1973), traducción del autor.
8. Carlos Torres y Torres-Lara, "Retos De La Consolidación Democrática Del Perú, La 'Institucionalizacion", traducción del autor, http://www.asesor.com.pe/teleley/contenlegal. php?idm=2453 (consultado en línea 30 de julio de 2014).
9. Ronald Reagan, "A Time for Choosing", discurso, 1964 Convención Nacional del Partido Republicano, San Francisco, California, 27 de octubre de 1964, http://www.reagan.utexas.edu/archives/reference/timechoosing.html (consultado en línea 1 de agosto de 2014).
10. Barack Obama, "Remarks by the President at Univision Town Hall", Bell High School, Washington, D.C., 28 de marzo de 2011, http://www.whitehouse.gov/the-press- office/2011/03/28/remarks-president-univision-town-hall (consultado en línea 1 de agosto de 2014).
11. Entrevista telefónica a Jessica Domínguez, 8 de enero de 2015.
12. Ibid.
13. U.S. Department of Homeland Security, "Deferred Action for Childhood Arrivals", http://www.dhs.gov/deferred-action-childhood-arrivals (consultado en línea 7 de octubre de 2014).
14. Jeremy R. Corsi, "Children Crossing Border: 'Obama Will Take Care of Us'." *World News Daily*, 25 de julio de 2014, http://www.wnd.com/2014/07/children-crossing-border-obama-will-take-care-of-us/ (consultado en línea 7 de octubre de 2014).
15. Alan Greenblatt, "What's Causing The Latest Immigration Crisis? A Brief Explainer", *NPR*, 9 de julio de 2014, http://www.npr.org/2014/07/09/329848538/whats-causing-the-latest-immigration-crisis-a-brief-explainer (consultado en línea 7 de octubre de 2014).
16. Correspondencia por correo electrónico de Jessica Domínguez, 19 de enero de 2015.

17. Jim Treacher, "Obama: 'I Just Took An Action To Change The Law'", *The Daily Caller*, 26 de noviembre de 2015, http://dailycaller.com/2014/11/26/obama-i-just-took-an-action-to-change-the-law/ (consultado en línea 1 de agosto de 2014), énfasis del autor.

18. John Winthrop, "A Model of Christian Charity (1630)", The Gilder Lehrman Institute of American History, http://www.gilderlehrman.org/sites/default/files/inlinepdfs/A%20Model%20of%20 Christian%20Charity.pdf (consultado en línea 1 de agosto de 2014).

19. Woodrow Wilson, 8th Annual Message, Washington D.C., *7 de diciembre de 1920, consultado en línea 1 de agosto de 2014,* http://www.presidency.ucsb.edu/ws/?pid=29561 (consultado en línea 1 de agosto de 2014).

20. John Winthrop, "A Model of Christian Charity (1630)", The Gilder Lehrman Institute of American History, consultado en línea 1 de agosto de 2014, http://www.gilderlehrman.org/sites/default/files/ inline-pdfs/A%20Model%20of%20Christian%20Charity.pdf, énfasis del autor.

21. Entrevista a Saturnino González, Tampa, Florida, 2 de noviembre de 2014.

22. "2008 Convención Republicana, Día 3", *C-SPAN*, 3 de septiembre de 2008, http://www.c-span.org/video/?280790-1/2008-republican-convention-day-3; "Convención Nacional Republicana, Día 2—Benediction: Rev Sammy Rodríguez," YouTube, 29 de agosto de 2012, https://www.youtube.com/watch?v=RDOxAnPwY4g (consultado en línea 28 de diciembre de 2014).

23. Esperanza, "Rev. Luis Cortés Story", *Esperanza: Strengthening our Hispanic Community*, http://www.esperanza.us/mission-impact/about-the-agency/luis-cortes-story/ (consultado en línea 4 de mayo de 2015).

24. Samuel Rodríguez, *La Agenda del Cordero: Por qué Jesús le llama a una vida de rectitud y justicia* (Nashville: Thomas Nelson, 2013), Introducción.

25. Ibid.

26. Ibid.

27. Ibid.

28. Gabriel Salguero, "God's Politics: My Living Paradox", *Beliefnet*, abril de 2007, http:// www.beliefnet.com/columnists/godspolitics/2007/04/rev-gabriel-salguero-my-living- paradox.html (consultado en línea 4 de mayo de 2015).

29. "Catholic Church's Position On Immigration Reform", Conferencia de Obispos Católico de los Estados Unidos, agosto de 2013, http://www.usccb.org/issues-and-action/human-life-and- dignity/immigration/churchteachingonimmigrationreform.cfm (consultado en línea 28 de diciembre de 2014).

30. Donald W. Dayton, *Discovering an Evangelical Heritage* (New York: Harper & Row, 1976).

31. "Immigration 2009", Asociación Nacional de Evangélicos, consultado en línea 1 de agosto de 2009, http://www.nae.net/government-relations/policy-resolutions/354-immigration-2009 (consultado en línea 28 de diciembre de 2014).

32. "On Immigration And The Gospel", Southern Baptist Convention, http://www.sbc.net/resolutions/1213 (consultado en línea 1 de agosto de 2014).

33. Ibid.

34. "Statement on 'Immigration'", Consejo General de las Asambleas de Dios, 20 de septiembre de 2006, http://ag.org/top/about/immigration.cfm (consultado en línea 28 de diciembre de 2014).

35. "John Ashcroft on Immigration", *On the Issues: Every Political Leader on Every Issue*, 29 de marzo de 2014, http://www.ontheissues.org/Cabinet/John_Ashcroft_Immigration.htm (consultado en línea 1 de agosto de 2013).

36. "Who We Are", Evangelical Immigration Table, http://evangelicalimmigrationtable.com/#about (consultado en línea 1 de agosto de 2013).

37. *Evangelical Statement Of Principles For Immigration Reform*, Mesa Evangélica para la Inmigración, http://evangelicalimmigrationtable.com (consultado en línea 19 de abril de 2015).

38. Pew Research Center, "The Religious Affiliation of U.S. Immigrants: Majority Christian, Rising Share of Other Faiths", The Pew Forum on Religion and Public Life, 17 de mayo de 2013, http://www.pewforum.org/2013/05/17/the-religious-affiliation-of-us-immigrants/ (consultado en línea 1 de agosto de 2013).

Capítulo 13

1. Capitol Ministries, "What The Bible Says About Our Illegal Immigration Problem", *Members Bible Study: U.S. Capitol,* 16 de junio de 2014, http://capmin.org/site/resources/bible- studies/6-16-14.html (consultado en línea 15 de junio de 2015).
2. John Herbers, "Religious Leaders Tell of Worry on Armageddon View Ascribed to Reagan", *The New York Times,* 21 de octubre de 1984.
3. Paul Houston, "Reagan Denies Astrology Influenced His Decisions", *Los Angeles Times,* 4 de mayo de 1988, http://articles.latimes.com/1988-05-04/news/mn-2147_1_astrological- advice (consultado en línea 15 de junio de 2015).
4. Capitol Ministries, "What The Bible Says About Our Illegal Immigration Problem."
5. Ibid.
6. 2 Reyes 22:1–20.
7. James K. Hoffmeier, *The Immigration Crisis: Immigrants, Aliens, and the Bible* (Wheaton, Ill.: Crossway Books, 2009), p. 105. Aquí Hoffmeier usa la forma femenina de la palabra *nekhar,* lo cual yo por lo general no he hecho a fin de facilitar la comprensión para el lector casual.
8. Thomas Allen, "Stranger in the Old Testament", *TC Allen,* 12 de junio de 2009, http://tcallenco. blogspot.com/2009/06/stranger-in-old-testament.html?m=1 (consultado en línea 15 de junio de 2015).
9. James K. Hoffmeier, *The Immigration Crisis: Immigrants, Aliens, and the Bible* (Wheaton, Ill.: Crossway Books, 2009), p. 51, énfasis del autor. *Nokharim* es la forma plural de *nekhar.*
10. Ibid., p. 52.
11. Ibid., p. 81, énfasis del autor.
12. Matthew Soerens y Jenny Hwang Yang, *Welcoming the Stranger: Justice, Compassion, and Truth in the Immigration Debate* (Downers Grove, Ill.: InterVarsity Press, 2009), p. 82.
13. 1 Corintios 10:11.
14. Mateo 1:1–16.
15. Mateo 2:14–15.
16. Lucas 10:27.
17. Lucas 10:29.
18. Lucas 10:36.
19. Mateo 25:35–36.
20. Santiago 1:27: "La religión pura y sin mancha delante de Dios nuestro Padre es ésta: atender a los huérfanos y a las viudas en sus aflicciones…."

Capítulo 14

1. Ronald Reagan, "Discurso de despedida a la nación", Washington, DC, 11 de enero de 1989, http://www.reagan.utexas.edu/archives/speeches/1989/011189i.htm (consultado en línea 15 de junio de 2015), énfasis del autor.
2. Steve Bostrom, "Escape to Freedom", *Northwest Passages,* Primavera 2013, p. 23.
3. Entrevista a Ben Sterciuc, Kirkland, Washington, 22 de julio de 2014.
4. Steve Bostrom, "Escape to Freedom", *Northwest Passages,* Primavera 2013, p. 23.
5. Ibid.
6. Ibid., p. 24.
7. Entrevista a Ben Sterciuc, Kirkland, Washington, 22 de julio de 2014.
8. Steve Bostrom, "Escape to Freedom", *Northwest Passages,* Primavera 2013, p. 24.
9. "Elevation Church," www.elevationc.com (consultado en línea 18 de agosto de 2014).
10. Steve Bostrom, "Escape to Freedom", *Northwest Passages,* Primavera 2013, p. 24.
11. Ronald Reagan, "Discurso de despedida a la nación."

ACERCA DEL AUTOR

Joseph Castleberry es presidente de Northwest University en Kirkland, Washington. Viaja frecuentemente como conferencista en iglesias por todo el mundo. Como misionero evangélico, sirvió como pastor, educador y líder de desarrollo comunitario en Latinoamérica durante veinte años. Su perspectiva de las relaciones interculturales, nutrida por estudios doctorales en desarrollo educativo internacional en Columbia University y practicada en relaciones cercanas con inmigrantes en todo el mundo, le da una valiosa vista privilegiada para entender la inmigración en los Estados Unidos en la actualidad.

El Dr. Castleberry ha escrito otros dos libros populares: *Your Deepest Dream: Discovering God's True Vision for Your Life* (NavPress/Tyndale, 2012), y *The Kingdom Net: Learning to Network Like Jesus* (My Healthy Church, 2013). Escribe blogs en inglés (www.josephcastleberry.com) y español (www.inmigrantesdedios.org) y escribe una columna regular relacionando la Biblia con la inmigración en el periódico bilingüe TúDecides/YouDecide.

La familia inmediata del Dr. Castleberry incluye a su esposa, Kathleen; Nathan, Jessica y Emerson Austin; Roberto y Jodie Valdez; y Sophie Castleberry.

Siga al Dr. Castleberry en Facebook en
www.facebook.com/joseph.castleberry
y en Twitter @DrCastleberry.
Envíe correo electrónico a josephlcastleberry@icloud.com.

WORTHY®
Latino

Si le gustó este libro,
¿consideraría compartir el mensaje con otros?

- Mencione el libro en un post en Facebook, un update en Twitter, un pin en Pinterest, o una entrada en un blog.

- Recomiende este libro a quienes están en su grupo pequeño, club de lectura, lugar de trabajo y clases.

- Visite Facebook.com/WorthyPublishingLatino, dé "ME GUSTA" a la página, y escriba un comentario sobre lo que más le gustó.

- Escriba un Tweet en @WorthyPubLatino sobre el libro.

- Entregue un ejemplar a alguien que conozca y que sería retado y alentado por este mensaje.

- Escriba una reseña en amazon.com, bn.com, goodreads.com o cbd.com.

Puede suscribirse al boletín de noticias de Worthy Latino en WorthyLatino.com

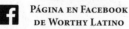 PÁGINA EN FACEBOOK
DE WORTHY LATINO

SITIO WEB DE
WORTHY LATINO